Spécialité

Physique-chimie

Contrôle continu

Résumés de cours | Exercices | Contrôles | Corrigés

Spécialité

Physique chimie

Résumés de cours, exercices et contrôles corrigés

NOUVEAUX PROGRAMMES

1re

Vincent DAVOINE
Professeur au lycée Jacquard de Caudry

ellipses

Collection « Contrôle continu »
dirigée par Pascal Clavier

ISBN 9782340-031845
©Ellipses Édition Marketing S.A., 2019
*32, rue Bargue 75740 Paris cedex 15

Avant-propos

Créée en 2001, la collection *Contrôle continu* reste encore maintenant une collection de référence pour les élèves de lycée.

Conçue dans un souci de simplicité, elle répond aux interrogations des lecteurs qui souhaitent améliorer leurs connaissances et pratique d'une matière.

Mis à jour régulièrement, les livres sont découpés en chapitres et suivent scrupuleusement les nouveaux programmes de la réforme du Bac 2021.

Chaque chapitre contient :

- des résumés de cours mettant en valeur les notions fondamentales et incontournables à retenir
- des exercices de difficultés croissantes pour aider tous les élèves quels que soient leurs niveaux
- un contrôle type devoir sur table pour s'exercer
- des corrigés détaillés pour reprendre pas à pas chaque calcul et raisonnement.

Cette collection a permis à de nombreux élèves de réussir avec succès leurs contrôles. Nous espérons qu'il en sera de même pour vous.

Pascal Clavier

Sommaire

Chapitre 1. Mesures et incertitudes 7
Chapitre 2. Déterminer la composition d'un système 15
Chapitre 3. Comment évolue un système chimique ? 37
Chapitre 4. Titrage colorimétrique 57
Chapitre 5. De la structure à la polarité d'une entité 73
Chapitre 6. Structure et solubilité 85
Chapitre 7. Entités chimiques organiques 101
Chapitre 8. Synthèse d'espèces chimiques 117
Chapitre 9. Énergie stockée dans la matière organique 135
Chapitre 10. Interactions fondamentales 153
Chapitre 11. Fluide au repos 171
Chapitre 12. Mouvement d'un point d'un système 187
Chapitre 13. Aspects énergétiques des phénomènes électriques 203
Chapitre 14. Aspects énergétiques d'un système mécanique 221
Chapitre 15. Ondes mécaniques 245
Chapitre 16. Images et couleurs 263
Chapitre 17. Modèle ondulatoire de la lumière 283

1 Mesures et incertitudes

1. Mesure du volume d'une cuillère à soupe

En cuisine, l'utilisation d'outils simples de mesure est fréquente (cuillère à café, à soupe, verre doseur). Cependant quel est le volume de liquide qu'on peut prélever à l'aide d'une cuillère à soupe par exemple ?

Série de mesures

Afin de déterminer le volume d'une cuillère à soupe, on réalise dix fois la manipulation suivante :

- Remplir d'eau une cuillère à soupe.
- Verser cette eau dans une éprouvette graduée de 20 mL placée sur une balance à 0,1 g (la tare ayant été effectuée).
- Relever le volume V et la masse m d'eau (qui est proportionnelle au volume).

On obtient alors le tableau de mesures suivant :

Volume en mL	15	14	15	15	14	16	15	14	16	15
Masse en g	15,1	14,4	15,3	14,8	13,7	15,9	15,4	14,2	16,1	14,8

Dispersion des mesures

Histogramme des données

La représentation des données (ici sous la forme de classe d'une unité de largeur) permet de mettre en évidence la dispersion des données. Il est donc impossible de considérer comme absolue une seule mesure. La dispersion des valeurs peut dépendre de nombreux facteurs, mais les principaux sont :

- Le manipulateur.
- La méthode de mesure.
- L'appareil de mesures.

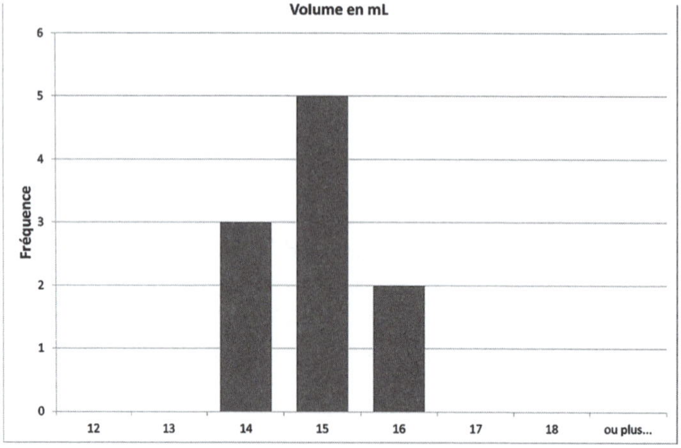

Histogramme des mesures de volume.

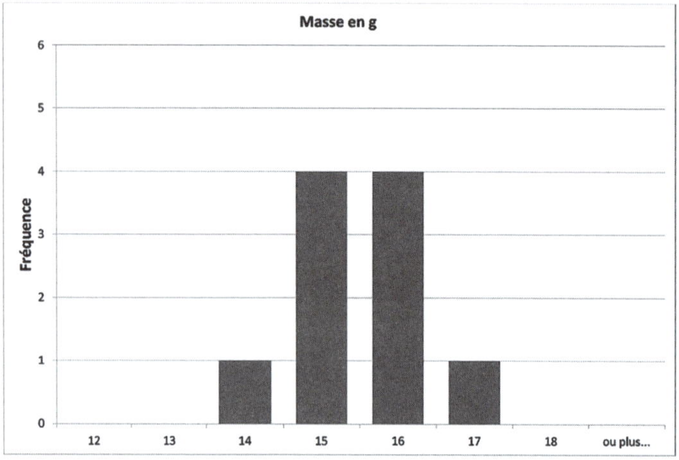

Histogramme des mesures de masse.

Estimation de la dispersion

Il est possible d'écrire les résultats de mesures (ou mesurandes) sous la forme d'un encadrement, on a ainsi les écritures suivantes (pour une analyse à l'unité près) :

- Volume V en mL : $V \in [14 ; 16]$
- Masse m en g : $m \in [14 ; 17]$

2. Incertitude-type

Définition

L'incertitude-type u(x) d'une grandeur x définit une plage de valeurs possibles, celle-ci s'écrit [x – u(x) ; x + u(x)].

Une mesure expérimentale possède une probabilité de 2/3 d'être dans cette plage.

Approche statistique ou probabiliste des données

Selon la méthode utilisée, la mesure d'une grandeur peut prendre deux aspects :

- Une approche statistique qui correspond à une analyse des données obtenues lors de la répétition d'une même mesure par la même méthode et avec le même matériel. On parle alors d'incertitude de type A.
- Une approche probabiliste qui consiste à estimer la dispersion à partir des caractéristiques de la mesure effectuée. On parle alors d'incertitude de type B.

Exemple de dispersion de type A

Si on simule la détermination du volume d'une cuillère à soupe sur une série de mille mesures indépendantes, on peut voir émerger une tendance.

La courbe de Gauss semble suivre la distribution des mesures. Cette courbe est basée sur deux grandeurs statistiques :

- La moyenne $\overline{x}$ qui correspond au maximum de la courbe.
- L'écart-type noté σ qui correspond à l'élargissement de cette courbe et qui est donc l'incertitude-type de cette série. On a donc u(x) = σ.

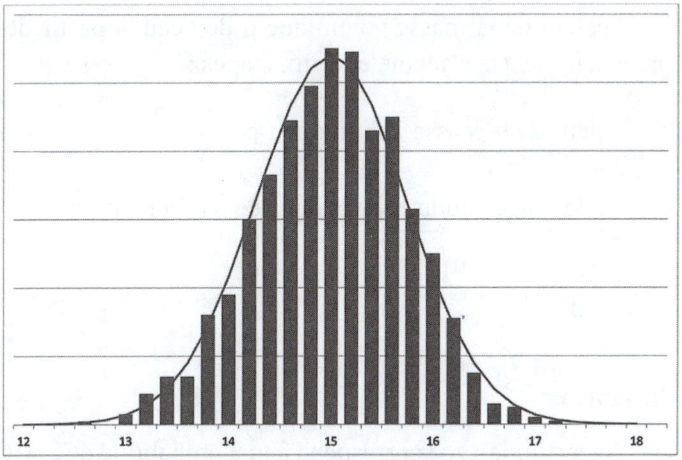

Distribution d'une série de 1 000 mesures et courbe de Gauss

Analyse des deux séries de mesures initiales

Grandeur mesurée	Mesurande	Incertitude-type (ou écart-type)
Volume en mL	14,9	0,738
Masse en g	15,0	0,748

Exemple de dispersion de type B

L'utilisation d'appareil de mesure implique une source d'incertitude. Généralement on connaît la précision a de l'appareil, on a alors $u(x) = \frac{a}{\sqrt{3}}$.

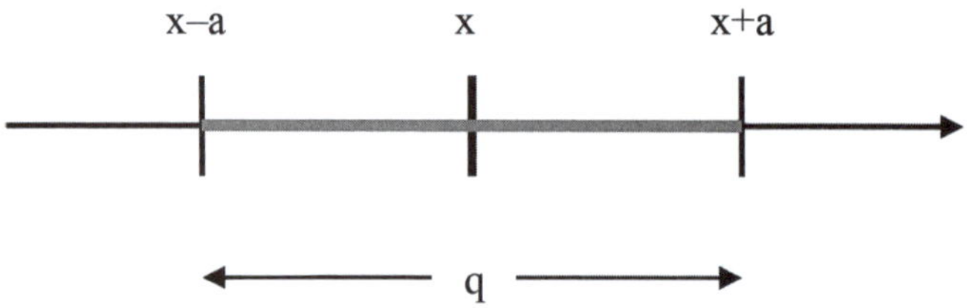

Intervalle de dispersion des mesures

Si on dispose de l'étendue q = 2a, l'incertitude type s'écrit $u(x) = \frac{q}{2\sqrt{3}}$.

Incertitude-type composée

Parfois, la détermination d'une grandeur dépend de plusieurs mesures. Or chaque mesure est associée à une incertitude-type.

Il est possible de tenir compte de ces différentes incertitudes-type en utilisant une formule de propagation qui sera fournie.

Par exemple, le calcul de la masse volumique ρ de l'eau, à partir des mesures effectuées précédemment, s'effectue en deux étapes :

- Calcul de la valeur de la masse volumique : $\rho = \frac{m}{V}$.
- Détermination de l'incertitude-type composée par la relation :

$$u(\rho) = \rho \times \sqrt{\left(\frac{u(m)}{m}\right)^2 + \left(\frac{u(V)}{V}\right)^2}.$$

Incertitude élargie

Par définition, l'incertitude-type correspond à une probabilité de 2/3. Cependant il est parfois préférable d'augmenter cette probabilité, on parle alors d'incertitude élargie qu'on U(x) au lieu de u(x).

On utilise la relation U(x) = k × u(x), où k est appelé facteur d'élargissement dont la valeur dépend de la méthode de mesure. Si aucune information n'est disponible sur ce facteur d'élargissement, on prend k = 2.

3. Présenter et analyser un résultat de mesure

Écrire un résultat de mesure

Format de représentation

Un résultat correspondant à la détermination d'une grandeur G s'écrit sous la forme :

G = (mesurande ± incertitude) unité

Règles d'écriture

Une incertitude-type ne doit posséder qu'un seul chiffre significatif. À cause du format de représentation, le mesurande sera écrit avec le même nombre de décimales que l'incertitude (type ou élargie).

Pour la série concernant le volume, on a :

- En incertitude-type :
  - u(V) = 0,738, on retient u(V) = 0,7 mL en raison de l'arrondi.
  - V sera écrit à une décimale comme u(V) soit V = 14,9 mL
  - Finalement, on aura : V = (14,9 ± 0,7) mL.
- En incertitude élargie :
  - U(V) = k × u(V), ici sur dix mesures, k = 2,26.
    On a donc U(V) = 2,26 × 0,738 = 1,67 mL, on retient U(V) = 2 mL.
  - V sera écrit à l'unité près soit V = 15 mL.
  - Finalement, on aura V = (15 ± 2) mL.

Analyser le résultat obtenu

Si la valeur de référence V_{Ref} est comprise dans l'intervalle défini par la valeur expérimentale et son incertitude, on peut dire que cette dernière est conforme à la valeur de référence.

Énoncés des exercices

* Exercice 1 — 10 min

L'étude d'un pendule simple consiste à mesurer la période d'oscillation d'une masse m suspendue à un fil de longueur L = 2,05 m.

La mesure de la période s'effectue à l'aide d'un chronomètre dont l'étendue q est de 1/10 de seconde.

La mesure obtenue est de T = 2,9 s.

1. Quel est le type d'incertitude correspondant à la mesure de la période T ? Justifier.
2. Déterminer l'incertitude-type de cette mesure de période.
3. Écrire correctement la valeur de la période T en utilisant l'incertitude élargie.

   La période théorique de ce pendule est définie par la relation $T = 2\pi\sqrt{\frac{L}{g}}$, où g est l'intensité de pesanteur terrestre : $g = 9{,}81\ m{\cdot}s^{-2}$.
4. La valeur mesurée est-elle conforme à la valeur théorique ?

** Exercice 2 — 20 min

Lors d'une séance de TP, l'ensemble des 8 groupes d'une classe réalise le dosage d'un volume $V_{essai} = (10{,}00 \pm 0{,}02)$ mL de vinaigre dilué. Pour cela, ils utilisent :

- une solution d'hydroxyde de sodium de concentration en quantité de matière $C_B = (1{,}25 \pm 0{,}05){\cdot}10^{-2}\ mol{\cdot}L^{-1}$.
- un matériel de même classe et en suivant rigoureusement le même protocole.

On relève les volumes équivalents obtenus de chaque groupe.

Groupe	1	2	3	4	5	6	7	8
Volume équivalent V_E en mL	10,4	10,3	10,4	10,6	10,4	10,5	10,3	10,4

En tenant compte d'un taux de confiance de 95 %, le facteur d'élargissement vaut k = 2,37.

La détermination de la concentration en quantité de matière en acide éthanoïque C_A du vinaigre dilué, en $mol{\cdot}L^{-1}$, se détermine par la relation $C_A = C_B \times \frac{V_E}{V_{essai}}$.

L'incertitude composée sur la concentration en acide éthanoïque du vinaigre se détermine par la relation de propagation suivante :

$$U(C_A) = C_A \times \sqrt{\left(\frac{U(V_{essai})}{V_{essai}}\right)^2 + \left(\frac{U(V_E)}{V_E}\right)^2 + \left(\frac{U(C_B)}{C_B}\right)^2}.$$

1. Déterminer le volume à l'équivalence V_E ainsi que son incertitude élargie associée.

2. Calculer la concentration en quantité de matière C_A en acide éthanoïque du vinaigre dilué, on arrondira cette valeur à 3 chiffres significatifs.

3. Donner l'écriture finale de la concentration en quantité de matière C_A en acide éthanoïque du vinaigre dilué.

Corrigés exercices

Exercice 1

1. L'incertitude correspondant à la mesure de la période T est de type B car il n'y a qu'une seule mesure effectuée.

2. L'étendue de mesure du chronomètre vaut q = 0,1 s. On en tire l'incertitude-type

$$u(T) = \frac{q}{2\sqrt{3}} = \frac{0,1}{2\sqrt{3}} = 0,029 \approx 0,03 \text{ s.}$$

3. L'incertitude élargie vaut U(T) = 2 × u(T) = 2 × 0,029 = 0,058 ≈ 0,06 s. La période s'écrit :

$$T = (2,90 \pm 0,06) \text{ s.}$$

4. La valeur théorique vaut $T_{ref} = 2\pi\sqrt{\frac{L}{g}} = 2\pi\sqrt{\frac{2,05}{9,81}} \approx 2,87$ s. La valeur de référence est bien incluse dans l'intervalle défini par la mesure. La valeur mesurée est donc conforme à la valeur de référence.

Exercice 2

1. Le volume équivalent est obtenu à partir d'une série de mesures. On détermine la moyenne et l'écart-type de cette série :

- Valeur moyenne : $\overline{V_E} = 10,41$ mL.
- Écart-type : $u(V_E) = \sigma = 0,099$ mL.

Corrigés

On en déduit l'incertitude élargie :

$$U(V_E) = k \times u(V_E)$$

$$U(V_E) = 2{,}37 \times 0{,}099$$

$$U(V_E) = 0{,}235 \approx 0{,}2 \text{ mL}$$

Le volume équivalent retenu sera $V_E = (10{,}4 \pm 0{,}2)$ mL.

2. La concentration en quantité de matière C_A en acide éthanoïque du vinaigre dilué se calcule par :

$$C_A = C_B \times \frac{V_E}{V_{essai}}$$

$$C_A = 1{,}25 \cdot 10^{-2} \times \frac{10{,}4}{10{,}0}$$

$$C_A = 1{,}30 \cdot 10^{-2} \text{ mol} \cdot \text{L}^{-1}$$

3. On calcule l'incertitude élargie par la relation fournie :

$$U(C_A) = C_A \times \sqrt{\left(\frac{U(V_{essai})}{V_{essai}}\right)^2 + \left(\frac{U(V_E)}{V_E}\right)^2 + \left(\frac{U(C_B)}{C_B}\right)^2}$$

$$U(C_A) = 1{,}30 \cdot 10^{-2} \times \sqrt{\left(\frac{0{,}02}{10{,}00}\right)^2 + \left(\frac{0{,}2}{10{,}4}\right)^2 + \left(\frac{0{,}05}{1{,}25}\right)^2}$$

$$U(C_A) = 0{,}0578 \cdot 10^{-2} \approx 0{,}06 \cdot 10^{-2} \text{ mol} \cdot \text{L}^{-1}$$

La concentration en quantité de matière C_A s'écrit donc :

$$C_A = (1{,}30 \pm 0{,}06) \cdot 10^{-2} \text{ mol} \cdot \text{L}^{-1}$$

Corrigés

2 Déterminer la composition d'un système

1. Les grandeurs molaires

Masse, volume et mole

Dans la vie quotidienne, les grandeurs physiques associées aux quantités sont généralement la masse m (pour les solides et parfois pour les liquides) ou le volume V (pour les liquides et les gaz).

Cependant, en chimie, les transformations chimiques modélisées par les équations chimiques se déroulent entre entités. Pour coller à la description de la transformation chimique et au niveau macroscopique, on utilise la quantité de matière n qui s'exprime en mole.

Rappel

Une mole représente un nombre d'entités chimiques (atome, molécule, ion…) correspond à la constante d'Avogadro N_A.

Donnée : $N_A = 6{,}022 \cdot 10^{23}\ mol^{-1}$.

Les états des composés chimiques

Un système chimique est un mélange constitué d'un ensemble de composés chimiques présents dans des états différents ou non et en quantités variables.

Chaque composé chimique du mélange peut se présenter :

- soit sous la forme d'un composé pur (solide, liquide ou gaz),
- soit sous la forme d'une solution (dissolution de ce composé dans un solvant). Si le solvant est l'eau, on dit que la solution est aqueuse.

Il est donc nécessaire de préciser pour chaque composé sa forme en indice et entre parenthèses. Si le solvant de la solution est l'eau, on parle de solution aqueuse noté (aq) en indice.

Exemples :

$CH_{4(g)} + O_{2(g)} \rightarrow CO_{2(g)} + 2H_2O_{(\ell)}$

$Cu^{2+}{}_{(aq)} + Fe_{(s)} \rightarrow Fe^{2+}{}_{(aq)} + Cu_{(s)}$

Relations entre les différentes grandeurs

On dispose d'un certain nombre de grandeurs molaires ou non associées aux différents états ou aspects de la matière. Ces grandeurs peuvent être regroupées en deux séries :

Composés purs		
Grandeur	**Relation**	**Unité**
Masse molaire M	$M = \frac{m_{composé}}{n_{composé}}$	$g \cdot mol^{-1}$
Volume molaire V_m (pour les gaz)	$V_m = \frac{V_{composé}}{n_{composé}}$	$mol \cdot L^{-1}$
Solutions		
Concentration en masse C_m	$C_m = \frac{m_{soluté}}{V_{solution}}$	$g \cdot L^{-1}$
Concentration en quantité de matière C	$C = \frac{n_{soluté}}{V_{solution}}$	$mol \cdot L^{-1}$
Relation entre C_m et C	$C_m = C \times M$	

La masse molaire M d'un composé chimique peut se déterminer à partir de la composition chimique et des masses molaires des éléments indiquées dans la classification périodique.

Exemple :

$M(CuSO_4) = M(Cu) + M(S) + M(O) \times 4 = 63{,}5 + 32{,}1 + 16{,}0 \times 4 = 159{,}6 \ g \cdot mol^{-1}$

Masse molaire et constante d'Avogadro

La masse d'une entité chimique est très faible, de l'ordre de 10^{-24} g. La masse molaire représente donc une masse typique de cette entité chimique à l'échelle macroscopique. On a la relation :

$$M = m_{entité} \times N_A$$

2. Couleur d'une espèce chimique en solution

Interaction entre une solution et la lumière

La lumière du Soleil dite lumière blanche correspond à la superposition de toutes les radiations lumineuses du domaine visible (longueurs d'onde allant de 400 nm pour le violet à 750 nm pour le rouge).

On distingue également deux domaines proches du visible, l'ultraviolet (UV) et infrarouge (IR).

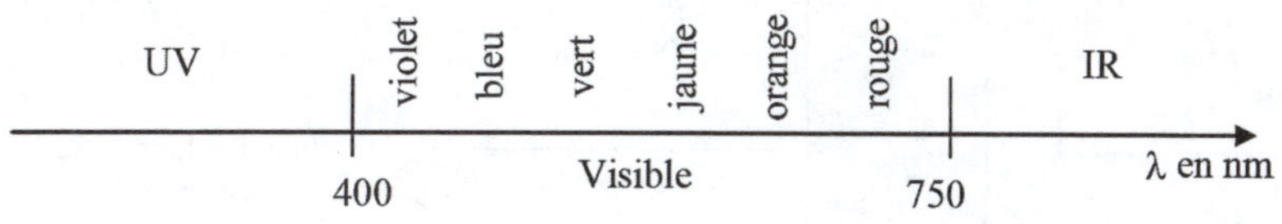

Domaines spectraux de la lumière proche du visible

Lorsque la lumière arrive sur un récipient contenant une solution, il se produit plusieurs phénomènes :

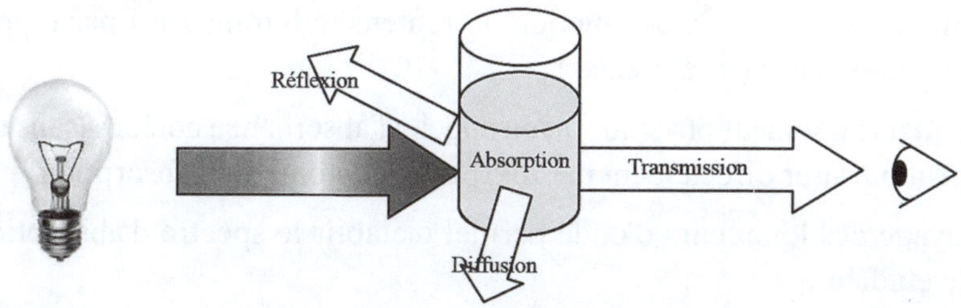

Phénomènes liés au changement de milieux

- La réflexion : la lumière ne traverse pas la solution.
- La transmission : une partie de la lumière traverse la solution.
- L'absorption : une autre partie de la lumière est « absorbée » par la solution.
- La diffusion : une partie de la lumière subit de nombreux déviations et émergent dans quasiment toutes les directions.

Dans un premier temps, on néglige les phénomènes de réflexion et de diffusion.

Spectre d'absorption

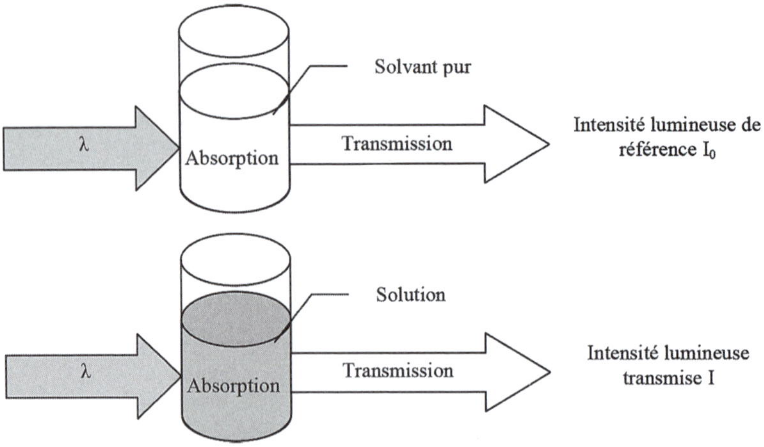

Principe de la spectrophotométrie d'absorption

Lorsqu'il y a absorption de la radiation de longueur d'onde λ par l'espèce en solution on remarque une diminution de l'intensité lumineuse I par rapport à l'intensité lumineuse de référence I_0.

On définit une grandeur physique qu'on appelle l'absorbance notée A (sans unité) qu'on peut mesurer directement par un spectrophotomètre d'absorption.

Le balayage des longueurs d'onde permet d'établir le spectre d'absorption de l'espèce étudiée.

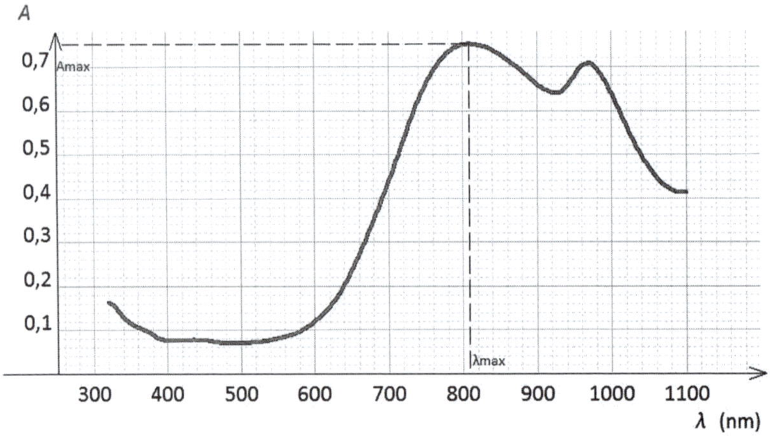

Spectre d'absorption d'un composé chimique

Couleur d'une espèce colorée en solution

Le spectre d'absorption montre un maximum d'absorption dont les coordonnées sont (λ_{max} ; A_{max}). La longueur d'onde correspondant au maximum d'absorption :

- sera choisie comme longueur d'onde d'étude car cela minimise les incertitudes de mesures ;
- permet de déterminer la couleur principale de la solution. Celle-ci se détermine comme étant la couleur complémentaire de la couleur absorbée à λ_{max} sur l'étoile chromatique (couleur diamétralement opposée).

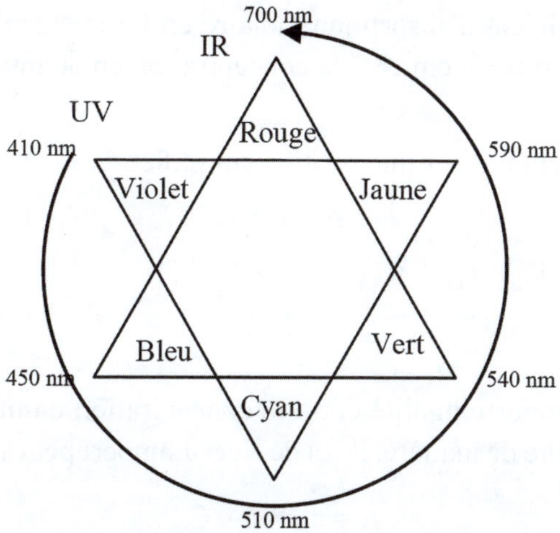

Cercle chromatique

3. Déterminer la concentration d'un soluté dans une solution colorée

Solution claire ou sombre

Les solutions aqueuses de sulfate de cuivre sont de couleurs bleues. Cependant, on remarque que plus la solution est concentrée plus la solution est sombre. L'absorbance d'une solution dépend de la concentration en espèce colorée mais également de l'épaisseur de solution traversée.

Relation entre absorbance et concentration

Loi de Beer-Lambert

Pour une espèce chimique colorée donnée, l'absorbance A, qui dépend de la longueur d'onde d'étude λ, est proportionnelle à la concentration molaire C et à l'épaisseur ℓ de solutions traversée.

On utilise la relation :

$$A = \varepsilon \times \ell \times C$$

où e est le coefficient d'absorption molaire en $L \cdot mol^{-1} \cdot cm^{-1}$, l la longueur de solution traversée en cm et C la concentration en quantité de matière en $mol.L^{-1}$.

On peut également utiliser une relation simplifiée :

$$A = k \times C$$

avec $k = \varepsilon \times \ell$ et $k_m = \varepsilon_m \times \ell$.

Remarque

Puisqu'il y a proportionnalité entre la concentration en masse et la concentration en quantité de matière, la loi de Beer-Lambert peut s'écrire également :

$$A = \varepsilon_m \times \ell \times C_m$$

où ε_m le coefficient d'absorption massique en $L \cdot g^{-1} \cdot cm^{-1}$, ℓ la longueur de solution traversée en cm et C_m la concentration en masse en $g \cdot L^{-1}$.

Dans ce cas, la relation simplifiée s'écrit :

$$A = k_m \times C_m$$

avec $k_m = \varepsilon_m \times \ell$.

Énoncés des exercices

* Exercice 1

⏰ 10 min

Relations mathématiques pour les corps purs

1. Déterminer la quantité de matière en fer contenu dans une lame de masse m = 1,2 g.

2. Une inspiration permet de faire entrer un volume de 3,0 L d'air dans les poumons. L'air contient 20 % de dioxygène. Déterminer la quantité de matière en dioxygène inspiré à 10 °C.

3. Une boîte de sucres N° 4 de 1,00 kg contient 168 sucres composés essentiellement de saccharose (on négligera les autres constituants).

   a. Quelle est la masse d'une molécule de saccharose ?

   b. Quel est le nombre de molécules de saccharose contenues dans un sucre ?

Données :

Masse molaire en $g \cdot mol^{-1}$:	Fe : 55,8	Saccharose : 342,0
Volume molaire V_m en $L \cdot mol^{-1}$:	à 0 °C : 22,4	à 10 °C : 23,2
Constante d'Avogadro :	$N_A = 6{,}022 \cdot 10^{23}\ mol^{-1}$	

* Exercice 2

⏰ 10 min

Quantité de matière et solution aqueuse

1. Pour neutraliser un milieu, il est nécessaire d'ajouter un volume V = 100,0 mL de solution d'hydrogénocarbonate de sodium de concentration en quantité de matière $C = 1{,}25 \cdot 10^{-2}\ mol \cdot L^{-1}$. Calculer la quantité de matière en hydrogénocarbonate de sodium a été nécessaire pour préparer le volume V de solution utilisée.

2. La composition du Dakin, un antiseptique, indique la présence de permanganate de potassium à une concentration en masse de $10\ mg \cdot L^{-1}$. Déterminer la quantité de matière en permanganate de potassium lors de l'utilisation de 1,0 mL de Dakin.

Donnée :

Masse molaire du permanganate de potassium ($KMnO_4$) : $M = 158{,}0\ g \cdot mol^{-1}$

Exercices

** Exercice 3 — 15 min

Prélever une quantité de matière

Pour réaliser la synthèse d'un ester, on doit ajouter une quantité n = 0,125 mol d'acide éthanoïque glacial. On ne dispose que d'une éprouvette graduée de 10 mL, dont l'incertitude-type vaut u(V) = 0,5 mL, et de l'indication portée sur l'étiquette de ce composé chimique :

Masse molaire M = 60,0 $g{\cdot}mol^{-1}$.

1. Rappeler la formule de la masse molaire M.

2. Calculer la masse d'acide éthanoïque glacial nécessaire.

3. Sachant que 1,00 mL d'acide éthanoïque glacial pèse 1,05 g, déterminer le volume d'acide éthanoïque glacial à prélever. Quel volume devra-t-on prélever à l'aide de l'éprouvette ?

4. La quantité de matière correspondant au prélèvement de la question 3 vaut n_{prel} = 0,123 mol d'acide éthanoïque. L'incertitude associée au prélèvement se détermine par la relation :

$$u\left(n_{prel}\right) = n_{prel} \times \frac{u(V)}{V}$$

si on ne tient compte que de l'incertitude-type de l'éprouvette graduée. Après avoir calculé l'incertitude $U(n_{prel})$, indiquer si le prélèvement effectué est conforme à l'exigence de la synthèse.

* Exercice 4 — 20 min

Couleur d'une espèce chimique

Le colorant E131 est utilisé dans de nombreux produits agroalimentaires sucrés comme les bonbons ou dans certains alcools.

1. Justifier que ce couleur absorbe dans le domaine du visible.

2. Déterminer avec précision les coordonnées du maximum d'absorption.

3. En utilisant le cercle chromatique disponible au 2.3. de ce chapitre, montrer que la couleur absorbée est le rouge.

4. En déduire la couleur perçue d'une solution de ce colorant.

5. Parmi les noms suivants, Bleu patenté V, Jaune de quinoléine et Azorubine, quel est celui qui correspond à ce colorant ?

Donnée :

Spectre du colorant E131

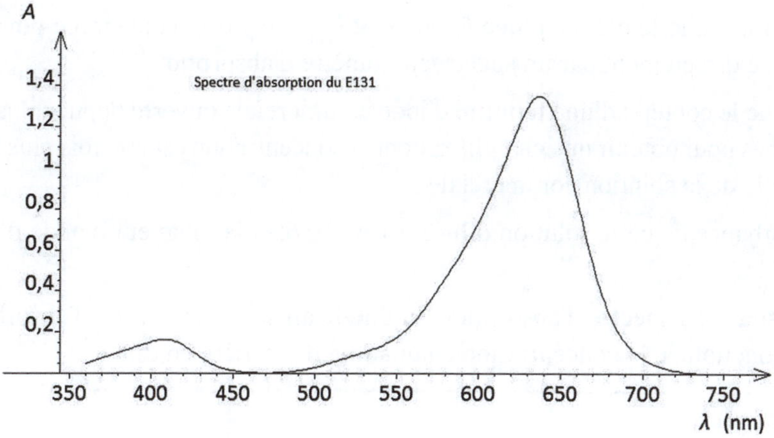

* Exercice 5

20 min

Vérification de la loi de Beer-Lambert

Un professeur donne à un de ses élèves de spécialité physique-chimie une solution d'indigo de concentration en masse $C_m = 5{,}0\ mg \cdot L^{-1}$. Ce colorant possède une forte absorbance même pour des concentrations très faibles.

L'élève réalise une série de solutions diluées puis il mesure l'absorbance A de chacune de ces solutions pour obtenir le tableau ci-dessous.

C_m en $mg \cdot L^{-1}$	0	0,50	1,0	1,5	2,0	2,5	3,0
A	0,00	0,22	0,41	0,63	0,84	1,02	1,21

1. Tracé sur papier millimétré la courbe $A = f(C_m)$. (Échelles 1 cm pour $0{,}5\ mg \cdot L^{-1}$ et 1 cm pour 0,2 unité d'absorbance).
2. La courbe obtenue permet-elle de vérifier la loi de Beer-Lambert $A = k_m \times C_m$?
3. Déterminer le coefficient directeur $k_{m,exp}$ de la droite obtenue. Comparer avec la valeur théorique de $k_m = 0{,}42\ L \cdot mg^{-1}$.

** Exercice 6

20 min

Détermination de la concentration en diiode

La teinture d'iode commerciale (contenant $I_{2(aq)}$) est trop concentrée pour être analysée directement par un spectrophotomètre d'absorption.

On dilue le contenu d'une teinture d'iode commerciale ouverte depuis plusieurs semaines pour obtenir un échantillon dont la concentration est 200 fois plus faible que celle de la solution commerciale.

L'absorbance de cette solution diluée est A = 0,65 à la longueur d'onde d'étude $\lambda = 470$ nm.

On dispose du spectre d'absorption du diiode ainsi que la courbe d'absorbance A en fonction de la concentration en quantité de matière en diiode.

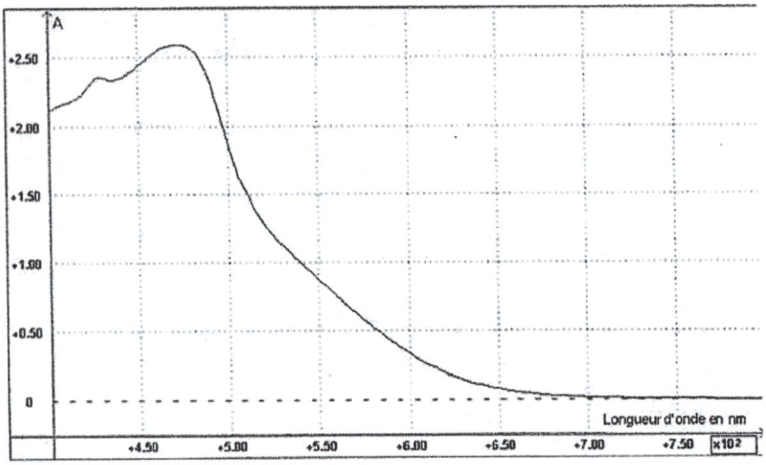

Spectre d'absorption du diiode en solution aqueuse

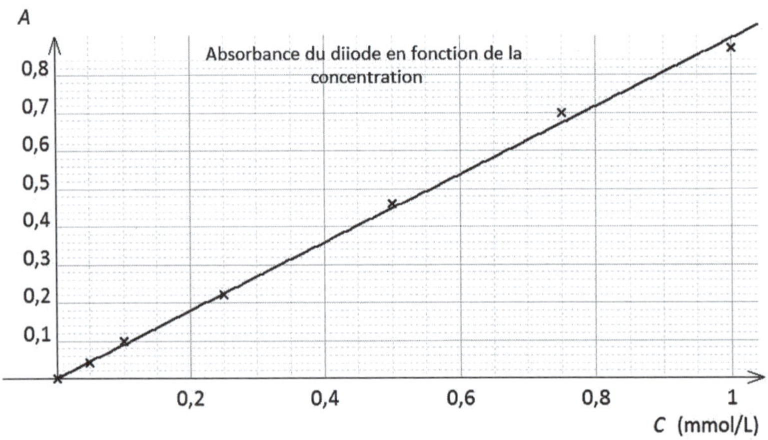

Absorbance du diiode en fonction de la concentration en quantité de matière C

1. Justifier le choix de la longueur d'onde d'étude $\lambda = 470$ nm pour la solution diluée de teinture d'iode commerciale.
2. Déterminer la concentration en quantité de matière C' en diiode de la solution diluée.
3. En déduire la concentration en quantité de matière C en diiode de la solution commerciale.
4. La concentration en quantité de matière en diiode d'une solution fraîche de teinture d'iode commerciale est de 0,18 $mol{\cdot}L^{-1}$. On peut la considérer fraîche si cette concentration ne baisse pas de plus de 10 %. La solution étudiée est-elle « fraîche » ?

Contrôle

1 h · 10 points

Exercice

Vérifier la formule chimique d'un sulfate de cuivre commercial

Le sulfate de cuivre anhydre $CuSO_{4(s)}$ est un solide blanc qui se dissout pour donner une solution aqueuse bleue de sulfate de cuivre II.

Le sulfate de cuivre commercial présente une teinte bleue indiquant que ce composé s'est hydraté. La formule chimique de se composé s'écrit alors sous la forme $CuSO_4,nH_2O_{(s)}$, où n est un entier représentant le nombre de molécules d'eau mises en jeu.

On se propose de déterminer ce nombre n par une méthode spectrophotométrique.

Données : Masse molaire en $g{\cdot}mol^{-1}$: O : 16,0 S : 32,1 Cu : 63,5

I. Réalisation d'une solution mère à partir du sulfate de cuivre anhydre

On désire obtenir un volume V = 100,0 mL de solution aqueuse contenant des ions Cu^{2+}, de concentration en quantité de matière $C_0 = 6{,}0{\cdot}10^{-2}$ $mol{\cdot}L^{-1}$, à partir du sulfate de cuivre anhydre.

1. Vérifier que la masse molaire du sulfate de cuivre anhydre vaut M = 159,6 $g{\cdot}mol^{-1}$.
2. Déterminer la concentration en masse C_{m0} de la solution aqueuse de sulfate de cuivre demandée.
3. En déduire que la masse m de sulfate de cuivre anhydre à prélever est de m = 0,96 g.

II. Étude de la solution précédente

L'utilisation d'un spectrophotomètre d'absorption permet d'obtenir la courbe ci-dessous.

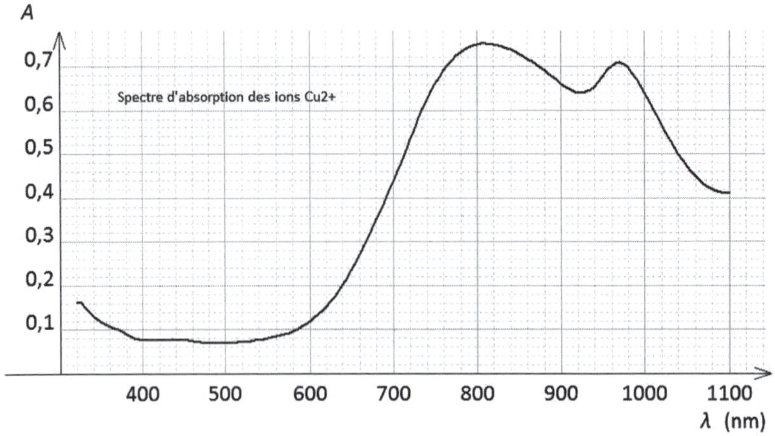

Spectre d'absorption des ions Cu^{2+} en solution aqueuse

1. Déterminer la longueur d'onde λ_{max} correspondant au maximum d'absorption ainsi que l'absorbance A_{max} correspondante.
2. À quel domaine spectral appartient-il ? Justifier clairement.

   La loi de Beer-Lambert s'écrit $A = k \times C$ avec $k = 12{,}5\ L{\cdot}mol^{-1}$ pour l'ion cuivrique $Cu^{2+}_{(aq)}$ à une longueur d'onde $\lambda = 810$ nm (valeur utilisée pour le reste du contrôle).
3. Tracer sur papier millimétré la courbe théorique de l'absorbance A en fonction de C pour des concentrations molaires en ions $Cu^{2+}_{(aq)}$ allant de 0 à $10{\cdot}10^{-2}\ mol{\cdot}L^{-1}$.
4. Calculer la valeur théorique de l'absorbance A_{ref} correspondant à la solution préparée au I. Comparer avec la valeur A_{max}.

III. Étude d'une solution aqueuse obtenue à partir de sulfate de cuivre commercial

On réalise une solution aqueuse de sulfate de cuivre de même concentration en masse C_{m0} que la solution obtenue au I. La mesure d'absorbance réalisée est $A_1 = 0{,}48$.

1. Déterminer graphiquement la concentration en quantité de matière C_1 en ion cuivrique $Cu^{2+}_{(aq)}$ de cette nouvelle solution.

   L'étude mathématique du problème indique que le nombre n de molécules d'eau impliquées dans le sulfate de cuivre commercial se détermine par la relation $n = \frac{M}{18} \times \left(\frac{A_0}{A_1} - 1\right)$.

2. Calculer la valeur de n. Justifier le nom systématique du sulfate de cuivre commercial : « Sulfate de cuivre pentahydraté ».

Corrigés exercices

Exercice 1

1. La lame de fer pèse m = 1,2 g. La masse molaire du fer est M = 55,8 g·mol⁻¹.
On utilise la définition de masse molaire :

$$M = \frac{m}{n} \Rightarrow n = \frac{m}{M}$$

$$n\left(Fe_{(s)}\right) = \frac{1,2}{55,8}$$

$$n(Fe_{(S)}) = 22 \cdot 10^{-3} \text{ mol}$$

La quantité de matière en fer présent dans la lame est de 22 mmol.

2. L'air contient 20 % de dioxygène, donc pour un volume de 3,0 L, on a un volume de dioxygène de :

$$V(O_{2(g)}) = 20\ \% \times 3,0$$

$$V(O_{2(g)}) = 0,60 \text{ L}$$

Puisqu'il s'agit d'un gaz, on utilise le volume molaire :

$$V_m = \frac{V}{n} \Rightarrow n = \frac{V}{V_m}.$$

$$\text{À } 10\ °\text{C} : n\left(O_{2(g)}\right) = \frac{0,60}{23,3}$$

$$n(O_{2(g)}) = 27 \cdot 10^{-3} \text{ mol}$$

Une inspiration apporte une quantité de matière en dioxygène de 27 mmol.

3.

a. La masse molaire du saccharose est liée à la masse d'une molécule de saccharose par :

$$M(\text{saccharose}) = m(\text{saccharose}) \times N_A$$

$$m(\text{saccharose}) = \frac{M(\text{saccharose})}{N_A}$$

$$m(\text{saccharose}) = \frac{342,0}{6,022 \cdot 10^{23}}$$

Corrigés

$$m(\text{saccharose}) = 5{,}679 \cdot 10^{-22}\ \text{g}$$

La masse d'une molécule de saccharose est de $5{,}679 \cdot 10^{-22}$ g.

b. La masse d'un sucre se détermine par :

$$m_{sucre} = \frac{m_{boite}}{nb_{sucre}}$$

$$m_{sucre} = \frac{1{,}00}{168}$$

$$m_{sucre} = 5{,}95 \cdot 10^{-3}\ \text{kg}$$

La masse d'un sucre est donc de $5{,}95 \cdot 10^{-3}$ kg soit 5,95 g.

Donc il est possible de déterminer le nombre N de molécules de saccharose présentes dans un sucre :

$$m_{sucre} = N \times m(\text{saccharose})$$

$$N = \frac{m_{sucre}}{m(\text{saccharose})}$$

$$N = \frac{5{,}95}{5{,}679 \cdot 10^{-22}} = 1{,}04 \cdot 10^{22}$$

Dans un sucre, il y a environ dix mille milliards de milliards de molécules de saccharose.

Exercice 2

1. La concentration molaire se détermine par :

$$C = \frac{n_{soluté}}{V_{solution}} \Rightarrow n_{soluté} = C \times V_{solution}$$

$$V_{solution} = 100{,}0\ \text{mL} = 100{,}0 \cdot 10^{-3}\ \text{L}$$

$$n = 1{,}25 \cdot 10^{-2} \times 100{,}0 \cdot 10^{-3}$$

$$n = 1{,}25 \cdot 10^{-3}\ \text{mol}$$

1,25 mmol d'hydrogénocarbonate de sodium a été utilisé pour préparer les 100,0 mL de solution.

Corrigés

2. La concentration massique se détermine par : $C_m = \frac{m}{V} \Rightarrow m = C_m \times V$.

La masse molaire permet d'écrire : $M = \frac{m}{n} \Rightarrow n = \frac{m}{M}$.

Par combinaison des deux relations : $n = \frac{C_m \times V}{M}$.

$$C_m = 10\ \text{mg·L}^{-1} = C_m = 10·10^{-3}\ \text{g·L}^{-1}$$

$$V = V_{Dakin} = 1{,}0\ \text{mL} = 1{,}0.10^{-3}\ \text{L}$$

$$n = \frac{C_m \times V}{M}.$$

$$n = \frac{10 \cdot 10^{-3} \times 1{,}0 \cdot 10^{-3}}{158{,}0} = 63 \cdot 10^{-9}\ \text{mol}.$$

$$n = 63·10^{-9}\ \text{mol}$$

Un volume V = 1,0 mL d'eau de Dakin contient 63 nmol de permanganate de potassium.

Exercice 3

1. La formule de la masse molaire M est

$$M = \frac{m_{espèce}}{n_{espèce}}$$

2. La masse d'acide éthanoïque glacial à prélever est de :

$$m = n \times M$$

$$m = 0{,}125 \times 60{,}0$$

$$m = 7{,}5\ \text{g}$$

3. Puisqu'on connaît la masse d'un volume connu d'acide éthanoïque glacial, on peut déterminer le volume à prélever par :

$$V = \frac{7{,}5 \times 1{,}00}{1{,}05}$$

$$V = 7{,}14\ \text{mL}$$

On doit donc prélever 7,14 mL d'acide éthanoïque glacial. L'éprouvette n'étant précise qu'à 0,5 mL près, on prélèvera 7 mL.

4. L'incertitude associée au prélèvement est :

$$u\left(n_{prel}\right) = n_{prel} \times \frac{u(V)}{V}$$

$$u\left(n_{prel}\right) = 0{,}123 \times \frac{0{,}5}{7}$$

$$u(n_{prel}) = 0{,}009 \text{ mol}$$

Le prélèvement effectué est donc $n_{prel} = (0{,}123 \pm 0{,}009)$ mol.

La valeur cible est bien dans l'intervalle donc le prélèvement est conforme à l'exigence de la synthèse.

Exercice 4

1. Le spectre d'absorption couvre la plage de longueur d'onde 400 à 750 nm ce qui correspond au domaine du visible.

2. On détermine graphiquement que λ_{max} = 638 nm.

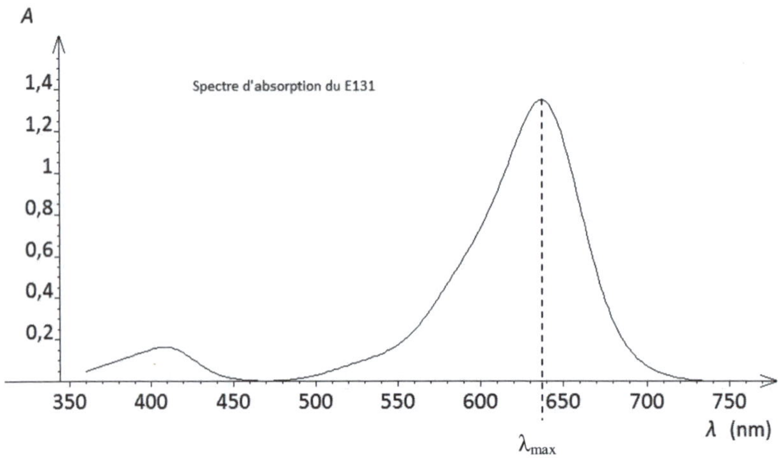

3. Cette longueur d'onde de 638 nm correspond bien au rouge.

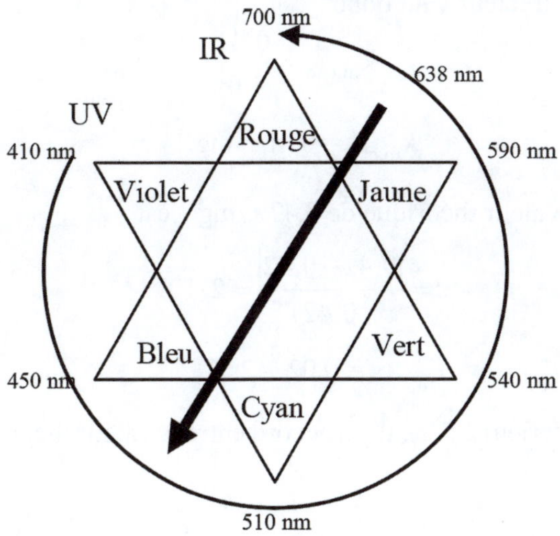

4. La couleur perçue est diamétralement opposée sur le cercle chromatique, le colorant paraît bleu/cyan.

5. Le seul nom cohérent possible de colorant est le bleu patenté V.

Exercice 5

1. Voir courbe ci-dessous.

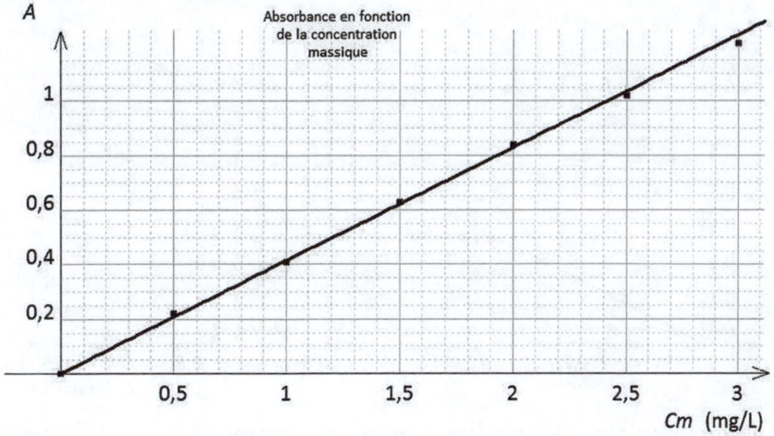

2. La loi de Beer-Lambert $A = k_m \times C_m$ correspond à une droite linéaire.

La courbe obtenue est bien une droite linéaire donc la loi de Beer-Lambert est vérifiée.

Corrigés

3. Le point de coordonnées (1,0 mg·L^{-1} ; 0,41) est sur la droite linéaire tracée. Le coefficient directeur vaut donc :

$$k_{m,exp} = \frac{0,41}{1,0}$$

$$k_{m,exp} = 0,41 \text{ L·mg}^{-1}$$

L'écart avec la valeur théorique de 0,42 L·mg^{-1} est :

$$\varepsilon = \frac{|0,41 - 0,42|}{0,42} = 2 \cdot 10^{-2}$$

$$\varepsilon = 0,02 = 2\ \%$$

L'écart étant inférieur à 5 %, il y a accord entre la valeur théorique et la valeur expérimentale.

Exercice 6

1. Le spectre d'absorption présente un maximum d'absorption à λ = 470 nm. On choisit cette longueur d'onde pour l'étude car elle minimise les incertitudes de mesures.

2. On trace la courbe A en fonction de la concentration, puis on recherche la concentration C' correspondant à la valeur A = 0,65.

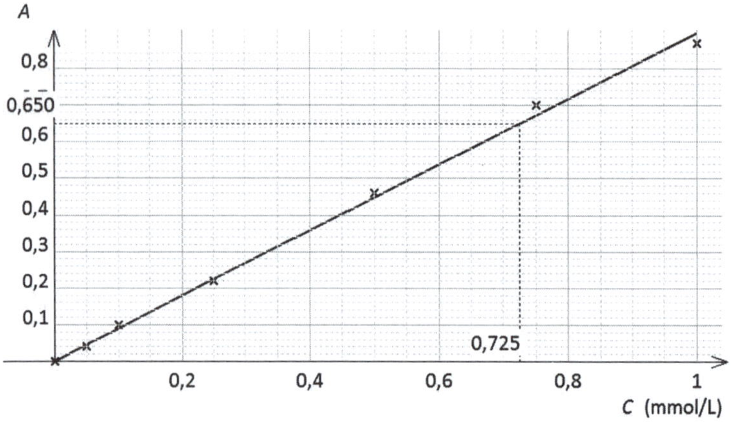

Graphiquement, on détermine que la concentration C' en diiode est de C' = 0,725 mmol·L^{-1}.

3. La solution commerciale est 200 fois plus concentrée donc :

$$C = 200 \times C'$$

$$C = 200 \times 0,725$$

$$C = 145 \text{ mmol·L}^{-1}$$

Corrigés

La solution commerciale étudiée possède une concentration en quantité de matière $C = 0{,}145\ mol \cdot L^{-1}$.

4. Une solution fraîche peut perdre 10 % de sa concentration donc :

$$10\ \% \times 0{,}18 = 0{,}02\ mol \cdot L^{-1}$$

En dessous de $0{,}16\ mol \cdot L^{-1}$ la solution ne peut plus être qualifiée de fraîche.

La solution étudiée possède une concentration en quantité de matière de $0{,}145\ mol \cdot L^{-1}$, en dessous de la limite dans elle n'est plus « fraîche ».

Corrigés contrôle

Exercice

Vérifier la formule chimique d'un sulfate de cuivre commercial

I. Réalisation d'une solution mère à partir du sulfate de cuivre anhydre

1. La masse molaire se détermine par :

$$M(CuSO_{4(s)}) = M(Cu) + M(S) + M(O) \times 4$$

$$M(CuSO_{4(s)}) = 63{,}5 + 32{,}1 + 16{,}0 \times 4$$

$$M(CuSO_{4(s)}) = 159{,}6\ g \cdot mol^{-1}$$

On retrouve bien la valeur demandée.

2. La concentration massique peut se déterminer à partir de la concentration molaire par :

$$C_{m0} = C \times M$$

$$C_{m0} = 6{,}0 \cdot 10^{-2} \times 159{,}6$$

$$C_{m0} = 9,\ 6\ g \cdot L^{-1}$$

3. La concentration massique s'écrit également :

$$C_m = \frac{m_{soluté}}{V_{solution}}$$

Le volume de solution est de $V = 100{,}0\ mL = 100{,}0 \cdot 10^{-3}\ L$.

$$m_{CuSO_4} = C_{m0} \times V$$

$$m_{CuSO_4} = 9{,}6 \times 100{,}0 \cdot 10^{-3}$$

$$m_{CuSO_4} = 0{,}96\ g$$

On retrouve bien la valeur demandée.

Corrigés

II. Étude de la solution précédente

1. Graphiquement le maximum d'absorption se situe à une longueur d'onde $\lambda_{max} = 810$ nm pour une absorbance $A_{max} = 0,75$.

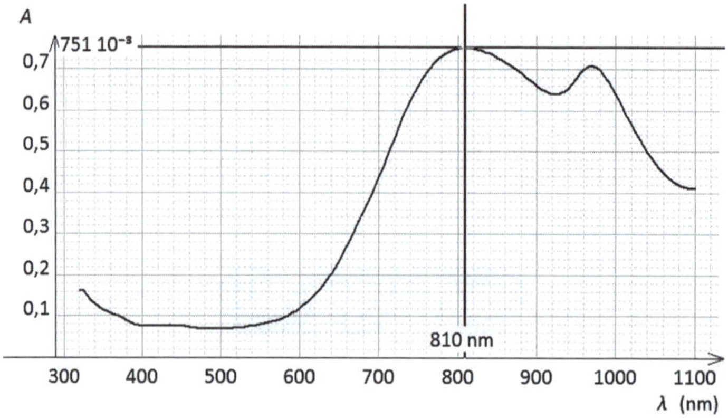

2. Le domaine visible s'étend de 400 à 750 nm. Au-delà, de 750 nm c'est le domaine des infrarouges.

Le maximum étant à 810 nm il appartient donc au domaine spectral des infrarouges.

3. Voir courbe suivante.

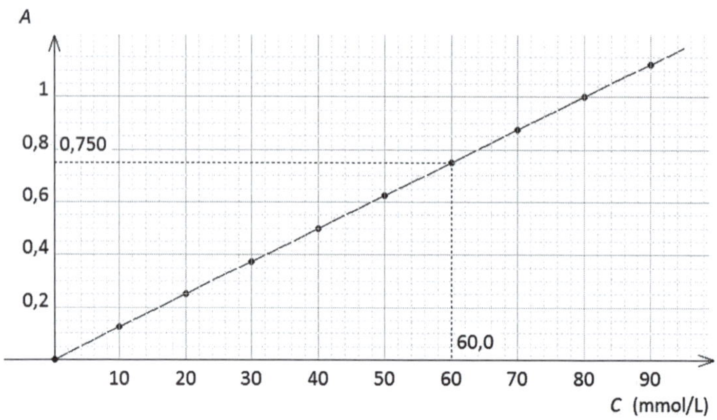

4. La solution préparée a une concentration molaire $C = 6,0 \cdot 10^{-2}$ mol·L^{-1}.

Théoriquement, son absorbance est :

$$A = k \times C$$

$$A = 12,5 \times 6,0 \cdot 10^{-2}$$

$$A = 0,75$$

On retrouve bien la valeur de A_{max} obtenue au I. On peut le vérifier également sur le graphe précédent.

Corrigés

III. Étude d'une solution aqueuse obtenue à partir de sulfate de cuivre commercial

1. En utilisant la courbe précédente, on peut déterminer que la concentration molaire en ions cuivriques est $C = 38{,}4 \cdot 10^{-3}$ mol·L^{-1}.

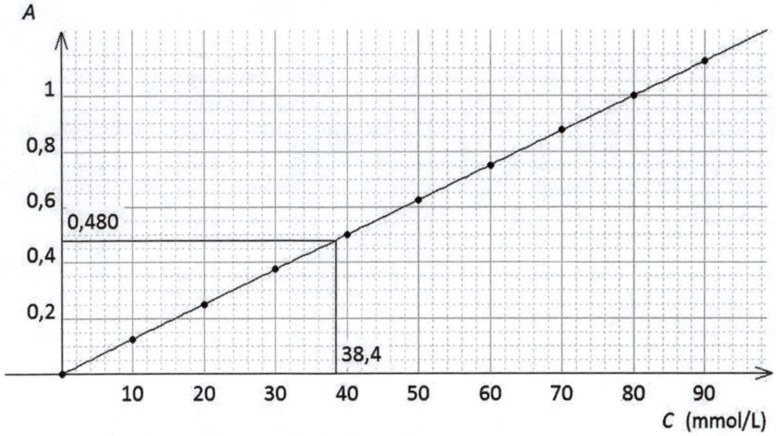

2. Le nombre de molécules d'eau se détermine par :

$$n = \frac{M}{18} \times \left(\frac{A_0}{A_1} - 1 \right)$$

$$n = \frac{159{,}6}{18} \times \left(\frac{0{,}75}{0{,}48} - 1 \right)$$

$$n = 5{,}0$$

Comme n est un entier, on retient n = 5.

Le mot « pentahydraté » correspond bien à la présence de 5 molécules d'eau car penta signifie 5 en grec.

Corrigés

3 Comment évolue un système chimique ?

1. Les transformations chimiques d'oxydoréduction

Transformation mettant en jeu les éléments fer et cuivre

Les pièces de monnaie de 1, 2 et 5 centimes d'euros sont constituées d'acier (donc essentiellement de fer) recouvert d'une fine couche de cuivre.

Ce dépôt peut se réaliser simplement en trempant le composé en fer dans une solution d'ions cuivrique $Cu^{2+}_{(aq)}$. Cependant il est impossible de réaliser le dépôt de fer sur un composé en cuivre de manière similaire.

Il y a donc une transformation visible au niveau du cuivre qui passe de la forme $Cu^{2+}_{(aq)}$ à la forme $Cu_{(s)}$. Seule la charge de l'élément est affectée, il y a donc eu un transfert électronique caractéristique des **transformations d'oxydoréduction**.

Notion de couple d'oxydoréduction

Évolution d'un système comportant une lame de fer immergée dans une solution ionique contenant des ions cuivrique $Cu^{2+}_{(aq)}$

Si on analyse finement l'expérience de laboratoire, on remarque que deux réactions simultanées se déroulent :

- Passage de l'ion cuivrique $Cu^{2+}_{(aq)}$ au cuivre métallique $Cu_{(s)}$, en raison de l'apparition du dépôt caractéristique rouge.
- Passage du fer métallique $Fe_{(s)}$ à l'ion ferreux $Fe^{2+}_{(aq)}$, en raison de l'apparition de la teinte verte de la solution.

Résumés de cours

Pour chaque élément, on peut écrire une équation chimique appelée demi-équation électronique (en raison de la présence des électrons notés e^-) modélisant la réaction :

- Pour l'élément cuivre :

  $Cu^{2+}_{(aq)} + 2\,e^- \rightleftarrows Cu_{(s)}$: réaction appelée réduction

- Pour l'élément fer :

  $Fe_{(s)} \rightleftarrows Fe^{2+}_{(aq)} + 2e^-$: réaction appelée oxydation

Définitions

- Un couple d'oxydoréduction est constitué de deux espèces chimiques dites conjuguées. Le couple se note Oxydant/Réducteur et correspond à la demi-équation générale $Ox + n\,e^- \rightleftarrows Red$.
- Un oxydant est une espèce capable de capter des électrons.
- Un réducteur est une espèce capable de libérer des électrons.
- Une oxydation est la réaction traduisant le passage d'un réducteur en oxydant.
- Une réduction est la réaction traduisant le passage d'un oxydant en réducteur.

Parfois il est nécessaire d'ajouter des espèces chimiques qui permettent d'équilibrer les demi-équations électroniques. Les deux plus fréquentes sont l'eau H_2O et les ions hydrogène H^+.

Équation modélisant une transformation chimique d'oxydoréduction

Une transformation d'oxydoréduction est un transfert électronique entre deux espèces appartenant à deux couples d'oxydoréduction différents. L'une de ces espèces est un oxydant, l'autre est un réducteur.

L'équation modélisant cette transformation se détermine en combinant deux demi-équations électroniques (une oxydation et une réduction).

Comme il s'agit d'un transfert électronique, on veillera à ce qu'il y ait le même nombre d'électrons consommés lors de la réduction que d'électrons libérés lors de l'oxydation. Pour cela, on utilise des coefficients multiplicateurs pour chaque demi-équation électronique.

réduction :	$Cu^{2+}_{(aq)} + \cancel{2e^-} \rightleftarrows Cu_{(s)}$	x 1
oxydation :	$Fe_{(s)} \rightleftarrows Fe^{2+}_{(aq)} + \cancel{2e^-}$	x 1
Equation :	$Cu^{2+}_{(aq)} + Fe_{(s)} \rightleftarrows Cu_{(s)} + Fe^{2+}_{(aq)}$	

Autre exemple :

réduction : $Cu^{2+}_{(aq)} + \cancel{2e^-} \rightleftarrows Cu_{(s)}$ x 3

oxydation : $A\ell_{(s)} \rightleftarrows A\ell^{3+}_{(aq)} + \cancel{3e^-}$ x 2

Equation : $3Cu^{2+}_{(aq)} + 2A\ell_{(s)} \rightleftarrows 3Cu_{(s)} + 2A\ell^{3+}_{(aq)}$

2. Évolution des quantités de matière lors d'une transformation chimique

Signification d'une équation chimique

Toute équation chimique traduit la transformation globale d'espèces chimiques initiales appelées réactifs en espèces chimiques finales appelées produits.

Certains aspects de cette transformation sont cependant cachés :

- Seuls les composés chimiques du mélange qui évoluent apparaissent. D'autres espèces peuvent être présentes sans intervenir, ce sont les espèces spectatrices.
- On ne connaît que les espèces chimiques introduites et les espèces chimiques obtenues finalement. On ne sait pas réellement ce qui se passe pendant la transformation.
- La durée de l'expérience n'est pas indiquée ni si la transformation est totale.

État initial et avancement chimique

Définition

Un état chimique représente la composition d'un mélange réactionnel à un instant t donné. Il existe deux états chimiques extrêmes lors d'une transformation chimique :

- l'état initial (EI) qui représente le mélange à l'instant $t = 0s$,
- l'état final (EF) qui représente le mélange à la fin de la transformation, en théorie à $t = +\infty$.

On peut faire un parallèle entre l'équation chimique et les états chimiques successifs. L'avancement chimique noté x et exprimé en moles traduit l'évolution entre l'état initial ($x = 0$) et l'état final ($x = x_f$).

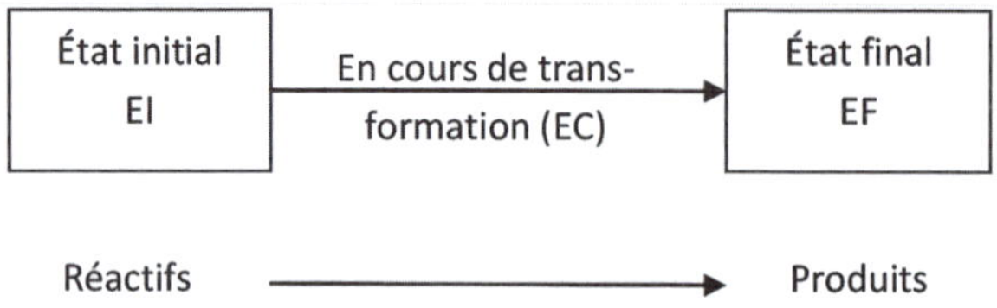

États chimiques et équation chimique

Tableau d'avancement

Pour appréhender l'évolution de la transformation chimique, on utilise le tableau d'avancement qui permet de visualiser les relations mathématiques existantes entre l'évolution des quantités de matières des différentes espèces chimiques.

Méthode de remplissage d'un tableau d'avancement

1. Déterminer les quantités de matière de chaque espèce présente dans l'équation chimique. Introduire ces valeurs sur la ligne « État initial ».

2. Pour la ligne en cours de transformation, on procède en quatre étapes :

a. recopier les résultats de la ligne « État initial »,

b. ajouter le signe – pour les réactifs et le signe + pour les produits,

c. recopier le coefficient stœchiométrique du composé chimique correspondant,

d. placer le symbole x de l'avancement.

3. Après avoir déterminé la valeur de l'avancement final x_f, réaliser le calcul pour chaque espèce chimique en utilisant la relation mathématique obtenue sur la ligne « En cours de transformation ».

Équation	$Cu^{2+}_{(aq)}$ +	$Fe_{(s)}$ $\rightleftarrows$	$Cu_{(s)}$ +	$Fe^{2+}_{(aq)}$
État initial (EI) x = 0 mol	$1{,}0 \cdot 10^{-2}$	0,500	0	0
En cours de transformation (EF)	$1{,}0 \cdot 10^{-2} - 1x$	$0{,}500 - 1x$	$0 + 1x$	$0 + 1x$
État final (EF) $x = x_f = 0{,}5 \cdot 10^{-2}$ mol	$0{,}5 \cdot 10^{-2}$	0,495	$0{,}5 \cdot 10^{-2}$	$0{,}5 \cdot 10^{-2}$

Exemple de tableau d'avancement

3. Analyse d'une transformation chimique

Mélanges stœchiométriques et non stœchiométriques

Définition

Un mélange est dit stœchiométrique si les réactifs ont été introduits dans des proportions correspondantes aux coefficients stœchiométriques de l'équation chimique. Si ce n'est pas le cas, le mélange est non-stœchiométrique.

Lorsqu'un mélange est non stœchiométrique, une espèce a été introduite en trop grande quantité, on dit qu'elle est en excès et une autre espèce a été introduite en trop faible quantité, on dit qu'elle est en défaut.

Avancement final et avancement maximum

Une transformation peut consommer l'intégralité du réactif en défaut. Dans ce cas, on dit qu'il est le réactif limitant et la transformation est qualifiée de totale. Si aucun des réactifs n'est consommé totalement, la transformation est dite limitée. Il est donc nécessaire de déterminer deux valeurs particulières de l'avancement :

- L'avancement maximum x_{max} correspondant à la valeur maximale de l'avancement pour une transformation donnée.
- L'avancement final x_f correspondant à la valeur finale réelle pour cette même transformation.

Définition

Une transformation chimique est dite totale si $x_f = x_{max}$, elle est dite limitée si $x_f < x_{max}$. Dans ce dernier cas, les réactifs ne sont pas tous entièrement consommés.

Méthode de détermination de l'avancement maximum x_{max}

1. Placer les réactifs sous la forme d'un système d'équations « ou ».
2. Pour chaque réactif, écrire la relation mathématique du tableau d'avancement correspondante.
3. Finaliser l'équation par « =0 ».
4. Résoudre les équations mathématiques séparément.
5. Repérer la valeur minimale de l'avancement x de ces résolutions ainsi que le réactif correspondant.
6. Écrire la phrase : « Le réactif limitant est … et la valeur de l'avancement maximum vaut x_{max} = … mol »

Résumés de cours

Résumés de cours

Si on reprend l'exemple du tableau d'avancement du 2.3., on a la résolution suivante :

$$\begin{cases} \boxed{Cu^{2+}_{(aq)}} : 1{,}0\cdot 10^{-2} - x = 0 \\ \text{ou} \\ Fe_{(s)} : 0{,}5 - x = 0 \end{cases} \Rightarrow \begin{cases} \boxed{x = 1{,}0\cdot 10^{-2}\ \text{mol}} \\ \text{ou} \\ x = 0{,}5\ \text{mol} \end{cases}$$

Le réactif limitant est $Cu^{2+}{}_{(aq)}$ et la valeur de l'avancement maximum vaut $x_{max} = 1{,}0\cdot 10^{-2}$ mol.

On a un état final défini par $x_f = 0{,}5\cdot 10^{-2}$ mol. On a donc $x_f < x_{max}$, la transformation étudiée est donc limitée.

Énoncés des exercices

**** Exercice 1** ⏱ 15 min

Écrire des demi-équations électroniques

1. La réduction des ions ferrique $Fe^{3+}_{(aq)}$ conduit aux ions ferreux $Fe^{2+}_{(aq)}$. Écrire la demi-équation électronique correspondante.
2. L'aluminium métallique $Al_{(s)}$ appartient au couple d'oxydoréduction $Al^{3+}_{(aq)}/Al_{(s)}$. Écrire la demi-équation électronique correspondant à l'oxydation.
3. Les ions tétrathionate $S_4O_6{}^{2-}{}_{(aq)}$ peuvent capter deux électrons pour former deux ions thiosulfate $S_2O_3{}^{2-}{}_{(aq)}$.
   - **a.** Écrire cette demi-équation électronique. Déterminer les coefficients stœchiométriques de celle-ci.
   - **b.** Comment appelle-t-on ce type de réaction chimique ?
   - **c.** Écrire le couple d'oxydoréduction mettant en jeu ces deux espèces chimiques.
4. L'ion permanganate $MnO_4{}^{-}{}_{(aq)}$ est un oxydant puissant qui en présence d'ion hydrogène $H^+_{(aq)}$ donne des ions manganèse $Mn^{2+}_{(aq)}$ et de l'eau. Déterminer la demi-équation électronique modélisant cette réduction.

**** Exercice 2** ⏱ 20 min

Équations d'oxydoréduction

Données :

Liste des couples d'oxydoréduction utilisés dans cet exercice.

$ClO^-_{(aq)} / Cl_{2(g)}$ $Cl_{2\,(g)} / Cl^-_{(aq)}$ $Cr_2O_7{}^{2-}{}_{(aq)} / Cr^{3+}_{(aq)}$ $C_2H_4O_{(aq)}/ C_2H_5OH_{(aq)}$

1. Il est préconisé d'éviter le contact entre l'eau de Javel et l'acide chlorhydrique. En effet, les ions hypochlorite ClO^-, apportés par l'eau de Javel, peuvent réagir avec les ions chlorure Cl^- apportés par l'acide chlorhydrique.
   - **a.** Écrire la demi-équation électronique de la réduction de l'ion hypochlorite en présence des ions $H^+_{(aq)}$.
   - **b.** Écrire la demi-équation électronique de l'oxydation des ions chlorures.
   - **c.** En déduire l'équation d'oxydoréduction modélisant la transformation chimique qui se déroule entre les ions hypochlorites et les ions chlorures en milieu acide.
   - **d.** Quel composé dangereux pour la santé est libéré dans ce cas ?

Exercices

2. Dans les centres automobiles, on peut trouver des dispositifs d'autocontrôle d'alcoolémie. Dans la capsule, on peut trouver des cristaux de dichromate de potassium contenant des ions dichromates $Cr_2O_7^{2-}$ de teinte orangée. Si le conducteur a consommé de l'alcool, des vapeurs d'alcool (C_2H_5OH) vont provoquer la réduction du dichromate en ion chrome III Cr^{3+} qui sont verts.

   a. Écrire la demi-équation électronique de réduction des ions dichromates en milieu acide.

   b. Écrire la demi-équation électronique d'oxydation de l'éthanol.

   c. En déduire l'équation d'oxydoréduction modélisant le principe de fonctionnement de cet alcooltest.

Exercices

* Exercice 3 — 25 min

Déterminer la composition finale d'un mélange stœchiométrique

L'eau oxygénée de formule chimique $H_2O_{2(aq)}$ est instable. Lentement, elle se transforme selon l'équation chimique :

$$2H_2O_{2(aq)} \rightarrow 2H_2O_{(l)} + O_{2(g)}$$

On dispose d'un flacon contenant un volume V = 100 mL d'une eau oxygénée à 10 volumes, ce qui correspond à une concentration molaire de 0,892 mol·L^{-1}. Dans les conditions de l'expérience, le volume molaire des gaz est de $V_m = 22{,}4$ L·mol^{-1}.

1. Calculer la quantité de matière en eau oxygénée présente dans le flacon.
2. Dresser un tableau d'avancement correspondant à la décomposition de l'eau oxygénée.
3. Pourquoi peut-on affirmer que l'avancement maximum associé à la décomposition totale de l'eau oxygénée du flacon est $x_{max} = 4{,}46.10^{-2}$ mol ?
4. Déterminer la quantité de matière en dioxygène n_{O2} produit si la transformation est totale ?
5. Calculer le volume de dioxygène maximum que peut libérer ce flacon d'eau oxygénée.
6. En déduire le volume pour 1 L d'eau oxygénée à 10 volumes. Justifier cette dernière indication.

Exercice 4 — ⏱ 25 min

Réaction limitée ou pas ?

La mise en solution de l'acide éthanoïque dans l'eau peut se modéliser par l'équation suivante :

$$C_2H_4O_{2(aq)} + H_2O_{(l)} \rightarrow C_2H_3O_2{}^-{}_{(aq)} + H_3O^+{}_{(aq)}.$$

On prélève 0,10 moles d'acide éthanoïque qu'on place dans 10 moles d'eau.

L'étude du pH obtenu permet de déterminer la quantité de matière en ion oxonium $H_3O^+{}_{(aq)}$ vaut $n_{H3O+} = 5{,}3 \cdot 10^{-4}$ mol.

1. Compléter les lignes « État initial et En cours de transformation » du tableau d'avancement suivant.

Équation	$C_2H_4O_{2(aq)}$ +	$H_2O_{(l)}$ →	$C_2H_3O_2{}^-{}_{(aq)}$ +	$H_3O^+{}_{(aq)}$
État initial **x = 0**				
En cours de transformation				
État final **$x = x_f$**				

2. Déterminer le réactif limitant ainsi que la valeur de l'avancement maximum x_{max}.
3. En vous aidant du tableau d'avancement, déterminer la valeur de l'avancement final x_f.
4. Compléter alors la ligne « État final » du tableau d'avancement.
5. Montrer de deux façons différentes que la transformation étudiée est limitée.
6. Calculer le taux d'avancement en % de la réaction défini par $\tau = 100 \times \frac{x_f}{x_{max}}$.

Cette indication confirme-t-elle le caractère limité de la transformation chimique ?

Exercice 5 — ⏱ 30 min

Déterminer la composition finale d'un mélange

Une expérience simple et spectaculaire consiste à tremper un fil de cuivre de masse $m_{Cu} = 12{,}7$ g dans un volume $V_{Ag^+} = 250$ mL d'une solution de nitrate d'argent de concentration en quantité de matière en ion argent apporté $C_{Ag^+} = 0{,}100$ mol·L^{-1}. Il se forme alors un dépôt métallique appelé arbre de Diane.

Données :

Couples d'oxydoréduction : $Ag^{+}_{(aq)}$ / $Ag_{(s)}$ $Cu^{2+}_{(aq)}$ / $Cu_{(s)}$.

Couleurs caractéristiques : l'argent métallique est gris brillant

les ions cuivriques $Cu^{2+}_{(aq)}$ sont bleus.

Masse molaire en $g \cdot mol^{-1}$: Cu : 63,5 Ag : 107,9

1. Calculer la quantité de matière n_{Cu} correspondant au fil de cuivre.
2. Calculer la quantité de matière n_{Ag^+} en ion argent Ag^+ apporté par la solution de nitrate d'argent.
3. Déterminer l'équation chimique modélisation la transformation chimique permettant d'obtenir l'arbre de Diane.
4. En déduire la nature du dépôt métallique ainsi que la couleur de la solution à la fin de l'expérience.
5. Dresser un tableau d'avancement puis déterminer le réactif limitant ainsi que la valeur de l'avancement final de cette transformation considérée comme totale.
6. En déduire la masse du dépôt métallique formé.

Contrôle

1 h 30 • 20 points

Exercice 1

30 min • 6 points

Le Lugol 1 %, qui est utilisé comme traitement interne iodé (collutoire par exemple), contient 1 % en masse de diiode. Il est recommandé de ne pas le mettre en présence de fer que ce soit sous forme métallique ou sous forme d'ion ferreux $Fe^{2+}_{(aq)}$.

Données :

Couples d'oxydoréduction : $I_{2(aq)}$ / $I^{-}_{(aq)}$ $Fe^{3+}_{(aq)}$ / $Fe^{2+}_{(aq)}$ $Fe^{2+}_{(aq)}$ / $Fe_{(s)}$

Masse molaire du diiode : 253,8 $g \cdot mol^{-1}$

Masse volumique du Lugol : $\rho = 1{,}0\ g \cdot mL^{-1}$

1. Quelle est la particularité de l'ion ferreux $Fe^{2+}_{(aq)}$?
2. Déterminer l'équation modélisant la transformation qui peut exister entre le diiode du Lugol et un récipient en fer.
3. Montrer qu'un flacon de 100 mL de Lugol contient 3,9 mmol de diiode.

Accidentellement, on a ajouté 0,20 mmol d'ions ferreux au flacon de Lugol précédent. La transformation chimique correspondante peut être modélisée par l'équation chimique :

$$I_{2(aq)} + 2Fe^{2+}{}_{(aq)} \rightarrow 2I^{-}{}_{(aq)} + 2Fe^{3+}{}_{(aq)}.$$

4. En vous aidant d'un tableau d'avancement, déterminer la quantité de matière en diiode restant en supposant que la transformation est totale.

Exercice 2

60 min • 14 points

Le vinaigre doit son nom à son procédé de fabrication. En effet, il faut décomposer son nom en « Vin Aigre ». Depuis l'Antiquité, on a remarqué que le vin laissé à l'air libre devient acide.

Il s'agit d'un phénomène d'oxydation de l'éthanol, de formule $CH_3–CH_2–OH$, contenu dans le vin par le dioxygène de l'air.

Données :

Masse volumique de l'éthanol : $\rho_{\text{éthanol}} = 789\ g{\cdot}L^{-1}$

Masse molaire de l'éthanol : $M_{\text{éthanol}} = 46{,}0\ g{\cdot}mol^{-1}$

Volume molaire moyen des gaz pendant l'expérience : $V_m = 40\ L{\cdot}mol^{-1}$

Couples d'oxydoréduction : $O_{2(g)} / H_2O_{(l)}$ $C_2H_4O_{2(aq)} / C_2H_6O_{(aq)}$

Demi-équation électronique de l'oxydation de l'alcool en acide éthanoïque :

$$C_2H_6O_{(aq)} + H_2O_{(l)} \rightarrow C_2H_4O_{2(aq)} + 4\ e^- + 4H^+{}_{(aq)}$$

1. Montrer que l'éthanol est un réducteur.
2. Établir la demi-équation électronique correspondant à la réduction du dioxygène de l'air.
3. Montrer que l'équation chimique modélisant la transformation du vin en vinaigre peut se modéliser par :

$$C_2H_6O_{(aq)} + O_{2(g)} \rightarrow C_2H_4O_{2(aq)} + H_2O_{(l).}$$

Un vinaigrier désire transformer 100L de vin contenant 12 % d'éthanol en volume en vinaigre.

Il injecte du dioxygène dans le vin à raison de 1,25 $L{\cdot}min^{-1}$ pendant 24 h.

On supposera que la transformation chimique entre l'éthanol et le dioxygène est rapide et totale.

4. Calculer le volume d'éthanol à transformer en acide éthanoïque. Montrer que cela correspond à une quantité de matière $n_{\text{éthanol}} = 206$ mol.
5. Déterminer le volume de dioxygène injecté dans le vin pendant l'expérience. Montrer que cela correspond à une quantité de matière $n_{O2} = 45$ mol.

Contrôle

6. Compléter le tableau d'avancement correspondant à l'expérience menée.

Équation	$C_2H_6O_{(aq)}$ +	$O_{2(g)}$ →	$C_2H_4O_{2(aq)}$ +	$H_2O_{(l)}$
État initial x = 0	206	45		
En cours de transformation				
État final x = xmax = ……mol				

7. En déduire le réactif limitant et la valeur de l'avancement maximum x_{max}.

8. L'éthanol a-t-il été entièrement transformé en acide éthanoïque ?

9. Si non, déterminer la durée nécessaire à la transformation totale de l'éthanol en acide éthanoïque.

Corrigés exercices

Exercice 1

1. La réduction correspond à la réaction :

$$Ox + n\ e^- \rightarrow Red.$$

$$Fe^{3+}_{(aq)} + e^- \rightarrow Fe^{2+}_{(aq)}$$

2. L'oxydation correspond à la réaction

$$Red \rightarrow Ox + n\ e^-$$

$$Al_{(s)} \rightarrow Al^{3+}_{(aq)} + 3\ e^-$$

3. Les ions tétrathionates $S_4O_6^{2-}{}_{(aq)}$ peuvent capter deux électrons pour former des ions thiosulfates $S_2O_3^{2-}{}_{(aq)}$.

a. $S_4O_6^{2-}{}_{(aq)} + 2\ e^- \rightarrow 2S_2O_3^{2-}{}_{(aq)}$

b. Cette réaction chimique est une réduction.

c. Un couple d'oxydoréduction s'écrit Ox/Red donc ici $S_4O_6^{2-}{}_{(aq)} / S_2O_3^{2-}{}_{(aq)}$.

4. La réduction l'ion permanganate en ion manganèse est complexe. On se base sur le couple d'oxydoréduction $MnO_4^-{}_{(aq)} / Mn^{2+}{}_{(aq)}$:

$$MnO_4^-{}_{(aq)} + e^- \rightarrow Mn^{2+}{}_{(aq)}$$

Il est nécessaire d'apporter de l'oxygène à droite de l'équation, donc on ajoute une molécule d'eau :

$$MnO_4^-{}_{(aq)} + e^- \rightarrow Mn^{2+}{}_{(aq)} + H_2O_{(l)}$$

Corrigés

Maintenant il est nécessaire d'ajouter de l'hydrogène à gauche de l'équation, donc on ajoute des ions hydrogènes H^+ :

$$MnO_4{}^-{}_{(aq)} + e^- + H^+{}_{(aq)} \rightarrow Mn^{2+}{}_{(aq)} + H_2O_{(l)}$$

On ajuste enfin les coefficients stœchiométriques :

$$MnO_4{}^-{}_{(aq)} + 5e^- + 8H^+{}_{(aq)} \rightarrow Mn^{2+}{}_{(aq)} + 4H_2O_{(l)}$$

Exercice 2

1. Réaction entre les ions hypochlorite ClO^- et les ions chlorures Cl^-.

a. Réduction correspondant au couple d'oxydoréduction $ClO^-{}_{(aq)} / Cl_{2(g)}$:

$$ClO^-{}_{(aq)} + e^- \rightarrow Cl_{2(g)}$$

$$ClO^-{}_{(aq)} + e^- + H^+{}_{(aq)} \rightarrow Cl_{2(g)} + H_2O_{(l)}$$

$$2ClO^-{}_{(aq)} + 2e^- + 4H^+{}_{(aq)} \rightarrow Cl_{2(g)} + 2H_2O_{(l)}$$

b. Oxydation correspondant au couple $Cl_{2(g)} / Cl^-{}_{(aq)}$:

$$2Cl^-{}_{(aq)} \rightarrow Cl_{2(g)} + 2e^-$$

c. On combine les deux demi-équations électroniques :

$$2ClO^-{}_{(aq)} + 2e^- + 4H^+{}_{(aq)} \rightarrow Cl_{2(g)} + 2H_2O_{(l)}$$

$$2\,Cl^-{}_{(aq)} \rightarrow Cl_{2(g)} + 2e^-$$

$$\overline{2ClO^-{}_{(aq)} + 4H^+{}_{(aq)} + 2\,Cl^-{}_{(aq)} \rightarrow 2Cl_{2(g)} + 2H_2O_{(l)}}$$

Il est possible de simplifier par 2 les coefficients de l'équation :

$$ClO^-{}_{(aq)} + 2H^+{}_{(aq)} + Cl^-{}_{(aq)} \rightarrow Cl_{2(g)} + H_2O_{(l)}$$

d. La transformation chimique va libérer du dichlore Cl_2 qui est un gaz nocif.

2. Les dispositifs d'autocontrôle d'alcoolémie.

a. Réduction correspondant à $Cr_2O_7{}^{2-}{}_{(aq)} / Cr^{3+}{}_{(aq)}$:

$$Cr_2O_7{}^{2-}{}_{(aq)} + e^- \rightarrow Cr^{3+}{}_{(aq)}$$

$$Cr_2O_7{}^{2-}{}_{(aq)} + e^- + H^+{}_{(aq)} \rightarrow Cr^{3+}{}_{(aq)} + H_2O_{(l)}$$

$$Cr_2O_7{}^{2-}{}_{(aq)} + 6e^- + 14H^+{}_{(aq)} \rightarrow 2Cr^{3+}{}_{(aq)} + 7H_2O_{(l)}$$

b. Oxydation correspondant à $C_2H_4O_{(aq)} / C_2H_5OH_{(aq)}$:

c.

$$C_2H_5OH_{(aq)} \rightarrow C_2H_4O_{(aq)} + e^-$$

$$C_2H_5OH_{(aq)} \rightarrow C_2H_4O_{(aq)} + e^- + H^+{}_{(aq)}$$

$$C_2H_5OH_{(aq)} \rightarrow C_2H_4O_{(aq)} + 2\,e^- + 2\,H^+{}_{(aq)}$$

Par combinaison des demi-équations électroniques :

$$Cr_2O_7{}^{2-}{}_{(aq)} + 6e^- + 14H^+{}_{(aq)} \rightarrow 2Cr^{3+}{}_{(aq)} + 7H_2O_{(l)}$$

$$C_2H_5OH_{(aq)} \rightarrow C_2H_4O_{(aq)} + 2e^- + 2H^+{}_{(aq)} \qquad x3$$

$$Cr_2O_7{}^{2-}{}_{(aq)} 14H^+{}_{(aq)} 3C_2H_5OH_{(aq)} \rightarrow 2Cr^{3+}{}_{(aq)} + 7H_2O_{(l)} + 3C_2H_4O_{(aq)} + 6H^+{}_{(aq)}$$

Or les ions hydrogènes sont de chaque côté de l'équation, on peut donc simplifier le problème par :

$$Cr_2O_7{}^{2-}{}_{(aq)} + 8\,H^+{}_{(aq)} + 3C_2H_5OH_{(aq)} \rightarrow 2\,Cr^{3+}{}_{(aq)} + 7\,H_2O_{(l)} + 3C_2H_4O_{(aq)}$$

Exercice 3

1. On connaît la concentration molaire en eau oxygénée ($C = 0{,}892\ mol \cdot L^{-1}$) et le volume du flacon ($V = 100\ mL = 100 \cdot 10^{-3}\ L$) :

$$n_{H_2O_2} = C \times V$$

$$n_{H_2O_2} = 0{,}892 \times 100 \cdot 10^{-3}$$

$$n_{H_2O_2} = 8{,}92 \cdot 10^{-2}\ mol$$

2. Tableau d'avancement correspondant à la décomposition de l'eau oxygénée.

Équation	$2\ H_2O_2(aq)$ →	$2\ H_2O_{(l)}$ +	$O_{2(g)}$
État initial **x = 0**	$8{,}92 \cdot 10^{-2}$	0	0
En cours **de transformation**	$8{,}92 \cdot 10^{-2} - 2x$	2x	x
État final **x = xmax = 4,46·10–2 mol**	0	$8{,}92 \cdot 10^{-2}$	$4{,}46 \cdot 10^{-2}$

3. L'eau oxygénée est le seul réactif, il est donc limitant.

Comme la transformation est totale, on a :

$$8{,}92.10^{-2} - 2x = 0$$

$$x_{max} = 4{,}46.10^{-2}\ mol$$

4. D'après le tableau d'avancement $n_{O2max} = 4{,}46.10^{-2}\ mol$

5. On connaît le volume molaire des gaz ($V_m = 22{,}4\ L \cdot mol^{-1}$) et la quantité de matière en dioxygène.

$$V = V_m \times n_{O2}$$

$$V = 22{,}4 \times 4{,}46 \cdot 10^{-2}$$

$$V = 1{,}00\ L$$

Corrigés

6. Le flacon contient 100 mL d'eau oxygénée qui libère 1,00 L de dioxygène au maximum donc 1 L de solution en libèrera 10,0 L.

L'indication en volumes correspondant au volume de dioxygène maximum libéré par litre d'eau oxygénée.

Exercice 4

1. Tableau d'avancement correspondant à la mise en solution aqueuse de l'acide éthanoïque.

Équation	$C_2H_4O_{2(aq)}$ +	$H_2O_{(l)}$ →	$C_2H_3O_2^-{}_{(aq)}$ +	$H_3O^+{}_{(aq)}$
État initial **x = 0**	0,10	10	0	0
En cours de transformation	0,10 – x	10 – x	x	x
État final $\mathbf{x = x_f}$	*$9{,}9 \cdot 10^{-2}$*	*10*	*$5{,}3 \cdot 10^{-4}$*	*$5{,}3 \cdot 10^{-4}$*

2. Détermination du réactif limitant :

$$\begin{cases} \boxed{C_2H_4O_{2(aq)}} : 0{,}10 - x = 0 \\ \text{ou} \\ H_2O_{(l)} : 10 - x = 0 \end{cases} \Rightarrow \begin{cases} \boxed{x = 0{,}10 \text{ mol}} \\ \text{ou} \\ x = 10 \text{ mol} \end{cases}$$

Le réactif limitant est l'acide éthanoïque et la valeur de l'avancement maximum est $x_{max} = 0{,}10$ mol

3. D'après le tableau d'avancement, la valeur de l'avancement final x_f correspond à la valeur finale de la quantité de matière en ion oxonium. On a $x_f = 5{,}3 \cdot 10^{-4}$ mol.
4. Voir sur le tableau (valeurs en italique).
5. On peur montrer que la transformation étudiée est limitée car :
   - La valeur de x_f est inférieure à la valeur de x_{max},
   - Aucun réactif ne disparait totalement.
6. On calcule le taux d'avancement en % :

$$\tau = 100 \times \frac{x_f}{x_{max}}$$

$$\tau = 100 \times \frac{5{,}3 \cdot 10^{-4}}{0{,}1} \cdot$$

$$\tau = 0{,}53\ \%$$

Cette valeur prouve bien que la transformation est **très limitée**.

Corrigés

Exercice 5

1. On connaît la masse de cuivre du fil (m_{Cu} = 12,7 g) ainsi que la masse molaire du cuivre (M_{Cu} = 63,5 g·mol^{-1}).

$$n_{Cu} = \frac{m_{Cu}}{M_{Cu}}$$

$$n_{Cu} = \frac{12,7}{63,5}$$

$$n_{Cu} = 0,200 \text{ mol}$$

2. On connaît la concentration molaire en ion argent apporté (C_{Ag+} = 0,100 mol·L^{-1}) apporté ainsi que le volume de la solution (V_{Ag+} = 250 mL).

$$n_{Ag+} = C_{Ag+} \times V_{Ag+}$$

$$n_{Ag+} = 0,100 \times 250 \cdot 10^{-3}$$

$$n_{Ag+} = 0,0250 \text{ mol}$$

3. La transformation s'effectue entre le cuivre métallique et l'ion argent :

$$Cu_{(s)} \rightarrow Cu^{2+}_{(aq)} + 2e^{-}$$

$$Ag^{+}{}_{(aq)} + e^{-} \rightarrow Ag_{(s)} \qquad \times 2$$

$$Cu_{(s)} + 2Ag^{+}{}_{(aq)} \rightarrow Cu^{2+}_{(aq)} + 2Ag_{(s)}$$

4. La transformation chimique produit de l'argent métallique qui constitue le dépôt (gris brillant) mais également des ions cuivriques $Cu^{2+}{}_{(aq)}$ qui donnent une couleur bleue à la solution.

5. Tableau d'avancement.

Équation	$Cu(s)$	$+ 2\,Ag^{+}{}_{(aq)}$ →	$Cu^{2+}{}_{(aq)}$	$+ 2\,Ag(s)$
État initial x = 0	0,200	0,0250	0	0
En cours de transformation	0,200–x	0,0250–2x	x	2x
Etat final $x = x_{max}$ = 0,0125 mol	0,188	0	0,0125	0,0250

On cherche le réactif limitant :

$$\begin{cases} Cu_{(s)} : 0,200 - x = 0 \\ \text{ou} \\ \boxed{Ag^{+}_{(aq)}} : 0,0250 - 2x = 0 \end{cases} \Rightarrow \begin{cases} x = 0,200 \text{ mol} \\ \text{ou} \\ \boxed{x = 0,0125 \text{ mol}} \end{cases}$$

L'avancement maximum est x_{max} = 0,0125 mol et le réactif limitant est $Ag^{+}{}_{(aq)}$.

Corrigés

6. D'après le tableau d'avancement, il s'est formé 0,0250 moles d'argent métallique de masse molaire 107,9 $g.mol^{-1}$.

On a donc formé une masse m d'argent :

$$m = n \times M$$

$$m = 0{,}0250 \times 107{,}9$$

$$m = 2{,}70\ g$$

Corrigés contrôle

Exercice 1

1. L'ion ferreux $Fe^{2+}_{(aq)}$ apparaît dans deux couples d'oxydoréduction, une fois en tant que réducteur et une fois en tant qu'oxydant.

2. On utilise les couples d'oxydoréduction pour écrire les demi-équations électroniques ce qui permet de déterminer l'équation modélisant la transformation chimique.

$$I_{2(aq)} + 2\ e^- \rightarrow 2\ I^-_{(aq)}$$

$$Fe_{(s)} \rightarrow Fe^{2+}_{(aq)} + 2\ e^-$$

$$I_{2(aq)} + Fe_{(s)} \rightarrow 2\ I^-_{(aq)} + Fe^{2+}_{(aq)}$$

3. Le flacon de Lugol possède un volume V = 100 mL et une masse volumique $\rho = 1{,}0\ g \cdot mL^{-1}$:

$$m = \rho \times V$$

$$m = 1{,}0 \times 100$$

$$m = 1{,}0 \cdot 10^2\ g$$

Le Lugol contient 1 % en masse de diiode, ce qui correspond donc à 1,0 g de diiode.

La quantité de matière en diiode correspondante est :

$$n_{I_2} = \frac{m_{I2}}{M_{I2}}$$

$$n_{I_2} = \frac{1{,}0}{253{,}8}$$

$$n_{I2} = 3{,}9 \cdot 10^{-3}\ mol$$

On retrouve bien la valeur attendue de 3,9 mmol de diiode dans le flacon.

4. Tableau d'avancement

Équation	$I_{2(aq)}$ +	$2\ Fe^{2+}_{(aq)}$ →	$2I^-_{(aq)}$ +	$2\ Fe^{3+}_{(aq)}$
État initial **x = 0**	$3{,}9 \cdot 10^{-3}$	$2{,}0 \cdot 10^{-4}$	0	0
En cours de transformation	$3{,}9 \cdot 10^{-3} - x$	$2{,}0 \cdot 10^{-4} - 2x$	2x	2x
État final $\mathbf{x = x_{max} = 1 \cdot 10^{-4}}$ **mol**	$3{,}8 \cdot 10^{-3}$	0	$2 \cdot 10^{-4}$	$2 \cdot 10^{-4}$

On recherche le réactif limitant :

$$\begin{cases} I_{2(aq)} : 3{,}9 \cdot 10^{-3} - x = 0 \\ \text{ou} \\ \boxed{Fe^{2+}_{(aq)}} : 2{,}0 \cdot 10^{-4} - 2x = 0 \end{cases} \Rightarrow \begin{cases} x = 3{,}9 \cdot 10^{-3}\ \text{mol} \\ \text{ou} \\ \boxed{x = 1{,}0 \cdot 10^{-4}\ \text{mol}} \end{cases}$$

Le réactif limitant est l'ion $Fe^{2+}_{(aq)}$ et l'avancement maximum vaut $x_{max} = 1{,}0 \cdot 10^{-4}$ mol.

À la fin de la transformation, il reste $3{,}8 \cdot 10^{-3}$ mol de diiode.

Exercice 2

1. L'éthanol a pour formule chimique $CH_3–CH_2–OH$ soit C_2H_6O. Dans le couple d'oxydoréduction $C_2H_4O_{2(aq)} / C_2H_6O_{(aq)}$, il occupe bien la place de réducteur.
2. La réduction du dioxygène de l'air s'écrit :

$$O_{2(g)} + 4\ e^- + 4\ H^+_{(aq)} \rightarrow 2\ H_2O_{(l)}.$$

3. Équation chimique utilisant la demi-équation électronique fournie dans les données.

$$O_{2(aq)} + 4\ e^- + 4H^+_{(aq)} \rightarrow 2H_2O_{(l)}$$

$$C_2H_6O_{(aq)} + H_2O_{(l)} \rightarrow C_2H_4O_{2(aq)} + 4\ e^- + 4H^+_{(aq)}$$

$$\overline{O_{2(aq)} + C_2H_6O_{(aq)} \rightarrow H_2O_{(l)} + C_2H_4O_{2(aq)}}$$

4. L'éthanol représente 12 % du volume de 100 L de vin soit 12,0 L.

La masse d'éthanol peut s'écrire

$$m = \rho \times V \quad \text{et} \quad m = n \times M$$

$$\rho \times V = n \times M$$

$$n_{\text{éthanol}} = \frac{\rho \times V}{M}$$

Corrigés

$$n_{éthanol} = \frac{789 \times 12,0}{46,0}$$

$$n_{éthanol} = 206 \text{ mol}$$

Les 100 L de vin contiennent 206 moles d'éthanol.

5. L'injection de dioxygène au débit de d = 1,25 L·min^{-1} dure Δt = 24 h :

$$\Delta t = 24 \times 60$$

$$\Delta t = 1\,440 \text{ min}$$

Le volume de dioxygène injecté est :

$$V = d \times \Delta t$$

$$V = 1,25 \times 1\,440$$

$$V = 1\,800 \text{ L}$$

Le volume molaire du dioxygène est V_m = 40 L·mol^{-1} :

$$n_{O2} = \frac{V}{V_m}$$

$$n_{O2} = \frac{1800}{40}$$

$$n_{O2} = 45 \text{ mol}$$

En 24 h, on injecte 45 moles de dioxygène.

6. Tableau d'avancement.

Équation	$C_2H_6O_{(aq)}$ +	$O_{2(g)}$ →	$C_2H_4O_{2(aq)}$ +	$H_2O_{(l)}$
État initial x = 0	206	45	0	0
En cours de transformation	206–x	45–x	x	x
État final $x = x_{max}$ = 45mol	161	0	45	45

7. Détermination du réactif limitant et la valeur de l'avancement maximum x_{max}.

$$\begin{cases} C_2H_6O_{(aq)} : 206 - x = 0 \\ \text{ou} \\ \boxed{O_{2(g)}} : 45 - x = 0 \end{cases} \Rightarrow \begin{cases} x = 206 \text{ mol} \\ \text{ou} \\ \boxed{x = 45 \text{ mol}} \end{cases}$$

Le réactif limitant est le dioxygène et l'avancement maximum est x_{max} = 45 mol.

Corrigés

8. En complétant le tableau d'avancement, on voit qu'il reste 161 moles d'éthanol, il n'a donc pas été entièrement consommé.

9. En 24 h, on a consommé 45 moles d'éthanol. Au total, il faudrait consommer 206 moles de ce composé. En appliquant la proportionnalité :

$$\Delta t = \frac{24 \times 206}{45}$$

$$\Delta t = 110 \text{ h}$$

La transformation nécessite 110 h pour consommer tout l'éthanol contenu dans les 100 L de vin.

Corrigés

4 Titrage colorimétrique

1. Titrage d'une solution

But d'un titrage

Le contrôle qualité nécessite de déterminer avec précision les caractéristiques chimiques d'un produit fini.

Définition

Un titrage, c'est la manipulation permettant la détermination de la concentration (ou titre) en masse ou en quantité de matière d'une espèce chimique présente dans une solution.

Caractéristiques d'un titrage chimique

Un titrage chimique est basé sur une transformation chimique rapide, totale et univoque (pas d'autres transformations chimiques possibles).

Le titrage chimique nécessite deux solutions :

- La solution à titrer qui contient l'espèce chimique dont on veut connaître la concentration. On en prélèvera un volume V_{essai} de cette solution qu'on placera dans un erlenmeyer.
- La solution titrante qui contient une espèce chimique réagissant avec celle qu'on veut étudier. On connaît parfaitement le titre C_{tit} de cette solution en espèce réactive. On placera cette solution dans une burette graduée.

Évolution des espèces réactionnelles lors d'un titrage

Puisqu'il existe une transformation chimique entre l'espèce chimique dosée et l'espèce chimique titrante, on peut modéliser ce titrage par une équation dite support de titrage.

Si on considère le titrage du diiode ($I_{2(aq)}$) par les ions thiosulfates ($S_2O_3{}^{2-}{}_{(aq)}$), on dispose de l'équation support de dosage suivante :

$$I_{2(aq)} + 2S_2O_3{}^{2-}{}_{(aq)} \rightarrow 2I^-{}_{(aq)} + S_4O_6{}^{2-}{}_{(aq)}$$

Cette transformation peut être caractérisée par un tableau d'avancement.

Équation	$I_{2(aq)}$ +	$2S_2O_3^{2-}{}_{(aq)}$ →	$2I^-{}_{(aq)}$ +	$S_4O_6^{2-}{}_{(aq)}$
EI **x = 0 mol**	$n_{dosé}$	n_{tit}	0	0
EC	$n_{dosé} - x$	$n_{tit} - 2x$	2x	x

Au début de la transformation, le diiode est présent en quantité et l'ion thiosulfate est introduit en faible quantité.

La transformation de titrage étant totale, l'ion thiosulfate est entièrement consommé (réactif limitant) et la quantité de diiode dosée diminue (réactif en excès).

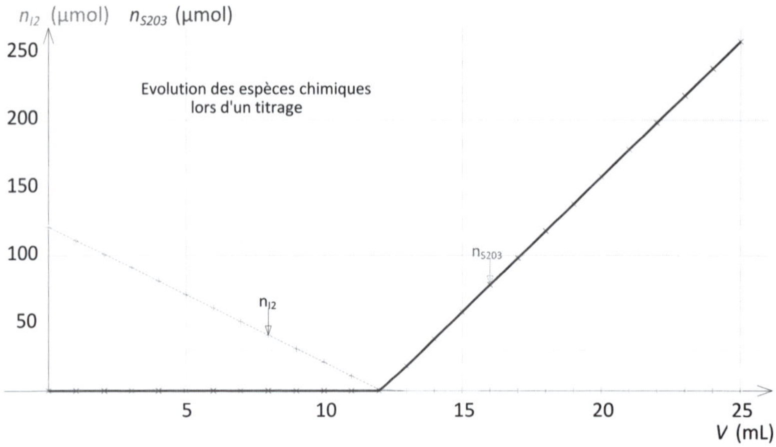

Évolution des quantités d'espèces chimiques lors d'un titrage

Lorsqu'on atteint les proportions stœchiométriques, l'ion thiosulfate et le diiode ont été entièrement consommés.

Si on continue l'ajout d'ions thiosulfates, il n'y a plus de diiode pouvant réagir (réactif limitant). La quantité d'ions thiosulfates va donc augmenter (réactif en excès).

Définition

L'équivalence d'un titrage est l'instant où :

- il y a changement de réactif limitant,
- les réactifs ont été introduits dans les proportions stœchiométriques.
- Tous les réactifs ont entièrement été consommés.

À l'équivalence, les deux réactifs sont complètement consommés donc :

$$n_{dosé} - x = 0 \quad \text{et} \quad n_{tit} - 2x = 0$$

On a détermine l'avancement chimique x correspondant :

$$x = n_{dosé} \quad \text{et} \quad x = \frac{n_{tit}}{2}$$

On en déduit que $n_{dosé} = \dfrac{n_{tit}}{2}$.

Plus généralement, lors de l'équivalence d'un titrage ayant pour équation support de titrage l'équation générale : $aA + bB \rightarrow cC + dD$,

on peut écrire la relation : $\dfrac{n_A}{a} = \dfrac{n_B}{b}$.

Exemples :

Équation support de titrage	**Relation à l'équivalence**
$C_6H_8O_6 + I_2 \rightarrow C_6H_6O_6 + 2HI$	$\dfrac{n_{C_6H_8O_6}}{1} = \dfrac{n_{I_2}}{1}$
$MnO_4^- + 5Fe^{2+} + 8H^+ \rightarrow 5Fe^{3+} + Mn^{2+} + 4H_2O$	$\dfrac{n_{MnO_4^-}}{1} = \dfrac{n_{Fe^{2+}}}{5}$

2. Réalisation pratique d'un titrage

Repérage de l'équivalence

Les titrages chimiques nécessitent de déterminer avec précision l'équivalence. La recherche du volume à l'équivalence peut se faire de différentes manières en fonction des caractéristiques de la transformation support de dosage :

- changement de teinte du mélange.
- modification du pH.
- évolution de la conductivité…

Titrage colorimétrique

Un titrage colorimétrique se base sur les propriétés des espèces chimiques colorées. Deux cas peuvent se produire :

- différentes espèces colorées sont présentes dans le milieu réactionnel entraînant un changement de teinte franc : la transformation est dite auto-indicatrice.
- aucune espèce chimique du mélange réactionnel n'est colorée ou le changement de teinte est peu repérable. Dans ce cas, on ajoute une substance appelée indicateur coloré sensible à la transformation support de dosage qui indiquera par son changement de teinte l'évolution.

Il existe différents types d'indicateurs colorés, comme les indicateurs de pH (bleu de bromothymol, phénolphtaléine…), les indicateurs de présence d'espèces chimiques (empois d'amidon pour le diiode…) et autres.

Réalisation d'un titrage colorimétrique

Un titrage colorimétrique s'effectue en deux passages :

- un titrage dit exploratoire où on verse la solution titrante jusqu'à un changement de teinte persistant. On relève le volume V_{E1} obtenu.
- Un titrage dit précis qui donne la valeur du volume à l'équivalence :
  - on verse la solution titrante jusqu'à un volume $V_{E1} - 2$ mL,
  - on verse goutte à goutte la solution dosante jusqu'à un changement de teinte persistant au moins trente secondes.
  - On relève le volume à l'équivalence obtenu V_E.

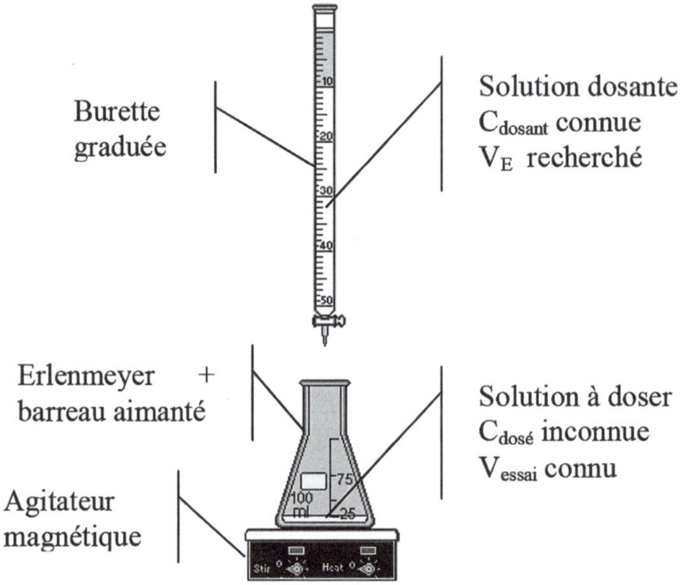

3. Détermination du titre d'une solution

La connaissance du volume équivalent V_E, de l'équation support de titrage et de la relation à l'équivalence permet d'accéder à la concentration en quantité de matière de l'espèce étudiée.

Si on reprend l'exemple du titrage du diiode par les ions thiosulfates, on a :

$$n_{I_2} = \frac{n_{S_2O_3^{2-}}}{2} \text{ or } n = C \times V$$

$$C_{I_2} \times V_{essai} = \frac{C_{S_2O_3^{2-}} \times V_E}{2}$$

$$C_{I_2} = \frac{C_{S_2O_3^{2-}} \times V_E}{2 \times V_{essai}}$$

Astuce

Il est intéressant d'écrire la relation sous la forme :

$$C_{I_2} = \frac{1}{2} \times C_{S_2O_3^{2-}} \frac{V_E}{V_{essai}}$$

Il apparaît un rapport de volume qui est sans unité si V_E et V_{essai} sont exprimés dans la même unité (pas de conversion).

Énoncés des exercices

* Exercice 1 — 15 min

Titrage des ions chlorure

On introduit dans un erlenmeyer un volume $V_{essai} = 20{,}0$ mL d'eau contenant des ions chlorure. On prépare une burette graduée en utilisant une solution aqueuse de nitrate d'argent de concentration en quantité de matière en ion argent apporté $C_{Ag+} = 1{,}00 \cdot 10^{-3}$ mol·L^{-1}.

Pendant la transformation chimique il se forme un précipité blanc de chlorure d'argent $AgC\ell$.

Après ajout d'un indicateur coloré adapté, on repère le volume à l'équivalence $V_E = 11{,}4$ mL.

1. Écrire l'équation de la réaction support de dosage.
2. Montrer qu'à l'équivalence du dosage, on peut écrire la relation :

$$C_{C\ell-} \times V_{essai} = C_{Ag+} \times V_E.$$

3. Calculer la concentration en quantité de matière en ions chlorure apportés en mol·L^{-1} de l'eau analysée.

Exercices

* Exercice 2 — 30 min

Titrage du diiode par les ions thiosulfate

Un aquariophile veut produire sa propre solution antiseptique de diiode aqueux pour poissons. Il pèse 0,050 g de diiode qu'il dissout pour obtenir 250 mL de solution.

Il désire vérifier la pureté du diiode utilisé en réalisant un dosage colorimétrique utilisant une solution aqueuse d'ions thiosulfate ($S_2O_3^{2-}{}_{(aq)}$) comme solution dosante de concentration $C_{thio} = 2{,}00 \cdot 10^{-3}$ mol·L^{-1}.

Donnée : Masse molaire du diiode M = 258 g·mol^{-1}.

1. Calculer la concentration en masse en diiode $C_{m_{I_2}}$ exprimée en g·L^{-1} de la solution préparée par l'aquariophile.
2. En déduire la concentration en quantité de matière en diiode exprimée en mol·L^{-1}.

On réalise le dosage du diiode présent dans un volume $V_1 = 25{,}0$ mL, de solution précédemment préparée, par la solution d'ions thiosulfate. On utilise comme indicateur coloré l'empois d'amidon qui vire au bleu en présence de diiode. L'équation de la réaction support de dosage est :

$$2S_2O_3^{2-}{}_{(aq)} + I_{2(aq)} \rightarrow S_4O_6^{2-}{}_{(aq)} + 2I^-{}_{(aq)}.$$

3. Justifier que l'équivalence se repère par la disparition de la couleur bleue du mélange réactionnel.
4. Établir la relation qu'on peut écrire à l'équivalence entre les grandeurs C_{I_2}, C_{thio}, V_1 et V_E (volume à l'équivalence du dosage).
5. En déduire le volume à l'équivalence V_E attendu.
6. La pureté du diiode peut se déterminer en pourcentage par la relation

$$p = 100 \times \frac{V_{E,mesuré}}{V_{E,attendu}}.$$

Calculer la pureté du diiode utilisé sachant le dosage de la solution produite par l'aquariophile conduit à un volume à l'équivalence mesuré de 19,1 mL.

** Exercice 3 — 40 min

Dosage de l'eau oxygénée

L'eau oxygénée (H_2O_2) est un antiseptique léger et un hémostatique (médicament qui arrête les saignements). Sur un flacon de solution commerciale, on peut lire l'indication « eau oxygénée à 20 volumes ».

Après des recherches sur Internet, vous trouvez l'information suivante : « une eau oxygénée à 10 volumes possède une concentration en quantité de matière en $H_2O_{2(aq)}$ de 0,892 $mol{\cdot}L^{-1}$).

On désire vérifier cette information par un dosage à l'aide d'une solution de permanganate de potassium, placée dans la burette graduée, de concentration en ions permanganate apportés $C_{MnO_4^-} = 2{,}0{\cdot}10^{-2}$ $mol{\cdot}L^{-1}$. La solution est acidifiée par un excès d'acide sulfurique.

Données :

Couples d'oxydoréduction mis en jeu : $MnO_4^-{}_{(aq)} / Mn^{2+}{}_{(aq)}$ $O_{2(g)}/H_2O_{2(aq)}$

Espèce colorée : $MnO_4^-{}_{(aq)}$ violet

1. Montrer que l'équation de la réaction support de dosage s'écrit :

$$2\,MnO_4^-{}_{(aq)} + 5\,H_2O_{2(aq)} + 6H^+{}_{(aq)} \rightarrow 2Mn^{2+}{}_{(aq)} + 8H_2O_{(\ell)} + 5O_{2(g)}$$

2. Pourquoi est-il prudent de diluer la solution d'eau oxygénée avant le dosage ?

On utilise maintenant une solution diluée 20 fois d'eau oxygénée. La solution diluée possède alors une concentration en ion oxygénée $C'_{H_2O_2}$. Le volume de la prise d'essai est de $V_{essai} = 10{,}0$ mL. Le volume à l'équivalence vaut $V_E = 17{,}8$ mL.

3. Comment repère-t-on l'équivalence de ce dosage ?

4. Établir la relation à l'équivalence entre les grandeurs $C'_{H_2O_2}$, $C_{MnO_4^-}$, V_{essai} et V_E.
5. En déduire la concentration en quantité de matière en eau oxygénée de la solution diluée.
6. Calculer la concentration en quantité de matière en eau oxygénée de la solution commerciale.
7. Cette valeur est-elle cohérente avec l'information obtenue lors des recherches sur Internet ?

Contrôle

2 h · 20 points

Autour du Timoférol®

Le Timoférol® est un médicament prescrit en cas d'anémie. Il contient du fer et de l'acide ascorbique.

Composition d'une gélule de Timoférol®

Équivalent fer : 50,00 mg sous forme de sulfate ferreux.

Acide ascorbique : 30,00 mg.

Excipients :

On prépare une solution à analyser obtenue par dissolution du contenu d'une gélule de Timoférol® dans 250 mL d'eau. L'ensemble a été filtré afin d'éliminer les excipients insolubles. On appellera S la solution étudiée.

Exercice 1

60 min · 10 points

Dosage du fer dans une gélule de Timoférol®

On se propose de vérifier la masse de sulfate ferreux contenu dans une gélule de Timoférol® par dosage.

On utilise une prise d'essai de volume $V_{essai} = (20,0 \pm 0,1)$ mL de solution S.

La solution dosante choisie est une solution aqueuse acidifiée de permanganate de potassium de concentration $C_2 = (1,00 \pm 0,02) \cdot 10^{-3}$ mol·L⁻¹.

Données :

Couples d'oxydoréduction mis en jeu :

$MnO_4^-{}_{(aq)} / Mn^{2+}{}_{(aq)}$ $Fe^{3+}{}_{(aq)} / Fe^{2+}{}_{(aq)}$

Équation de réduction des ions permanganate :

$MnO_4{}^-{}_{(aq)} + 5e^- + 8H^+{}_{(aq)} \rightarrow Mn^{2+}{}_{(aq)} + 4H_2O_{(\ell)}$

Espèces chimiques colorées :

$MnO_4{}^-{}_{(aq)}$: violet $Fe^{3+}{}_{(aq)}$: rouille pâle

$Fe^{2+}{}_{(aq)}$: vert quasiment incolore

1. Montrer que l'équation support de dosage s'écrit :

$$MnO_4{}^-{}_{(aq)} + 5Fe^{2+}{}_{(aq)} + 8H^+{}_{(aq)} \rightarrow Mn^{2+}{}_{(aq)} + 5Fe^{3+}{}_{(aq)} + 4\,H_2O_{(\ell)}$$

2. Schématiser et annoter le montage correspondant au dosage effectué.
3. Comment va-t-on repérer l'équivalence de ce dosage ?

Ce dosage permet de déterminer un volume à l'équivalence $V_E = 14{,}3$ mL. L'incertitude sur la détermination du volume à l'équivalence est $u(V_E) = 0{,}2$ mL.

4. Établir la relation suivante : $C_{Fe^{2+}} = 5 \times C_2 \times \dfrac{V_E}{V_{essai}}$.

L'incertitude associée à cette concentration peut se déterminer dans un premier temps par la formule de propagation :

$$u\left(C_{Fe^{2+}}\right) = C_{Fe^{2+}} \times \sqrt{\left(\frac{u(C_2)}{C_2}\right)^2 + \left(\frac{u(V_E)}{V_E}\right)^2 + \left(\frac{u(V_{essai})}{V_{essai}}\right)^2}$$

5. Calculer la concentration en ion fer II et son incertitude de la solution S. Écrire le résultat sous la forme $C_{Fe^{2+}} \pm u(C_{Fe^{2+}})$.
6. Vérifier la conformité de la gélule de Timoférol® testée avec la composition annoncée sachant que la valeur théorique de la concentration en quantité de matière en ion fer II de la solution S vaut $3{,}6 \cdot 10^{-3}$ mol·L^{-1}.

Exercice 2

60 min • 10 points

Il est possible de doser classiquement l'acide ascorbique (ou vitamine C). Cependant l'enseignant propose à un groupe d'élèves une approche un peu différente.

Protocole demandé :

- Préparer un volume $V_A = 200$ mL d'une solution S_A de concentration en masse en acide ascorbique $C_{mA} = 200$ mg·L^{-1}.
- Préparer par dilution une gamme de solutions étalons S_{A1} à S_{A5} de concentration en masse connue en acide ascorbique.
- Doser un volume $V_{essai} = 20{,}0$ mL de chaque solution étalon à l'aide de la solution fournie.

Contrôle

- Reporter les valeurs des volumes à l'équivalence dans le tableau de mesures.
- Doser un volume V_{essai} = 20,0 mL de solution S de Timoférol®.

1. Proposer le protocole permettant de réaliser la solution S_A.

Après avoir réalisé les mesures demandées, on obtient le tableau de mesures ci-dessous :

Solution	S_{A1}	S_{A2}	S_{A3}	S_{A4}	S_{A5}
Concentration en masse C_m en acide ascorbique en $mg \cdot L^{-1}$	0	50	100	150	200
Volume à l'équivalence mesuré V_E en mL	0	5,0	9,8	14,7	19,7

2. Tracer la courbe du volume à l'équivalence en fonction de la concentration $V_E = f(C_m)$. Commenter.
3. La mesure effectuée sur la solution S de Timoférol® donne une valeur du volume à l'équivalence de V_{ES} = 11,7 mL. Déterminer graphiquement la concentration en masse en acide ascorbique de la solution S de Timoférol®.
4. La concentration en masse en acide ascorbique de la solution S de Timoférol® est-elle cohérente avec la composition d'une gélule ?
5. Rédiger un argumentaire de quelques lignes indiquant les avantages et les inconvénients de la méthode proposée ici par rapport à une méthode de dosage classique.

Corrigés exercices

Exercice 1

1. Les ions chlorure $C\ell^-$ réagissent avec les ions argent Ag^+ pour former du chlorure d'argent $AgC\ell$. L'équation de la réaction support de dosage est donc :

$$C\ell^-_{(aq)} + Ag^+_{(aq)} \rightarrow AgC\ell_{(s)}$$

2. À l'équivalence du dosage, les réactifs ont été introduits dans les proportions stœchiométriques. On a donc :

$$\frac{n_{C\ell^-}}{1} = \frac{n_{Ag^+}}{1}$$

Or on la définition suivante n = C × V d'où :

$$C_{C\ell^-} \times V_{essai} = C_{Ag^+} \times V_E.$$

Corrigés

3. La relation précédente permet d'écrire :

$$C_{C\ell^-} = C_{Ag^+} \times \frac{V_E}{V_{essai}}$$

$$C_{C\ell^-} = 1,00 \cdot 10^{-3} \times \frac{11,4}{20,0}$$

$$C_{C\ell^-} = 5,70 \cdot 10^{-4}\ mol \cdot L^{-1}$$

La concentration en quantité de matière en ion chlorure apporté est de $5,70 \cdot 10^{-4}$ $mol \cdot L^{-1}$.

Exercice 2

1. Le volume de la solution est $V_{solution} = 250$ mL soit 0,250 L.

La concentration en masse se détermine par :

$$C_{m_{I_2}} = \frac{m_{I_2}}{V_{solution}}$$

$$C_{m_{I_2}} = \frac{0,050}{0,250}$$

$$C_{m_{I_2}} = 0,20\ g \cdot L^{-1}$$

2. La concentration en quantité de matière C est liée à la concentration en masse C_m par $C_m = C \times M$.

$$C_{I_2} = \frac{C_{m_{I_2}}}{M}$$

$$C_{I_2} = \frac{0,20}{258}$$

$$C_{I_2} = 7,8 \cdot 10^{-4}\ mol \cdot L^{-1}$$

3. La solution dosée contient du diiode. L'empois d'amidon ajouté est un indicateur coloré qui prend une teinte bleue en présence de diiode. Au cours du dosage, le diiode est consommé. À l'équivalence, il n'y a plus de diiode donc la coloration bleue disparaît.

4. À l'équivalence et d'après l'équation de la réaction support de dosage, on a :

$$\frac{n_{S_2O_3^{2-}}}{2} = \frac{n_{I_2}}{1}$$

$$\frac{C_{thio} \times V_E}{2} = C_{I_2} \times V_1$$

Corrigés

5. D'après la relation établie, on a :

$$V_E = 2 \times \frac{C_{I_2}}{C_{thio}} \times V_1$$

$$V_E = 2 \times \frac{7,8 \cdot 10^{-4}}{2,00 \cdot 10^{-3}} \times 25,0$$

$$V_E = 19,5 \text{ mL}$$

Le volume à l'équivalence attendu est de 19,5 mL

6. La pureté du diiode utilisé par l'aquariophile est

$$p = 100 \times \frac{V_{E,\text{mesuré}}}{V_{E,\text{attendu}}}$$

$$p = 100 \times \frac{19,1}{19,5}$$

$$P = 97,9\ \%$$

Exercice 3

1. Les couples mis en jeu sont $MnO_4{}^-{}_{(aq)} / Mn^{2+}{}_{(aq)}$ et $O_{2(g)} / H_2O_{2(aq)}$. On utilise donc les demi-équations électroniques pour déterminer l'équation support de dosage :

$$MnO_4{}^-{}_{(aq)} + 5e^- + 8H^+{}_{(aq)} \rightarrow Mn^{2+}{}_{(aq)} + 4H_2O_{(\ell)} \qquad \times 2$$

$$H_2O_{2(aq)} \rightarrow O_{2(g)} + 2e^- + 2H^+{}_{(aq)} \qquad \times 5$$

$$2MnO_4{}^-{}_{(aq)} + 16H^+{}_{(aq)} + 5H_2O_{2(aq)} \rightarrow 2Mn^{2+}{}_{(aq)} + 8H_2O_{(\ell)} + 5O_{2(g)} + 10H^+{}_{(aq)}$$

Par simplification des ions $H^+{}_{(aq)}$, on retrouve bien :

$$2\ MnO_4{}^-{}_{(aq)} + 5\ H_2O_{2(aq)} + 6H^+{}_{(aq)} \rightarrow 2Mn^{2+}{}_{(aq)} + 8H_2O_{(\ell)} + 5O_{2(g)}$$

2. La réaction support de dosage libère du dioxygène sous forme gazeux. Il y a risque de projection pour des concentrations élevées en eau oxygénée. Il est plus prudent de diluer la solution.

3. Seuls les ions permanganate sont colorés (violet).

- Ces ions sont présents dans la burette et constituent donc le réactif limitant avant l'équivalence. La solution dosée est donc incolore avant l'équivalence.
- Après l'équivalence, les ions permanganate ont été introduits en excès. La solution devient donc violette.

L'équivalence du dosage se repère donc par le changement de teinte incolore/violet.

Corrigés

4. À l'équivalence et d'après l'équation support de dosage on peut écrire :

$$\frac{n_{MnO_4^-}}{2} = \frac{n_{H_2O_2}}{5}$$

$$\frac{C_{MnO_4^-} \times V_{MnO_4^-}}{2} = \frac{C_{H_2O_2} \times V_{H_2O_2}}{5}$$

5. D'après la relation précédente, on a :

$$C'_{H_2O_2} = \frac{5}{2} \times C_{MnO_4^-} \times \frac{V_{MnO_4^-}}{V_{H_2O_2}}$$

$$C'_{H_2O_2} = \frac{5}{2} \times C_{MnO_4^-} \times \frac{V_E}{V_{essai}}$$

$$C'_{H_2O_2} = \frac{5}{2} \times 2{,}0 \cdot 10^{-2} \times \frac{17{,}8}{10{,}0}$$

$$C'_{H_2O_2} = 8{,}9 \cdot 10^{-2}\ mol \cdot L^{-1}$$

6. La solution commerciale est 20 fois plus concentrée que la solution dosée. On a donc $C_{H_2O_2} = 20 \times C'_{H_2O_2}$

$$C_{H_2O_2} = 20 \times C'_{H_2O_2}$$

$$C_{H_2O_2} = 20 \times 8{,}9 \cdot 10^{-2}$$

$$C_{H_2O_2} = 1{,}8\ mol \cdot L^{-1}$$

7. D'après les recherches sur Internet, une eau oxygénée à 10 volumes possède une concentration $C = 0{,}892\ mol \cdot L^{-1}$. Pour une eau oxygénée à 20 volumes, cette concentration sera de $C = 1{,}78\ mol \cdot L^{-1}$.

La valeur obtenue par le dosage est cohérente avec la valeur prévue en tenant compte des arrondis liés à la solution dosante (2 chiffres significatifs).

Corrigés contrôle

Exercice 1

1. Lors du dosage, il y a réduction des ions permanganate et oxydation des ions $Fe^{2+}_{(aq)}$:

$$MnO_4^-{}_{(aq)} + 5e^- + 8H^+_{(aq)} \rightarrow Mn^{2+}_{(aq)} + 4H_2O_{(\ell)}$$

$$Fe^{2+}_{(aq)} \rightarrow Fe^{3+}_{(aq)} + e^- \qquad \times 5$$

$$MnO_4^-{}_{(aq)} + 5Fe^{2+}_{(aq)} + 8H^+_{(aq)} \rightarrow Mn^{2+}_{(aq)} + 5Fe^{3+}_{(aq)} + 4\ H_2O_{(\ell)}$$

Corrigés

2. Schéma annoté du montage correspondant au dosage.

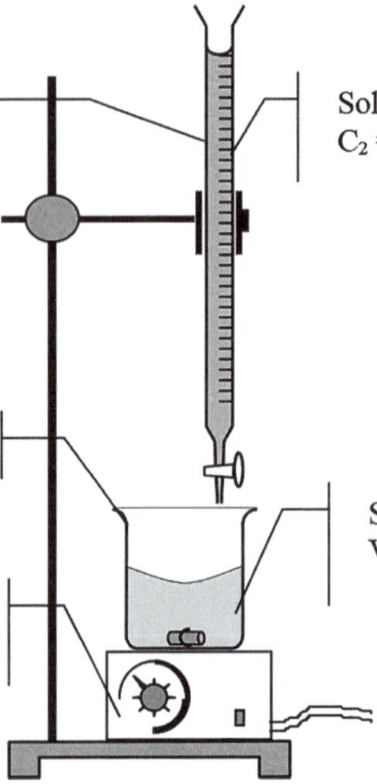

3. Initialement, la solution S contient des ions $Fe^{2+}{}_{(aq)}$ quasiment incolores. Les ions $MnO_4{}^-{}_{(aq)}$ sont limitants au début du dosage mais sont introduits en excès après l'équivalence d'où l'apparition d'une teinte violette. L'équivalence du dosage se repère donc par le changement de couleur incolore/violet.

4. À l'équivalence, les réactifs ont été introduits dans les proportions stœchiométriques. Donc d'après l'équation de la réaction support de dosage et sachant que n = C × V, on a :

$$\frac{n_{MnO_4^-}}{1} = \frac{n_{Fe^{2+}}}{5}$$

$$C_2 \times V_E = \frac{C_{Fe^{2+}} \times V_{essai}}{5}$$

$$C_{Fe^{2+}} = 5 \times C_2 \times \frac{V_E}{V_{essai}}$$

5. La présence d'un rapport de volume indique qu'il n'est pas nécessaire de les convertir en L.

$$C_{Fe^{2+}} = 5 \times 1{,}00 \cdot 10^{-3} \times \frac{14{,}3}{20{,}0}$$

$$C_{Fe^{2+}} = 3{,}58 \cdot 10^{-3}\ \text{mol}\cdot\text{L}^{-1}$$

Corrigés

L'incertitude sur la concentration en $Fe^{2+}_{(aq)}$ de la solution S se détermine par :

$$u\left(C_{Fe^{2+}}\right) = C_{Fe^{2+}} \times \sqrt{\left(\frac{u(C_2)}{C_2}\right)^2 + \left(\frac{u(V_E)}{V_E}\right)^2 + \left(\frac{u(V_{essai})}{V_{essai}}\right)^2}$$

$$U\left(C_{Fe^{2+}}\right) = 3{,}58 \cdot 10^{-3} \times \sqrt{\left(\frac{0{,}02}{1{,}00}\right)^2 + \left(\frac{0{,}2}{14{,}3}\right)^2 + \left(\frac{0{,}1}{20{,}0}\right)^2}$$

$$u(C_{Fe^{2+}}) = 8{,}92 \cdot 10^{-5}\ mol \cdot L^{-1}$$

On ne conserve qu'un seul chiffre significatif sur l'incertitude et on l'exprime avec le même ordre de grandeur que la concentration donc :

$$U(C_{Fe^{2+}}) = 0{,}09 \cdot 10^{-3}\ mol \cdot L^{-1}$$

La concentration quantité de matière en ion $Fe^{2+}_{(aq)}$ de la solution de Timoférol® vaut :

$$C_{Fe^{2+}} = (3{,}58 \pm 0{,}09) \cdot 10^{-3}\ mol \cdot L^{-1}$$

6. La concentration en quantité de matière théorique en ion fer II de la solution S de Timoférol vaut $3{,}6 \cdot 10^{-3}\ mol \cdot L^{-1}$. Cette valeur est comprise dans l'intervalle déterminé lors du dosage donc l'analyse confirme la conformité de la composition de la gélule en ce qui concerne le fer II.

Exercice 2

1. Pour réaliser 200 mL de solution S_A, il faut peser une masse d'acide ascorbique m_A.

$$C_m = \frac{m_{soluté}}{V_{solution}} \text{ donc } m_{soluté} = C_m \times V_{solution}$$

$$m_A = C_{mA} \times V_A$$

On a $C_{mA} = 200\ mg \cdot L^{-1} = 0{,}200\ g \cdot L^{-1}$ et $V_A = 200\ mL = 0{,}200\ L$

$$m_A = 0{,}200 \times 0{,}200$$

$$m_A = 0{,}0400\ g$$

La masse d'acide ascorbique à prélever est donc de 40,0 mg

Protocole de dissolution :

- Prendre une fiole jaugée de 200,0 mL ;
- y introduire un peu d'eau distillée ;
- peser 0,0400 g d'acide ascorbique ;
- les introduire dans la fiole et récupérer les eaux de rinçage ;

- compléter la fiole jaugée au 3/4 avec de l'eau distillée ;
- boucher et agiter jusqu'à dissolution ;
- ajuster au trait de jauge avec de l'eau distillée ;
- boucher et homogénéiser.

2. Tracé de la courbe.

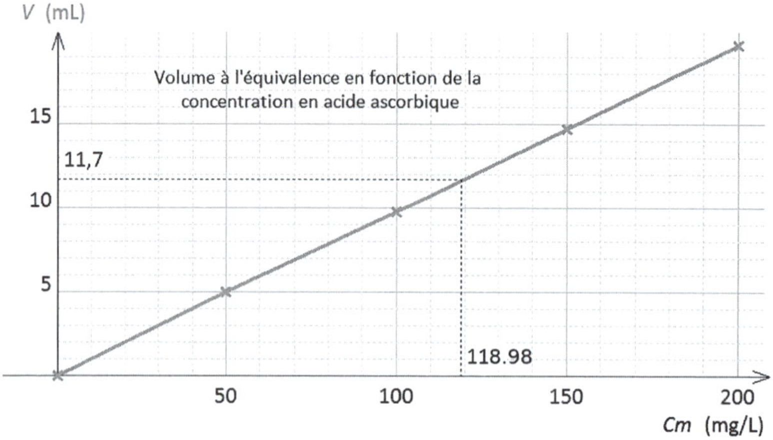

On remarque que les points sont alignés. Il est donc possible d'utiliser un modèle mathématique linéaire.

3. Graphiquement, on obtient une concentration en masse en acide ascorbique de la solution S de Timoférol® $C_m = 119\ mg{\cdot}L^{-1}$.

4. D'après la composition du Timoférol®, une gélule contient 30,00 mg d'acide ascorbique. La solution S de Timoférol® possède donc une concentration en masse théorique en acide ascorbique de :

$$C_m = \frac{30,00}{0,250}$$

$$C_m = 120\ mg{\cdot}L^{-1}$$

La valeur obtenue expérimentalement est très proche (environ 1 % d'écart). Le résultat est donc cohérent avec la composition d'une gélule de Timoférol® en ce qui concerne l'acide ascorbique.

5. La méthode proposée possède des avantages et des inconvénients par rapport à la méthode classique :
   - Inconvénients : méthode longue car il faut effectuer de nombreux dosages et tracer une courbe.
   - Avantages : ne nécessite pas la connaissance de l'équation de la réaction support de dosage et limite les étapes mathématiques.

5 De la structure à la polarité d'une entité

1. Représentation de Lewis des entités chimiques

Configuration électronique

La configuration électronique d'un élément chimique représente la distribution des électrons autour du noyau. Ceux de la dernière couche sont appelés électrons de valence. Ce sont ces derniers qui sont mis en jeu dans les liaisons chimiques.

Représentation de Lewis

La représentation de Lewis permet de représenter symboliquement les électrons autour du noyau :

- un électron seul, appelé singulet, est représenté par un point •,
- une paire d'électrons, appelée doublet, est représentée par un trait – et plus rarement par deux points ••.

> Un doublet non liant est un doublet appartenant à l'élément chimique.
>
> Un doublet liant est un doublet mis en jeu entre deux éléments chimiques.

1	H•							|He
2	Li•	Be•	•B•	•C•	|N•	|O•	|F|	|Ne|
3	Na•	Mg•	•Aℓ•	•Si•	|P•	|S•	|Cℓ|	|Ar|

Représentation de Lewis d'entités chimiques

Une entité chimique peut se présenter sous plusieurs formes : un atome, un ion monoatomique, une molécule, un ion polyatomique…

Cas des ions monoatomiques

Un ion monoatomique est un atome qui va gagner ou perdre un ou plusieurs électrons de valence afin d'obtenir à la configuration électronique du gaz noble le plus proche (éléments en $ns^2\ np^6$).

- Les alcalins (colonne I) : Ces éléments sont caractérisés par une structure en ns^1 :
  - le sodium $Na\bullet$ a pour structure électronique $1s^1\ 2s^2\ 2p^6\ \boldsymbol{3s^1}$;
  - en perdant son électron de valence, sa configuration électronique devient $1s^1\ \boldsymbol{2s^2\ 2p^6}$;
  - il acquiert une charge positive soit l'ion $|\overline{\underline{Na}}|^+$.
- Les chalcogènes (colonne VI) et les halogènes (colonne VII) : Ces éléments respectivement en $ns^2\ np^4$ et $ns^2\ np^5$:
  - ils vont gagner 2 électrons ou 1 seul donc ils gagnent 2 ou 1 charge(s) négative(s) ;
  - On a ainsi $|\overline{\underline{O}}|^{2-}$ et $|\overline{\underline{C\ell}}|^-$.

  Remarque :

  L'hydrogène qui est un alcalin va perdre son électron de valence pour former l'ion hydrogène H^+.

  Cependant sa couche de valence ne contient plus d'électrons.

  On dit qu'il s'est formé une lacune électronique représentée par □.

  On écrit donc □H^+.

Cas des molécules

Une molécule est électriquement neutre. Il s'agit d'une structure polyatomique maintenue par des liaisons chimiques.

Ces liaisons résultent de la formation de doublets liants entre deux atomes distincts.

On peut distinguer les molécules homonucléaires (mettant en jeu les mêmes atomes) et les molécules hétéronucléaires.

Exemples de molécules homonucléaires :

- Le dihydrogène H_2 : $H\bullet \quad \bullet H \quad \rightarrow \quad H{-}H$
- Le dioxygène O_2 : 

Exemple de molécule hétéronucléaire : Le chlorure d'hydrogène

$$HC\ell\ :\ H\bullet\quad \bullet\overline{\underline{C\ell}}| \ \rightarrow\ H{-}\overline{\underline{C\ell}}|$$

Cas des ions polyatomiques

La structure d'un ion polyatomique résulte des règles de construction précédente.

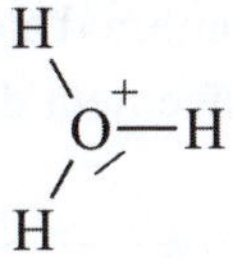

2. Géométrie des entités chimiques

La géométrie d'une entité chimique peut se révéler très complexe en fonction du nombre d'atomes mis en jeu.

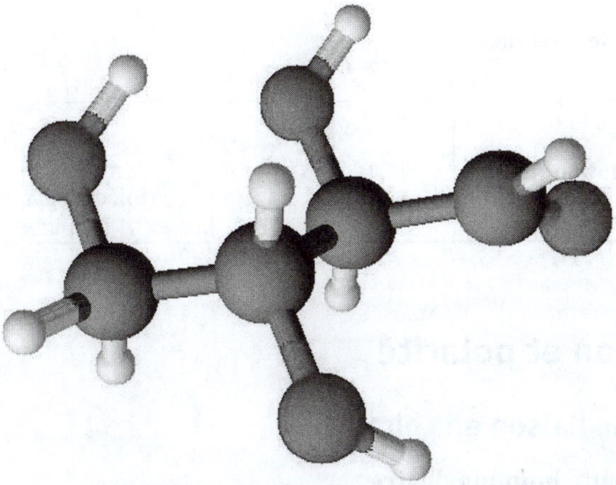

Représentation tridimensionnelle d'une molécule

On se limite donc à écrire la géométrie d'un atome central, des atomes qui lui sont directement reliés mais il faut également tenir compte de la présence des doublets non liants.

Figures géométriques optimisant l'espace

La géométrie indique qu'il existe des figures simples permettant d'occuper un maximum d'espace.

Nombre de directions	Structure	Exemple
2	Linéaire	—A—
3	Trigonale	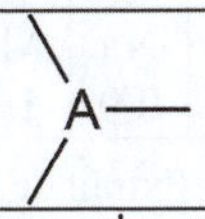
4	Tétraédrique	

Géométrie d'entités chimiques polyatomiques

Pour les entités chimiques, la structure de la molécule est caractérisée par les formes géométriques de base, le nombre d'atomes liés à l'atome central étudié. Un doublet non liant occupe l'emplacement d'un atome.

Exemples :

Composé	Eau	Ammoniaque
Représentation de Lewis	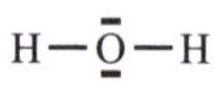	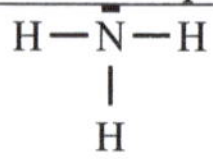
Nombre de directions nécessaires	2 atomes H 2 doublets non liants donc 4 directions	3 atomes H 1 doublet non liant donc 4 directions
Structure de référence	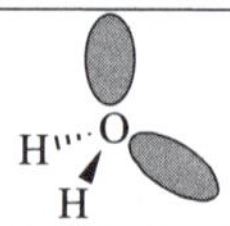	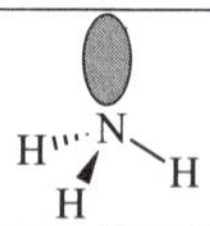
Représentation finale	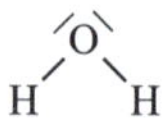 Molécule coudée	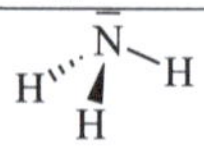 Molécule pyramidale aplatie

3. Polarisation et polarité

Structure d'une liaison en chimie

La liaison covalente homonucléaire

Dans une liaison covalente de ce type, les électrons impliqués se situent entre deux atomes identiques. On peut considérer que, en moyenne, ils se situent à mi-chemin de ces deux atomes. H–:–H

Électronégativité d'un élément chimique

Lorsque la liaison met en jeu deux atomes différents, il faut tenir compte d'une grandeur appelée électronégativité χ qui indique la facilité qu'à un élément chimique à attirer les électrons à lui.

1	H 2,2							He
2	Li 1,0	Be 1,6	B 2,0	C 2,5	N 3,0	O 3,4	F 4,0	Ne
3	Na 0,9	Mg 1,3	Al 1,6	Si 1,9	P 2,2	S 2,6	Cl 3,2	Ar

Extrait de la table d'électronégativité de Pauling

L'électronégativité n'a pas de sens pour les éléments de la dernière colonne puisqu'ils ne réagissent pratiquement pas.

Elle augmente le long d'une période (ligne) et en remontant le long d'une colonne.

L'élément le plus électronégatif est donc le fluor.

Polarisation d'une liaison chimique

Dans une liaison covalente hétéronucléaire, les électrons se situent en moyenne plus près de l'élément le plus électronégatif. Celui-ci se charge donc légèrement négativement, on le signale par la notation δ–. Inversement l'autre atome se charge légèrement positivement, on note alors δ+.

En fonction de la différence d'électronégativité $\Delta\chi$, on peut affiner le type de liaison mise en jeu entre les deux atomes.

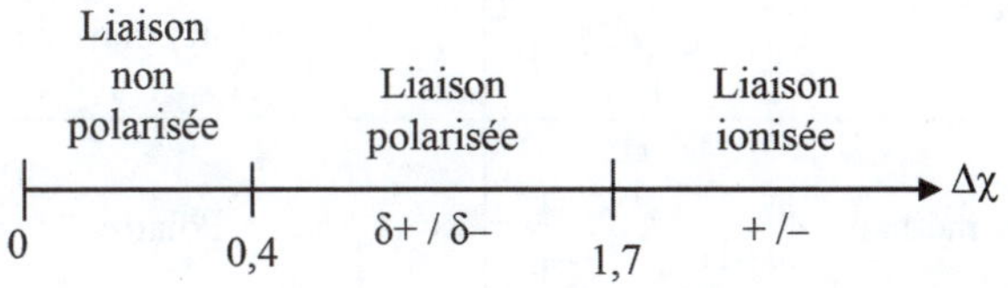

Répartition du type de liaison en fonction de la différence d'électronégativité

Exemple :

Dans la molécule d'éthanol $CH_3-CH_2-\overline{\underline{O}}-H$, il existe plusieurs types de liaisons :

- C–C homonucléaire donc non polarisée,
- C–H : $\Delta\chi = 2,5 - 2,2 = 0,3$ donc non polarisée,
- C–O : $\Delta\chi = 3,4 - 2,5 = 0,9$ donc polarisée avec δ+ pour le C et δ– pour le O.
- O–H : $\Delta\chi = 3,4 - 2,2 = 1,2$ donc la plus polarisée avec δ+ pour le H et δ– pour le O.

Entité chimique possédant des liaisons polarisées

Polarité d'une molécule

Une molécule possède de nombreuses liaisons polarisées ou non. Chacune affectant des charges électriques partielles δ+ et δ–. On recherche le centre de toutes les charges positives et le centre des charges négatives.

Il faut donc tenir compte de la géométrie de la molécule.

> Si les centres de charges positives et négatives se confondent, la molécule est dite apolaire.
>
> Si les centres des charges positives et négatives sont distincts, la molécule est dite polaire.

Remarques :

- Une molécule ne possédant pas de liaisons polarisées est toujours apolaire.
- Une molécule qui possède des liaisons polaires n'est pas obligatoirement polaire.

Exemples

Molécules	Géométrie	Polarité
Eau	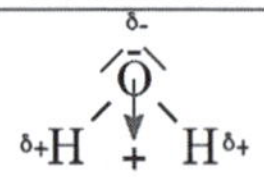	Polaire
Méthane	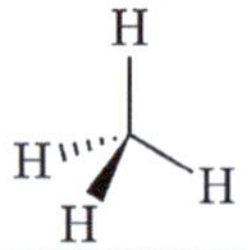	Apolaire car il n'y a pas de liaison polarisée
Chlorométhane	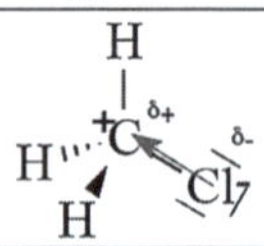	Polaire
Tétrachoromethane	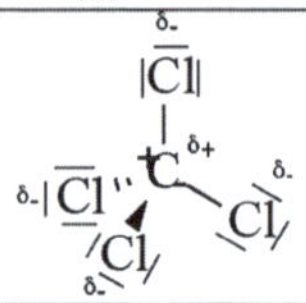	Apolaire car les centres des charges positives et négatives se situent au même endroit.

Énoncés des exercices

* Exercice 1 — 15 min

Le chlorométhane

Le chlorométhane est un composé chimique de formule chimique $CH_3C\ell$. C'est un fluide frigorigène également utilisé en synthèse chimique.

1. Rappeler les représentations de Lewis des atomes constitutifs du chlorométhane.
2. Montrer que le carbone constitue l'atome central de ce composé chimique.
3. Donner la représentation de Lewis de la molécule de chlorométhane.
4. Représenter la structure tridimensionnelle de cette molécule.

* Exercice 2 — 20 min

Polarité du méthanoate de méthyle

Le méthanoate de méthyle est un ester utilisé comme solvant pour les corps gras. Sa formule semi-développée est :

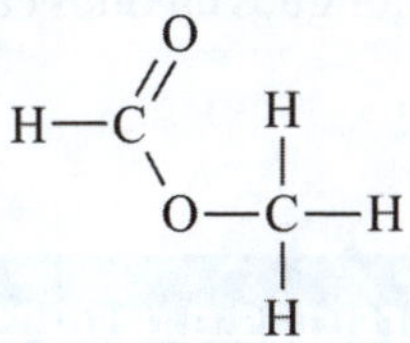

Données :

Électronégativité χ selon Pauling

H : 2,2 C : 2,55 O : 3,44

1. Rappeler la propriété associée à l'électronégativité χ.
2. Que peut-on dire de la nature (covalente, ionisée ou ionique) de la liaison C–H ?
3. Identifier les liaisons polarisées de cette molécule.
4. Argumenter sur le caractère polaire ou apolaire de la molécule de méthanoate de méthyle.

** Exercice 3

⏱ 20 min

Famille des alcools

Les alcools forment une famille chimique caractérisée par une structure du type R–OH où R est une chaîne carbonée. Ces composés chimiques sont intéressants car ils sont à la fois polaires et apolaires.

Données :

Électronégativité χ selon Pauling

H : 2,2	C : 2,55	O : 3,44

Masse molaire en $g{\cdot}mol^{-1}$:

H : 1,0	C : 12,0	O : 16,0

1. Étudier la polarité de la molécule de méthanol CH_3–OH. Quelle est la liaison la plus polarisée de cette molécule ?
2. Faire de même pour la molécule d'éthanol CH_3–CH_2–OH. Quelle supposition peut-on émettre sur les alcools R–OH en général ?
3. On peut étudier le caractère polaire de la molécule en comparant la masse molaire de cette partie polaire à la masse molaire de la molécule. Pourquoi peut-on dire que les alcools à longues chaînes carbonées se comportent comme des composés apolaires ?

Corrigés exercices

Exercice 1

1. Le chlorométhane est composé à partir de trois éléments chimiques :
   - Le carbone : $\cdot\dot{\underset{\cdot}{C}}\cdot$
   - L'hydrogène : H•
   - Le chlore : $\cdot\overline{\underline{C\ell}}|$
2. L'hydrogène et le chlore ne possèdent qu'un singulet donc ils ne peuvent former qu'une seule liaison covalente. Le carbone possède quatre singulets donc il peut former quatre liaisons covalentes simples. Le carbone est le seul à pouvoir constituer l'atome central de cette molécule.

3. Représentation de Lewis de la molécule de chlorométhane.

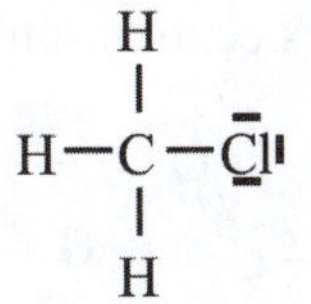

4. Le carbone est l'atome central, on utilise une base tétraédrique :

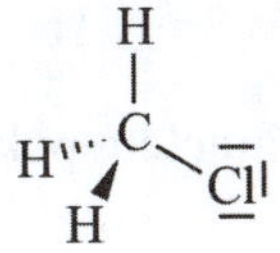

Exercice 2

1. L'électronégativité χ représente la facilité d'un élément à attirer les électrons à lui.

2. On détermine la différence d'électronégativité entre les éléments C et H mis en jeu dans la liaison.

$$\Delta\chi = \chi_C - \chi_H$$
$$\Delta\chi = 2{,}55 - 2{,}2$$
$$\Delta\chi = 0{,}35$$

La différence d'électronégativité $\Delta\chi$ est inférieure à 0,4 donc la liaison est de type covalent.

3. Dans la molécule, il existe des liaisons C–H, C–O ou C=O. La première est de type covalent. On effectue la même démarche :

$$\Delta\chi = \chi_O - \chi_C$$
$$\Delta\chi = 3{,}44 - 2{,}55$$
$$\Delta\chi = 0{,}89$$

La différence d'électronégativité $\Delta\chi$ dans une liaison C–O ou C=O est de 0,89. Cette valeur est comprise entre 0,4 et 1,7 donc ces liaisons sont polarisées. L'élément le plus électronégatif (ici l'oxygène) présente une charge partielle négative $\delta-$. Le moins électronégatif (ici le carbone) présente une charge partielle positive $\delta+$.

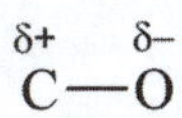

4. On repère le centre des charges partielles positives et celui des charges partielles négatives. On remarque que ces centres sont proches mais non confondus.

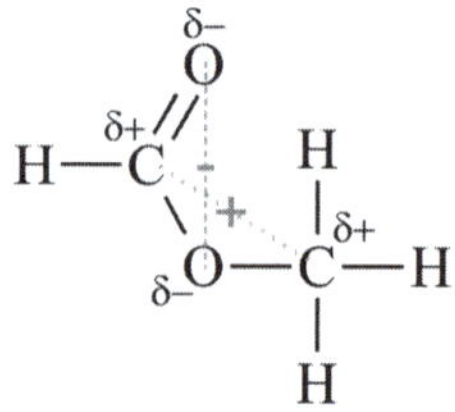

La molécule présente donc un caractère polaire.

Exercice 3

1. La molécule de méthanol CH_3–OH comporte trois liaisons différentes :

Liaison	C–H	C–O	O–H
Différence d'électronégativité Δχ	2,55–2,2 = 0,35	3,44–2,55 = 0,89	3,44–2,2 = 1,24
Type de liaison	Covalente	Ionisée	Ionisée

La molécule de méthanol se représente par :

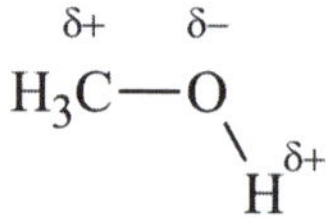

Cette molécule est polaire et la liaison la plus polarisée est la liaison O–H.

2. De même, il faut tenir compte de la liaison C–C qui est covalente puisqu'il s'agit d'une liaison entre deux atomes identiques. La molécule d'éthanol se représente par :

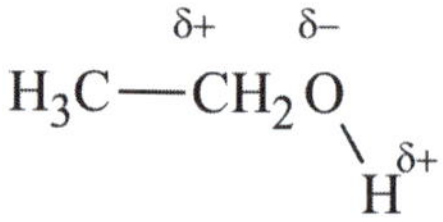

.

Cette molécule est polaire et la liaison la plus polarisée est la liaison O–H comme précédemment.

On peut donc supposer qu'un alcool R–OH se compose d'une partie R globalement apolaire et d'une partie O–H polarisée.

3. La masse molaire de la partie polaire est M(O–H) :

$$M(O\text{–}H) = M_O + M_H$$

$$M(O\text{–}H) = 16{,}0 + 1{,}0$$

$$M(O\text{–}H) = 17{,}0\ g{\cdot}mol^{-1}$$

Le caractère polaire d'un alcool peut s'étudier par le rapport $R = \frac{17{,}0}{M}$.

On remarque que plus la chaîne carbonée est grande, plus la masse molaire de la molécule augmente. Le rapport R diminue donc la molécule présente un caractère polaire de plus en plus faible.

Les alcools à longues chaînes carbonées se comportent donc davantage comme des composés apolaires.

Corrigés

6 Structure et solubilité

1. Cohésion d'un solide

Les types de solides

Un solide est un composé chimique qui possède une forme propre ainsi qu'un volume propre. Ses constituants sont très peu mobiles les uns par rapport au autres. Il est nécessaire de fournir de l'énergie pour séparer ces constituants, preuve qu'il existe des interactions entre ceux-ci.

On peut distinguer plusieurs types de solides :

- Les solides atomiques comme les métaux natifs.
- Les solides moléculaires comme le sucre.
- Les solides ioniques comme le sel.

Interactions entre entités

Interaction entre ions

Cette interaction est de type électrostatique. Deux ions de charges opposées s'attirent alors qu'ils se repoussent s'ils sont de même type de charge.

Il se forme alors un réseau entre les différents ions conduisant à une organisation cristalline.

Vue d'une face | Vue 3D

Interaction entre entités polaires

Ces interactions sont également de type électrostatique mais dont l'intensité est plus faible que l'interaction ionique. C'est la molécule dans son ensemble qui se positionne pour optimiser les forces intermoléculaires.

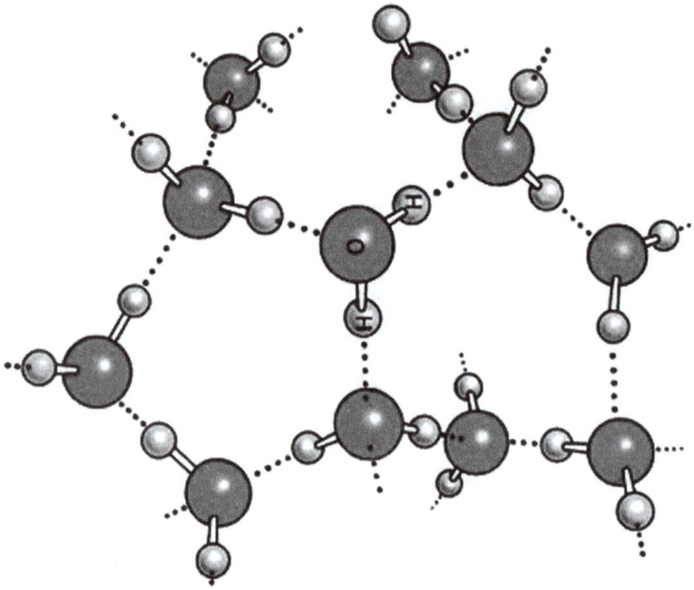

Interaction entre molécules d'eau

Dans l'exemple, l'interaction s'effectue entre un atome d'hydrogène et un atome plus électronégatif, le dioxygène. Cette liaison est appelée liaison hydrogène.

Cohésion des solides apolaires

Dans ce cas, il n'existe pas d'interaction électrostatique permanente. Cependant, il peut apparaître de façon provisoire et aléatoire une charge partielle. Cette charge crée par influence une charge partielle opposée sur une autre molécule et une organisation structurale se met en place.

2. Dissolution des composés ioniques

Dissociation et solvatation

Lors de la dissolution d'un composé ionique, on distingue deux phases :

- La dissociation qui résulte de la destruction de l'édifice ionique (par séparation de ses ions constitutifs).
- La solvatation qui correspond à la séparation des ions dans la solution en entourant ceux-ci par le solvant.

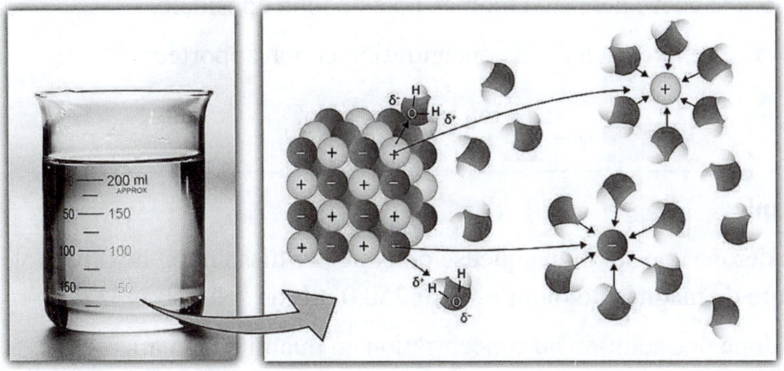

Dissolution du chlorure de sodium dans l'eau – *Source : Wikipedia commons*

Le solide étant ionique, il est constitué de deux espèces chimiques chargées positivement et négativement. L'eau est un solvant polaire qui peut donc interagir avec le solide ionique mais aussi avec les ions libérés.

Équation modélisant la dissolution

On modélise la dissolution d'un composé ionique par un solvant par l'eau en utilisant l'équation suivante : $A_xB_{y(s)} \xrightarrow{H_2O_{(\ell)}} xA^{y+}_{(aq)} + yB^{x-}_{(aq)}$

Exemples de dissolution :

- Le chlorure de sodium : $NaC\ell_{(s)} \xrightarrow{H_2O_{(\ell)}} Na^{+}_{(aq)} + C\ell^{-}_{(aq)}$
- Le fluorure de magnésium : $MgF_{2(s)} \xrightarrow{H_2O_{(\ell)}} Mg^{2+}_{(aq)} + 2F^{-}_{(aq)}$

Concentration en ions dans une solution

Lorsqu'on dissout un composé ionique, on introduit une quantité de matière n de ce composé pour obtenir un volume V de solution. C'est ce qui permet de définir la concentration en quantité de matière C en soluté de la solution.

Mais, le soluté se dissocie en libérant ses ions constitutifs dans des quantités qui respectent sa formule chimique. On peut alors définir la concentration en quantité de matière en ion apporté de la même façon que la concentration en soluté.

On la note [Ion] et on la détermine par la relation :

$$\left[\text{Ion}\right] = \frac{n_{ion}}{V_{solution}}$$

Or il existe une relation simple entre la quantité de matière en soluté et en ion via le coefficient stœchiométrique de l'équation de dissolution.

$$n_{ion} = CS(ion) \times n_{soluté}$$

où CS(ion) le coefficient stœchiométrique de l'ion considéré.

Il en résulte l'expression de la concentration en ion apportée :

$$\left[\text{Ion}\right] = \text{CS(ion)} \times \text{C}$$

Exemple :

Considérons une solution aqueuse obtenue par dissolution de 0,10 moles de fluorure de magnésium pour obtenir 250,0 mL de solution.

On a donc une solution de concentration en quantité de matière :

$$C = \frac{n_{\text{soluté}}}{V_{\text{solution}}} = \frac{0,10}{250,0 \cdot 10^{-3}} = 0,40\ \text{mol} \cdot \text{L}^{-1}$$

L'équation de dissolution s'écrit :

$$MgF_{2(s)} \xrightarrow{H_2O_{(\ell)}} Mg^{2+}_{(aq)} + 2F^{-}_{(aq)}$$

permet de calculer les concentrations en quantité de matière en ions magnésium et fluorure apportés :

$$\left[Mg^{2+}_{(aq)}\right] = 1 \times C = 1 \times 0,40 = 0,40\ \text{mol} \cdot \text{L}^{-1}$$

$$\left[F^{-}_{(aq)}\right] = 2 \times C = 2 \times 0,40 = 0,80\ \text{mol} \cdot \text{L}^{-1}$$

3. Solubilité et miscibilité

Différence entre solubilité et miscibilité

Les deux intitulés recouvrent en fait le même phénomène qui consiste à dissoudre deux composés chimiques l'un dans l'autre.

On parle de :

- Solubilité lorsque le soluté est un solide.
- Miscibilité lorsque le soluté est liquide.

Dans les deux cas, on peut associer une valeur correspondant à la quantité maximale de soluté qu'on peut dissoudre par litre de solution dans un solvant donné.

Variation de la solubilité d'un soluté

On peut étudier la solubilité du chlorure de sodium dans différents solvants :

Solvant	**Eau**	**Ammoniac**	**Méthanol**	**Cyclohexane**
Type de solvant	Polaire			Apolaire
Solubilité de $NaCl(s)$ en $g \cdot L^{-1}$	360	21,5	14,9	0

On remarque que ce soluté est soluble dans les solvants polaires (comme lui) alors qu'il est insoluble dans un solvant apolaire.

On peut en tirer une règle pratique mais non absolue (il existe des exceptions) :

« QUI SE RESSEMBLENT S'ASSEMBLENT ».

Soluté / **Solvant**	**Apolaire**	**Polaire**
Apolaire	Soluble/miscible	Peu soluble/miscible
Polaire	Peu soluble/miscible	Soluble/miscible

Une application : l'extraction par solvant

Lorsqu'on veut extraire une espèce chimique d'un mélange, on peut utiliser la solubilité et la miscibilité. En effet le soluté migre en quantité dans le solvant où il est le plus soluble. Si on utilise un solvant qui n'est pas miscible à celui du mélange, on pourra alors obtenir une séparation physique par décantation.

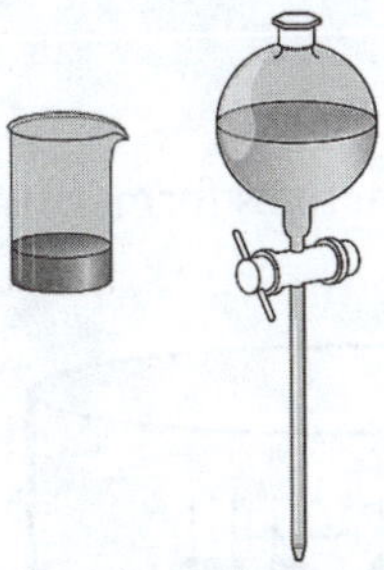

On ajoute au contenu d'une ampoule à décanter un solvant d'extraction.

On agite vivement l'ampoule à décanter pour favoriser l'échange des phases.
Il faut ouvrir le robinet de temps en temps pour éliminer la surpression qui peut se produire dans l'ampoule

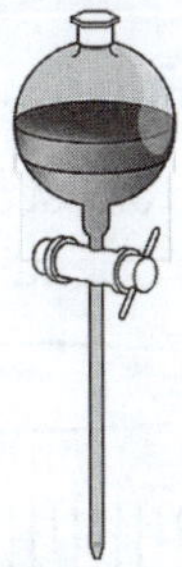

Après repos, on peut observer deux phases. L'une contient l'espèce à extraire.

Les deux solvants, qui ne sont pas miscibles entre eux, se séparent. Le plus dense constitue la phase inférieure, le moins dense la phase supérieure.

4. Les savons

Caractère amphiphile des savons

Les corps gras, ou lipides, sont des molécules apolaires alors que l'eau est une molécule polaire. Il est donc évident que ces deux composés ne sont pas solubles/miscibles.

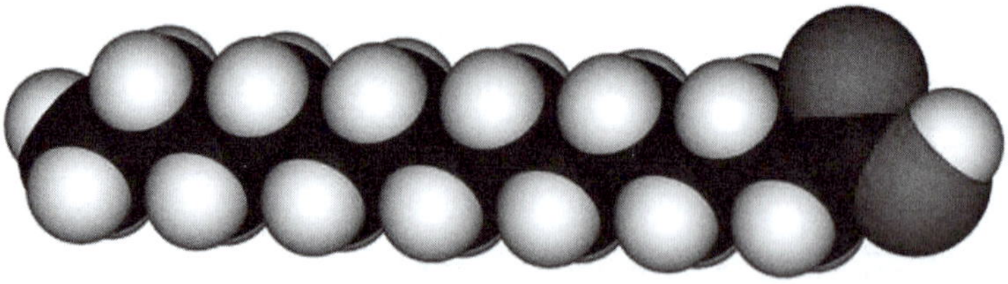

Acide gras : acide carboxylique à longue chaîne carbonée
Source : Wikipedia commons

Il existe des molécules particulières, les savons possèdent des propriétés tensioactives, qui peuvent schématiquement être décrites comme l'association de parties distinctes :

- Une longue chaîne carbonée apolaire qui peut s'associer avec les corps gras : caractère lipophile. C'est la queue de la molécule.
- Une partie ionique donc polaire qui peut s'associer avec l'eau : caractère hydrophile. C'est la tête de la molécule.

Ces molécules possédant simultanément ces caractères lipophiles et hydrophiles sont dites amphiphiles.

Mode d'action d'un savon

Lorsqu'un savon est ajouté à de l'eau, les molécules tensioactives forment un film avec les têtes orientées vers l'eau.

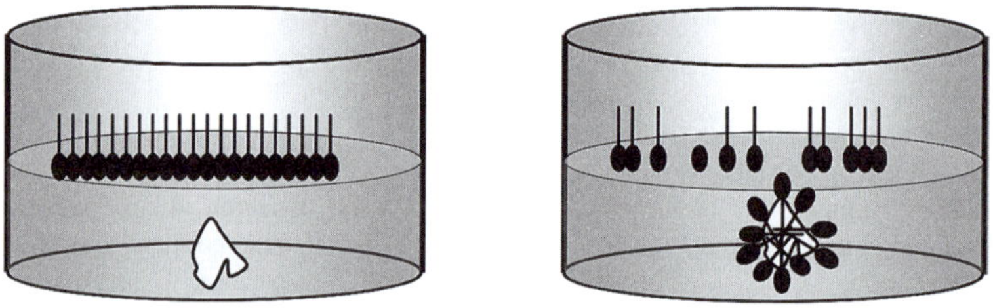

Après agitation, les molécules tensioactives ont pu rentrer en contact avec les molécules de gras et s'y fixer par la queue. Les têtes étant toujours tournées vers l'eau. On a la formation de micelles.

Il se forme également une fragmentation de l'ensemble graisseux qui permet une meilleure dispersion dans l'eau, les micelles étant solubles.

Énoncés des exercices

* Exercice 1 — 15 min

Équations de dissolution

Écrire les équations de mise en solution dans l'eau des composés chimiques proposés.

Donnée : liste de quelques ions polyatomiques

Nitrate : NO_3^- Phosphate : PO_4^{3-} Sulfate : SO_4^{2-}

1. Chlorure de potassium.

2. Iodure de magnésium.

3. Sulfate de lithium

4. Nitrate de plomb II

5. Phosphate de fer II.

* Exercice 2 — 15 min

Concentration en espèce apportée

On a réalisé la dissolution dans l'eau du sulfite de sodium, un solide de formule chimique Na_2SO_3. Après analyse, on détermine la concentration en quantité de matière en ions sulfite $SO_3^{2-}{}_{(aq)}$. On obtient $[SO_3^{2-}{}_{(aq)}] = 0{,}114\ mol{\cdot}L^{-1}$.

1. Écrire l'équation de mise en solution dans l'eau du sulfite de sodium.

2. Déterminer la concentration en quantité de matière C de la solution en sulfite de sodium.

3. Parmi les concentrations en quantité de matière en ions sodium apportés suivantes : $0{,}057\ mol{\cdot}L^{-1}$ et $0{,}228\ mol{\cdot}L^{-1}$. Laquelle est correcte ? Justifier.

** Exercice 3 — 20 min

Solubilité d'un composé dans un solvant

Le diiode est un composé moléculaire de formule chimique I_2. Ce composé présente un caractère antiseptique car c'est un oxydant.

On l'utilise fréquemment dans les antiseptiques locaux comme :

- l'eau iodée : solution aqueuse jaune-marron pâle ;
- la teinture d'iode : solution alcoolique (dans l'éthanol $CH_3–CH_2–OH$) jaune-marron foncée ;

- en solution dans l'essence de térébenthine, un liquide apolaire, pour les traitements vétérinaires. Cette solution possède une couleur violette très intense

Donnée : Électronégativité χ de quelques éléments chimiques selon Pauling.

H : 2,2 C : 2,55 O : 3,44 I : 2,66

1. Le diiode est-il un composé polaire ou apolaire ?
2. Pourquoi l'alcool peut-il être à la fois considéré comme polaire et apolaire ?
3. En utilisant les propriétés liées à la dissolution des solutés dans les solvants, proposer une explication aux différences de couleur des solutions iodées citées dans le texte introductif.

** Exercice 4 — 30 min

Choix d'un solvant d'extraction

L'huile essentielle d'estragon, composée en grande partie par une molécule très peu polaire l'estragol, est obtenue par hydrodistillation des feuilles d'estragon. Le distillat est composé d'estragol et d'eau.

On souhaite extraire l'estragol par décantation en utilisant un solvant adapté.

On donne le tableau informatif ci-dessous.

Solvant	Densité	Pictogrammes de sécurité	Miscibilité à l'eau	Solubilité de l'estragol
Cyclohexane	0,76		NON	TRÈS BONNE
Dichlorométhane	1,32		NON	ASSEZ BONNE
Eau	1,00		OUI	FAIBLE
Eau salée	1,1		OUI	FAIBLE
Éthanol	0,78		OUI	TRÈS BONNE

1. Justifier la faible solubilité de l'estragol dans l'eau et dans l'eau salée.
2. Choisir, en justifiant, le solvant le plus adapté à l'extraction par solvant et par décantation.
3. Le solvant choisi peut-il être manipulé sans danger ?
4. Schématiser et annoter le contenu de l'ampoule à décanter. Quelle phase faut-il récupérer pour obtenir l'estragol ?

** Exercice 5 — 30 min

Molécule de savon

Le savon de Marseille est obtenu par saponification de l'huile d'olive par la soude. Cette transformation chimique peut être modélisée par l'équation chimique suivante :

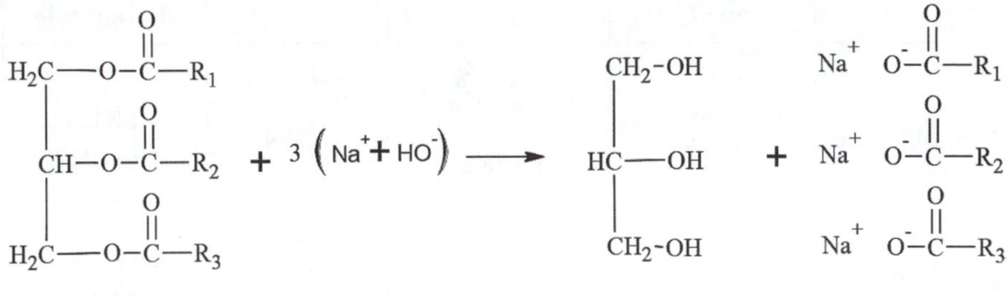

Les groupes R_1, R_2 et R_3 représentent de longues chaînes carbonées.

Pour faciliter la transformation chimique entre le corps gras et la soude ($Na^+_{(aq)} + HO^-_{(aq)}$), on ajoute généralement de l'éthanol.

1. Expliquer le fait que l'huile d'olive (corps gras) est quasiment non miscible dans l'eau.
2. Comment l'éthanol facilite-t-il la transformation chimique de saponification ?

Une molécule amphiphile est une molécule qui comporte à la fois une partie hydrophile (polaire) et une partie lipophile (apolaire).

3. Identifier les parties hydrophile et lipophile d'une molécule de savon.

Contrôle

Contrôle

1 h · 10 points

Exercice 1 — 30 min · 5 points

Extraire l'huile essentielle de jasmin

L'huile essentielle de jasmin est constituée à 25 % d'éthanoate de benzyle dont une représentation est donnée ci-après.

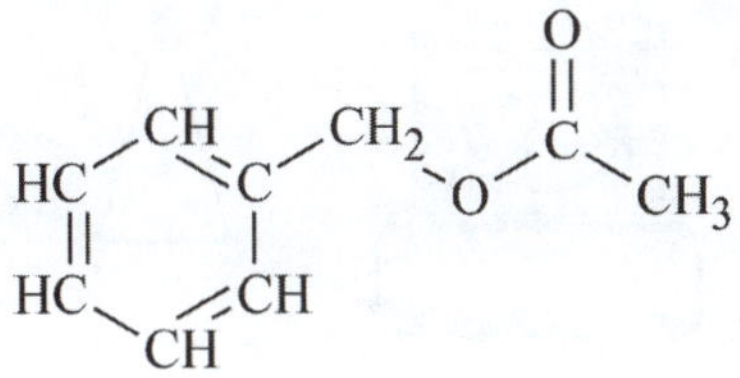

On se propose d'étudier l'obtention de l'huile essentielle de jasmin (absolu). Dans un premier temps, on obtient une concrète obtenue par macération des fleurs de jasmin dans l'éthanol à température ambiante. Cet éthanol est ensuite éliminé par distillation douce pour fournir l'absolu.

Solvant	**Température d'ébullition en °C**	**Pictogrammes de sécurité**	**Miscibilité à l'eau**	**Solubilité de l'éthanoate de benzyle**
Cyclohexane	81 °C		NON	TRÈS BONNE
Eau	100		OUI	TRÈS FAIBLE
Éthanol	78		OUI	TRÈS BONNE
Ether de pétrole	50		NON	TRÈS BONNE

Température d'ébullition de l'éthanoate de benzyle : 214 °C

1. Justifier le choix de l'éthanol comme solvant d'extraction de l'éthanoate de benzyle.
2. Après macération, il est nécessaire d'éliminer les fleurs de jasmin du mélange. Quelle technique simple faut-il mettre en œuvre pour réaliser cette séparation.
3. Pourquoi ne peut-on pas utiliser l'eau pour éliminer les traces de composés hydrosolubles ?

   Pour obtenir la concrète, on réalise le montage suivant :

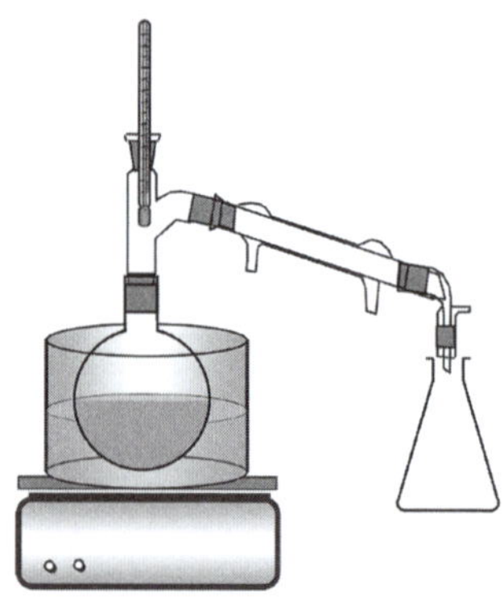

Le ballon est chauffé en utilisant un bain-marie dans laquelle l'eau est portée à ébullition.

4. Le thermomètre indique une température des vapeurs de 78 °C. Quel composé chimique est éliminé par ce dispositif ?
5. Où se trouvera l'éthanoate de benzyle à la fin de la distillation ?
6. Sachant qu'il est nécessaire d'utiliser 100 kg de fleurs de jasmin pour produire 100 mL d'éthanoate de benzyle, calculer le volume d'éthanoate de benzyle que peut fournir une fleur de jasmin de 1 g.

Exercice 2

30 min • 5 points

Détermination de la composition d'un chlorure de fer

On demande à un élève de déterminer la composition d'un chlorure de fer dont la composition est $FeC\ell_{x(s)}$, où x est un entier. Une solution aqueuse a été préparée par le professeur et sa concentration en quantité de matière est $C = 0{,}45 \cdot 10^{-3}\ mol \cdot L^{-1}$.

Pour ceci, on utilise un dosage des ions chlorures selon méthode de Mohr. On utilise une solution de nitrate d'argent de concentration en quantité de matière telle que $[Ag^+_{(aq)}] = 2{,}00 \cdot 10^{-3}\ mol \cdot L^{-1}$. L'équation support de la réaction de dosage et les propriétés liées à l'équivalence permettent d'écrire la relation :

$$\left[C\ell^-_{(aq)}\right] = \left[Ag^+_{(aq)}\right] \times \frac{V_E}{V_{C\ell-}}$$

1. Donner l'équation de dissolution du chlorure de fer inconnu dans l'eau.
2. Le dosage de 25,0 mL de solution de chlorure de fer correspond à un volume à l'équivalence $V_E = 11{,}3$ mL. Déterminer la concentration en quantité de matière en ion chlorure $[C\ell^-_{(aq)}]$ de la solution étudiée.
3. En expliquant votre démarche, déterminer la composition du chlorure de fer étudié.

Corrigés exercices

Exercice 1

1. $KC\ell_{(s)} \xrightarrow{eau} K^+_{(aq)} + C\ell^-_{(aq)}$

2. $MgI_{2(s)} \xrightarrow{eau} Mg^{2+}_{(aq)} + 2\ I^-_{(aq)}$

Le magnésium appartient à la 2e colonne de la classification donc il fournit l'ion Mg^{2+}. L'iode est dans la colonne des halogènes donc il fournit I^-. Pour respecter la conservation des charges, il est nécessaire d'utiliser des coefficients stœchiométriques pour équilibrer l'équation.

3. $Li_2SO_{4(s)} \xrightarrow{eau} 2\ Li^+_{(aq)} + SO_4{}^{2-}{}_{(aq)}$

4. $Pb(NO_3)_{2(s)} \xrightarrow{eau} Pb^{2+}_{(aq)} + 2\ NO_3{}^-{}_{(aq)}$

L'ion nitrate est un ion polyatomique associé à un coefficient stœchiométrique de 2. Il faut ajouter des parenthèses dans la formule du soluté solide.

5. $Fe_3(PO_4)_{2(s)} \xrightarrow{eau} 3\ Fe^{2+}_{(aq)} + 2\ PO_4{}^{3-}{}_{(aq)}$ Phosphate de fer II.

Exercice 2

1. $Na_2SO_{3(s)} \xrightarrow{eau} 2\ Na^+_{(aq)} + SO_3{}^{2-}{}_{(aq)}$

2. La concentration en quantité de matière en ion sulfite apporté $[SO_3{}^{2-}{}_{(aq)}]$ se détermine en fonction de la concentration C de la solution en sulfite de sodium par :

$$[SO_3{}^{2-}{}_{(aq)}] = 1 \times C$$

On en déduit que la concentration en quantité de matière de la solution en sulfite de sodium vaut $C = 0{,}114\ mol{\cdot}L^{-1}$.

3. La concentration en quantité de matière en ion sodium apportée s'écrit :

$$[Na^+_{(aq)}] = 2 \times C$$

$$[Na^+_{(aq)}] = 2 \times 0{,}114$$

$$[Na^+_{(aq)}] = 0{,}228\ mol{\cdot}L^{-1}$$

La réponse correcte de la concentration en quantité de matière en ion sodium apportés est donc $0{,}228\ mol{\cdot}L^{-1}$

Exercice 3

1. Le diiode est une molécule homonucléaire (atomes identiques). Il n'y a donc pas de différence d'électronégativité entre les deux atomes. La molécule est donc apolaire.

2. L'alcool, ici l'éthanol, est une molécule constituée à partir de plusieurs liaisons résumées dans le tableau ci-dessous :

Liaison	**Différence d'électronégativité $\Delta\chi$**	**Type de liaison**
C–C	2,55 – 2,55 = 0	Covalente
C–H	2,55 – 2,2 = 0,35	Covalente
C–O	3,44 – 2,55 = 0,89	Polarisée
O–H	3,44 – 2,2 = 1,24	Polarisée

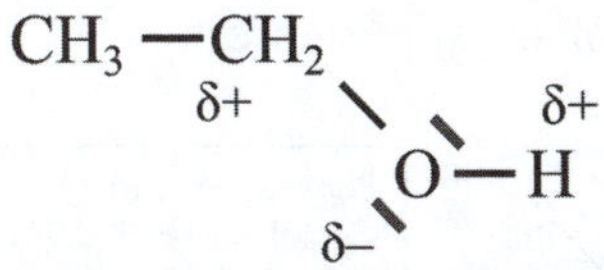

On remarque que dans l'éthanol une partie de la molécule ne présente que des liaisons covalentes. Cette partie peut être considérée comme apolaire.

La partie autour de l'oxygène présente deux liaisons polarisées (O–H étant la plus polarisée des deux). Cette partie peut être considérée comme polaire.

En conséquence, l'éthanol est une molécule à la fois polaire et apolaire.

3. Le diiode est un composé chimique apolaire. Il est donc facilement soluble dans les solvants apolaires et peu soluble dans les solvants polaires.

Si on classe les solvants du moins polaire au plus polaire, on a : essence de térébenthine, alcool puis eau.

Le diiode est donc très soluble dans l'essence de térébenthine, un peu moins soluble dans l'alcool et peu soluble dans l'eau. Ceci correspond bien aux indications du texte sur l'intensité des couleurs (plus un composé coloré est introduit en grande quantité, plus la teinte est sombre).

Exercice 4

1. L'eau est un solvant polaire, l'eau salée contient des ions qui accentuent son caractère polaire. L'estragol est un composé très peu polaire, il est donc peu soluble dans les solvants polaires comme l'eau ou l'eau salée.
2. Pour choisir le meilleur solvant d'extraction, il faut respecter deux critères :
   - l'estragol doit être soluble dans le solvant ; on retient donc le cyclohexane et l'éthanol.
   - Le solvant ne doit pas être miscible à l'eau pour pouvoir être séparé par décantation ; on retient finalement le **cyclohexane**.
3. Le cyclohexane présente de nombreux pictogrammes de sécurité (inflammable, nocif, dangereux et polluant). Il doit être manipulé avec précaution.
4. Le cyclohexane choisi est moins dense que l'eau, il constitue donc la phase supérieure. L'estragol étant plus soluble dans le cyclohexane que dans l'eau, il faudra récupérer cette phase supérieure.

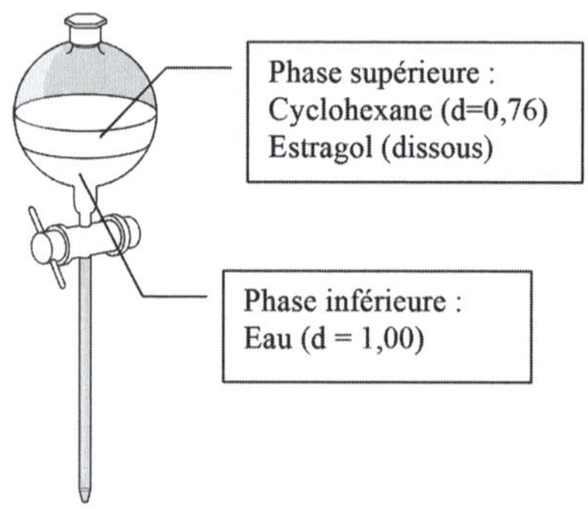

Exercice 5

Le savon de Marseille est obtenu par saponification de l'huile d'olive par la soude. Cette transformation chimique peut être modélisée par l'équation chimique suivante :

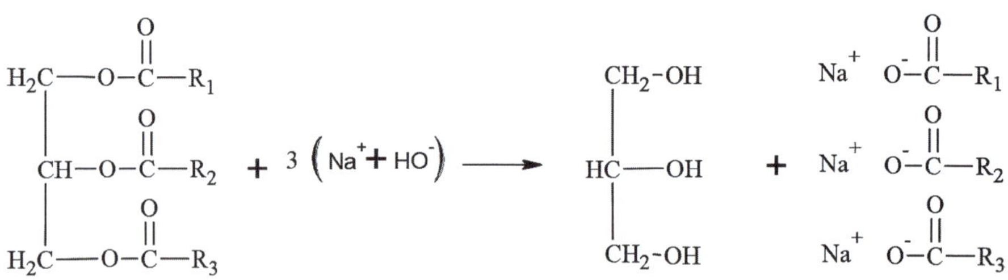

corps gras Glycérol savon

Les groupes R_1, R_2 et R_3 représentent de longues chaînes carbonées.

Pour faciliter la transformation chimique entre le corps gras et la soude ($Na^+_{(aq)} + HO^-_{(aq)}$), on ajoute généralement de l'éthanol.

1. L'huile d'olive comporte de longues chaînes carbonées non polarisées. De plus les liaisons C–O sont peu polarisées. On peut considérer que l'huile d'olive est globalement apolaire. L'eau étant un solvant polaire, les deux liquides ne sont pas miscibles.
2. L'éthanol possède à la fois une partie apolaire (chaîne carbonée) et une partie polaire (O–H). Il permet donc de faciliter la proximité de l'huile d'olive et de la soude, chacun de ces composés y étant soluble.

   Une molécule amphiphile est une molécule qui comporte à la fois une partie hydrophile (polaire) et une partie lipophile (apolaire).
3. La molécule de savon présente deux parties principales :
   - une partie ionique donc polaire : c'est la partie hydrophile ;
   - une partie constituée d'une longue chaîne carbonée : c'est la partie lipophile.

Corrigés contrôle

Exercice 1

1. L'éthanoate de benzyle doit être soluble dans le solvant choisi. L'éthanol est le meilleur solvant d'extraction de l'éthanoate de benzyle car c'est le moins nocif parmi les solvants possibles.
2. Les fleurs de jasmin sont solides. Pour les éliminer du mélange de macération, on procède à une filtration.
3. Pour éliminer les traces de composés hydrosolubles, on ne peut pas utiliser l'eau car celle-ci est miscible à l'éthanol.
4. À 78 °C, le composé chimique éliminé par la distillation est l'éthanol.
5. L'éthanoate de benzyle possède une température d'ébullition de 214 °C. Le bain-marie ne dépassant pas 100 °C, l'éthanoate de benzyle restera dans le ballon.
6. 1 g de fleur de jasmin permet d'obtenir un volume V d'huile essentielle de jasmin :

$$V = \frac{100 \times 1}{100 \cdot 10^{3}} = 1 \cdot 10^{-3} \text{ mL}$$

   L'éthanoate de benzyle représente 25 % de l'huile essentielle de jasmin.

   Une fleur de jasmin permet donc d'obtenir 0,25 µL d'éthanoate de benzyle.

Corrigés

Exercice 2

1. $FeC\ell_{x(s)} \xrightarrow{eau} Fe^{x+}_{(aq)} + x\, C\ell^{-}_{(aq)}$

2. D'après les informations on peut déterminer la concentration en quantité de matière en ion chlorure $[C\ell^{-}_{(aq)}]$:

$$\left[C\ell^{-}_{(aq)}\right] = \left[Ag^{+}_{(aq)}\right] \times \frac{V_E}{V_{C\ell-}}$$

$$\left[C\ell^{-}_{(aq)}\right] = 2,00 \cdot 10^{-3} \times \frac{11,3}{25,0}$$

$$[C\ell^{-}_{(aq)}] = 0,904 \cdot 10^{-3}\ mol \cdot L^{-1}$$

3. La concentration en quantité de matière en ion chlorure $[C\ell^{-}_{(aq)}]$ peut se déterminer par rapport à la concentration C de la solution par :

$[C\ell^{-}_{(aq)}] = x \times C$

On a en déduit donc que :

$$x = \frac{\left[C\ell^{-}_{(aq)}\right]}{C}$$

$$x = \frac{0,904 \cdot 10^{-3}}{0,45 \cdot 10^{-3}}$$

$$x \approx 2$$

Finalement, le chlorure de fer étudié à pour formule chimique $FeC\ell_{2(s)}$.

7 Entités chimiques organiques

1. Familles chimiques et représentations moléculaires

Représenter une molécule

On sait qu'une molécule est un assemblage structuré d'atomes. Il est possible d'utiliser de nombreuses représentations de cette molécule.

Si on prend le cas de la molécule d'éthanol, on a :

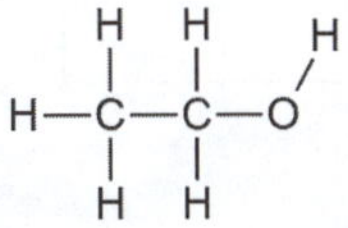	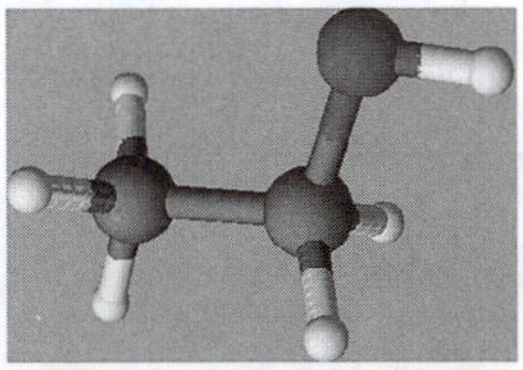	
Formule développée	Représentation 3D en forme éclatée	Représentation 3D en forme compacte.

Chacune de ces représentations présente des avantages et des inconvénients.

La formule brute

La plupart du temps, il n'est pas nécessaire de fournir l'ensemble des informations structurelles d'une molécule.

Pour les équations chimiques, on peut se limiter à une simple description de la composition de la molécule, c'est ce qu'on appelle la formule brute. Dans le cas de l'éthanol, on a C_2H_6O.

La formule développée

Cette représentation plane permet de visualiser tous les enchaînements des atomes, cependant elle devient rapidement fastidieuse.

La formule semi-développée

Si on part de la formule brute C_2H_6O, il est possible de former deux molécules, possédant des propriétés différentes, dites isomères (même formule brute mais des agencements différents). :

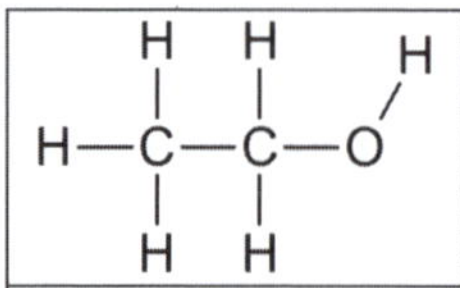	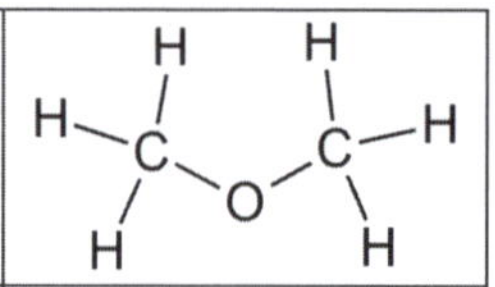
Ethanol	Diméthyléther

Il est nécessaire de montrer l'agencement des atomes, cependant la représentation des atomes d'hydrogène peut devenir gênante. On simplifie cette représentation développée en omettant les liaisons avec les hydrogènes, c'est ce qu'on appelle la représentation semi-développée.

Ethanol	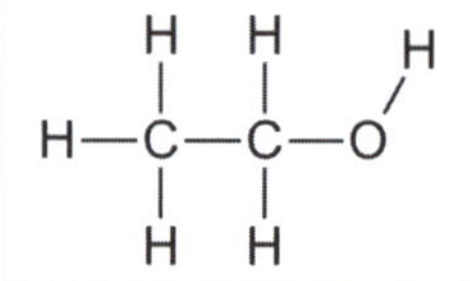	H_3C-CH_2-OH
Diméthyléther	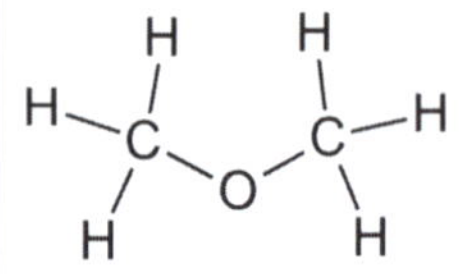	$H_3C-O-CH_3$

Structure globale d'une molécule

Lorsque la molécule devient plus complexe, on peut faire apparaître différentes sous-structures :

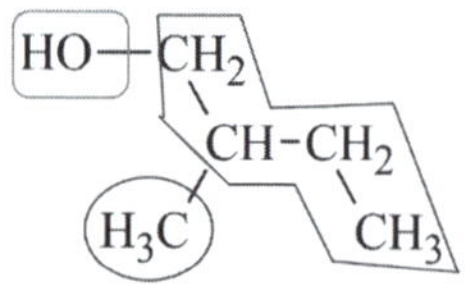

- une longue chaîne de carbone appelée squelette de la molécule.
- un groupe d'atomes contenant OH, par exemple, appelé groupe caractéristique.
- un ensemble d'éléments carbonés attachés au squelette appelés substituants.

Groupes caractéristiques et familles de composés

Une famille chimique est constituée d'un ensemble de molécules possédant des propriétés similaires. Or ces propriétés sont dues à la structure de la molécule et plus particulièrement à des groupes d'atomes appelés groupes caractéristiques.

Groupe caractéristique	Famille	Commentaire
–OH	Alcool	Le plus connu est l'éthanol
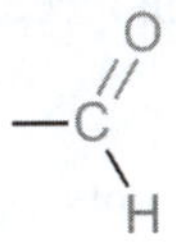	Aldéhyde	Le C=O est appelé groupe carbonyle. L'aldéhyde se caractérise par la présence d'un hydrogène associé au groupe carbonyle. Ce groupe caractéristique peut s'oxyder en acide carboxylique.
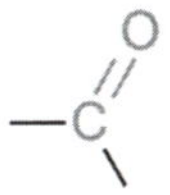	Cétone	À la différence d'un aldéhyde, une cétone ne possède d'hydrogène associé au groupe carbonyle. Ce groupe caractéristique ne peut pas s'oxyder en acide carboxylique.
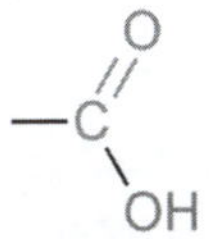	Acide carboxy-lique	Le groupe carbonyle est associé à un groupe OH et devient alors le groupe carboxyle. Ce composé n'est pas un alcool !

Remarque :

Si la molécule ne comporte que des atomes de carbones, liés entre eux par des liaisons covalentes simples, et des atomes d'hydrogènes celle-ci appartient à la famille des alcanes.

2. Éléments de nomenclature des entités organiques

Nom usuel d'une molécule organique

Jusqu'en 1892, date de la première nomenclature systématique, le nom des molécules organiques faisait référence à la source organique qui permettait d'obtenir le composé.

Exemple :

- l'acide formique : extrait de la fourmi.
- l'anisole : extrait de l'anis.
- le menthol et la menthone : extrait de la menthe…

Cependant cette nomenclature nécessite une connaissance simultanée du nom et de la structure de la molécule.

Nom systématique d'une molécule organique

Pour nommer plus facilement une molécule, l'IUPAC (International Union of Pure and Applied Chemistry) a imposé une série de règles. Ces règles permettent de définir un nom comportant (Préfixe)–Radical–Suffixe. Chacune de ces parties concernant une des sous-structures de la molécule précédemment énoncées.

Ensembles carbonés

Les ensembles carbonés constituent soit le squelette soit les substituants.

Nombre de carbones	Indication de chaîne
1	méth
2	éth
3	prop
4	but
5	pent
6	hex
7	hept
8	oct
9	non
10	dec

On se limite aux ensembles saturés c'est-à-dire ne comportant que des liaisons covalentes simples entre carbones. Cette limitation est précisée dans le nom en ajoutant la terminaison -an à l'indication de chaîne.

Pour les substituants, on utilise la précision -yl à l'indication de chaîne.

Remarque :

Lorsqu'on parle des chaînes ou des groupes substituants, on ajoute un -e.

Exemple :

CH_3–CH_2–OH présente un squelette à 2 carbones. Le nom de la molécule comporte l'indication éthan-. Par contre, il dérive d'une molécule appelée éthane (CH_3–CH_3)

La terminaison du nom systématique des molécules organiques

Le suffixe d'un nom systématique correspond à la famille chimique repérée par le groupe caractéristique.

Famille	Suffixe associé
Alcool	–ol
Aldéhyde	–al
Cétone	–one
Acide carboxylique	–oïque

Pour les acides carboxyliques, le nom systématique sera précédé de la mention acide.

Règles de nomenclatures

Une suite de règles simples permet de définir simplement le nom systématique d'une molécule organique.

1. On repère le groupe caractéristique de la molécule ainsi que le carbone mis en jeu avec celle-ci (C portant –OH ou C présent dans le carbonyle ou le carboxyle) appelé carbone fonctionnel.
2. On repère le squelette constituée de la plus longue chaîne carbonée passant par le carbone fonctionnel.
3. On repère les différents substituants associés au squelette.
4. On numérote les carbones du squelette pour que :
   a. Le carbone fonctionnel possède le plus petit numéro,
   b. À défaut pour que la somme des positions des substituants soit minimale.
5. Le nom comporte alors :
   a. Le préfixe s'il existe des substituants. Les différents substituants sont placés par ordre alphabétique chacun précédé de sa position. Si plusieurs substituants possèdent le même nom, on peut utiliser la précisions di–, tri–….
   b. Le radical correspondant au squelette,
   c. Le suffixe correspondant à la famille chimique précédé de la position du carbone fonctionnel pour les alcools et les cétones.

Une indication littérale et une indication numérique doivent être séparées par un tiret. Deux nombres successifs sont dans l'ordre et séparés par une virgule.

Exemples

Molécule	Règles IUPAC	Nom
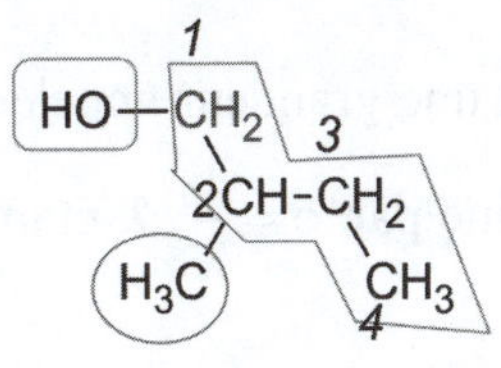	1. Le groupe caractéristique est –OH (ol). 2. Le squelette carboné possède 4 C (butane). 3. Il existe un substituant –CH_3 (méthyle). 4. On numérote le squelette de gauche à droite.	2-méthyl-butan-1-ol
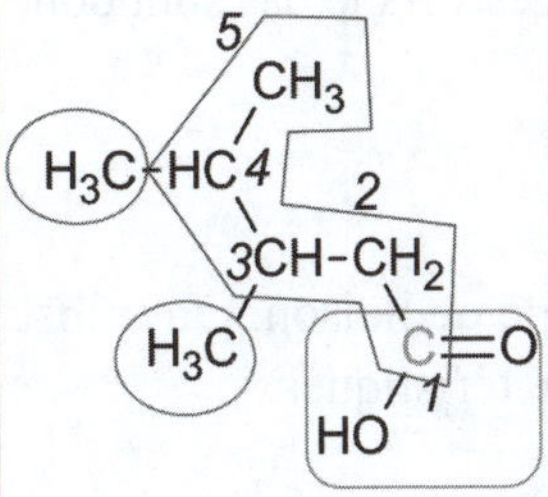	1. Le groupe caractéristique est le groupe carboxyle –COOH (acide …oïque) 2. Le squelette carboné possède 5C (pentane). 3. Il existe 2 substituants –CH_3 (méthyle). 4. On numérote le squelette de bas en haut.	Acide 3,4-diméthylpentanoïque

3. Un moyen d'identifier des groupes caractéristiques : la spectroscopie infrarouge

Spectroscopie infrarouge

La lumière infrarouge (longueur d'onde supérieure à 750 nm) peut être utilisée en spectroscopie. L'énergie apportée par une onde lumineuse peut interagir avec la matière. Selon les atomes mis en jeu, cette énergie apportée peut provoquer une modification détectable (absorption de la radiation lumineuse) de la molécule étudiée.

En balayant la gamme de longueur d'onde correspondant à l'infrarouge, on obtient un spectre caractéristique.

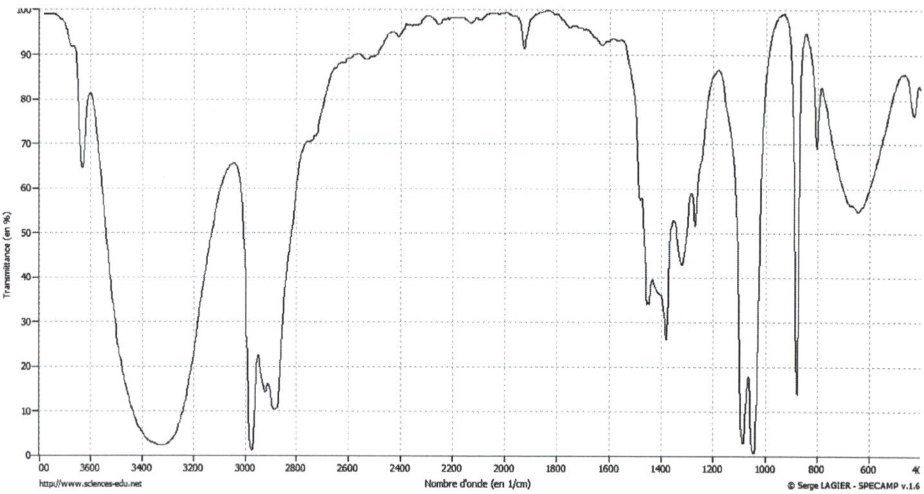

Spectre infrarouge de l'éthanol

Ce spectre présente deux caractéristiques :

- L'abscisse est orientée vers la gauche et correspond à une grandeur appelée nombre d'onde σ exprimé en cm–1 et qui se détermine par $\sigma = \dfrac{1}{\lambda}$, λ étant exprimé en cm.
- L'ordonnée est une transmittance en %. Les pics dirigés vers le bas sont donc les parties absorbées du spectre.

Comment identifier un groupe caractéristique ?

Chaque pic d'un spectre infrarouge correspond à un type de liaison. On utilise donc des tables permettant d'identifier des groupes caractéristiques.

Groupe cherché	Nombre d'onde en cm^{-1}	Forme caractéristique	Commentaire
–C–H	2850-3000	Intense et complexe	Caractéristique du squelette de la molécule
–O–H lié	3200-3600	Intense, large, simple et arrondie	Alcool en solution
–O–H libre	3500-3700	Moyenne à forte, étroite	Alcool en phase gazeuse
–C=O	1650-1750	Intense et étroite	Présente dans les groupes carbonyle et carboxyle
O=C–H	2750-2900	Moyenne 2 pics	Caractéristique des aldéhydes
O=C–O–H	2500-3300	Intense Large Simple et arrondie	Ce pic se superpose fréquemment aux pics du squelette.

Exemple d'analyse d'un spectre infrarouge

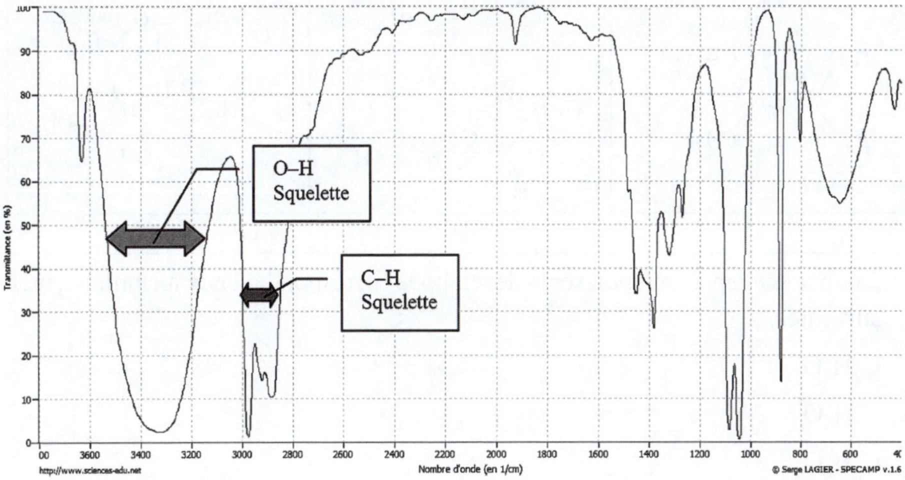

On repère :

- un squelette ;
- un groupe OH

On a donc une molécule qui correspond probablement à la famille des alcools.

Énoncés des exercices

* Exercice 1 — 10 min

Représentations moléculaires

1. Donner le nom de la représentation moléculaire pour chacune des molécules présentées ci-dessous.

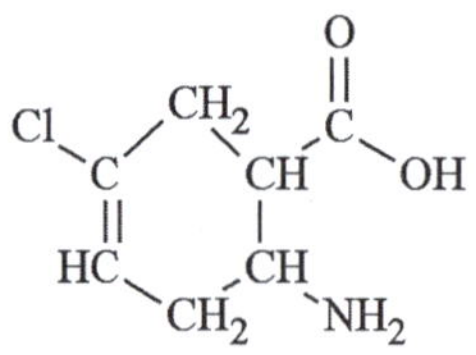	$C_7H_{10}NO_2C\ell$	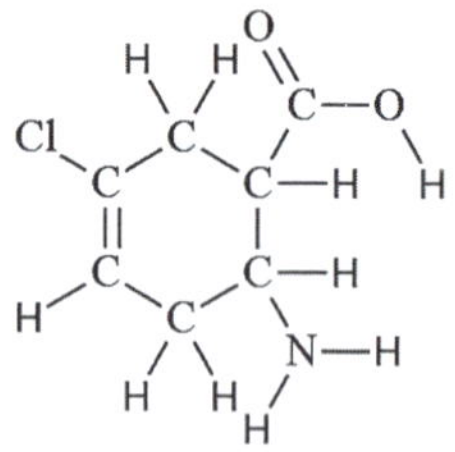
A	B	C

2. Donner la formule brute des molécules suivantes :

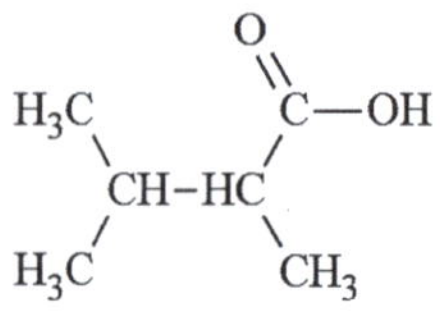	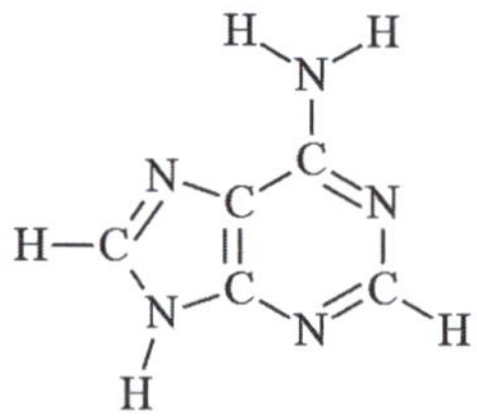	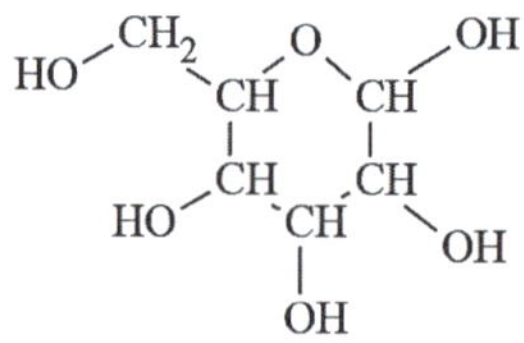
A	B	C

3. Donner une représentation semi-développée correspondant aux formules brutes suivantes.

C_2H_6O

C_3H_6O

$C_2H_4O_2$

* Exercice 2 — 15 min

Identifier des groupes fonctionnels

1. Repérer le ou les groupes fonctionnels présents dans les molécules présentées ci-après :

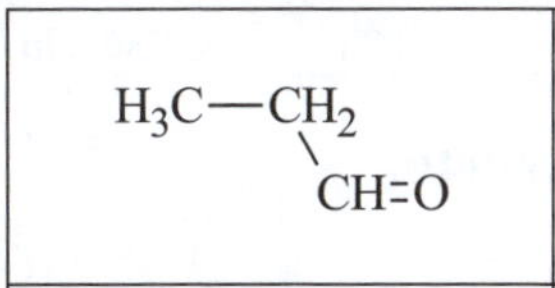	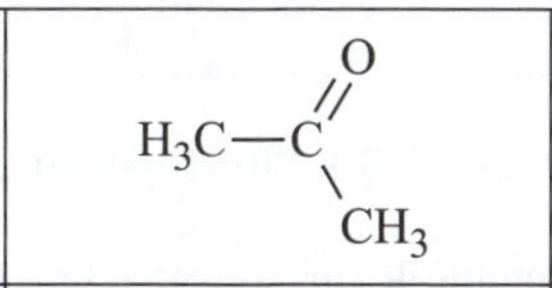	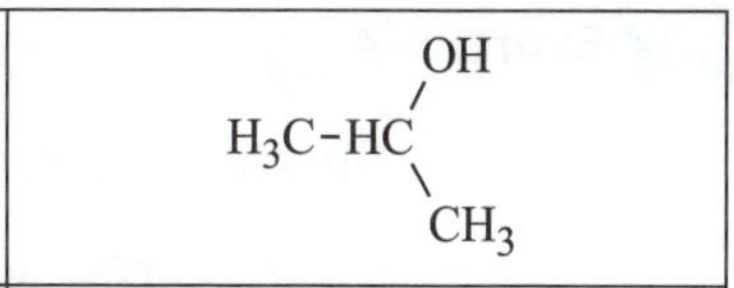
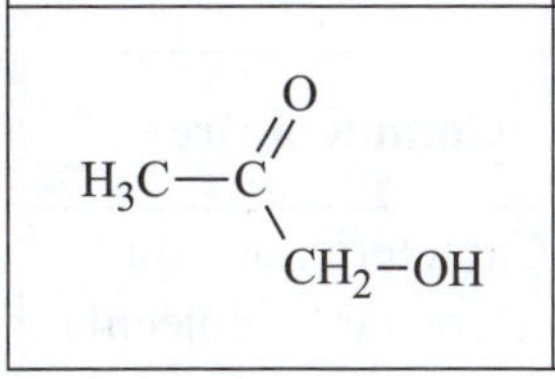	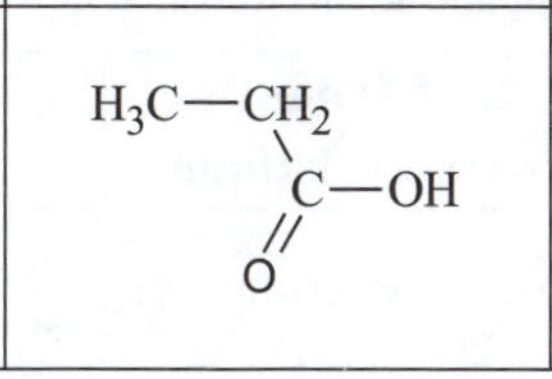	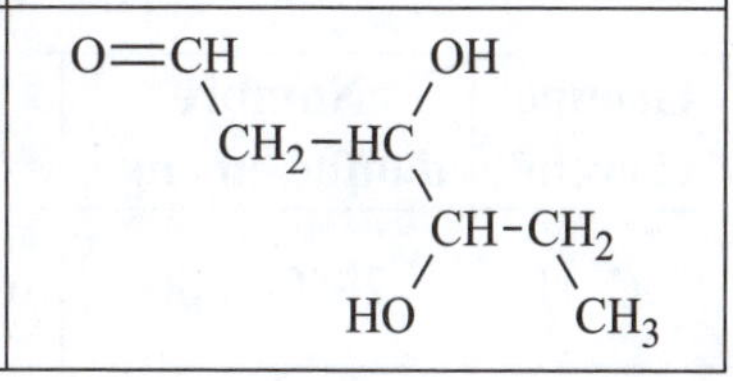

2. Indiquer la famille chimique à laquelle appartiennent les molécules suivantes :

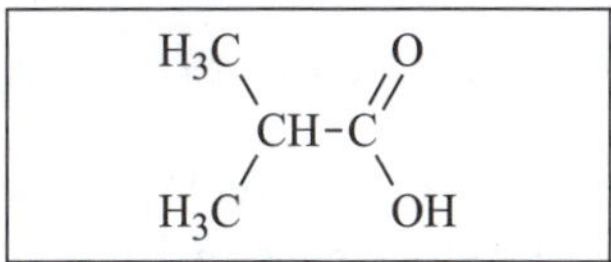	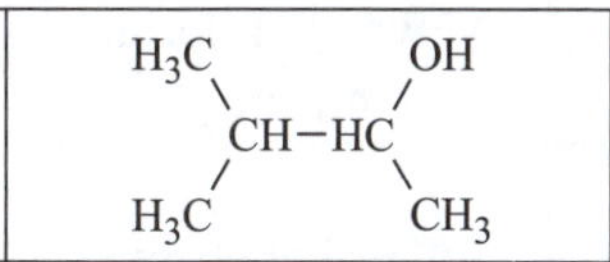	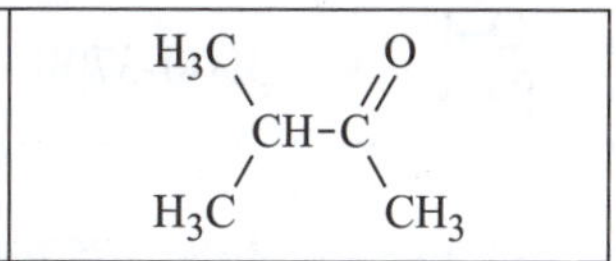
A	B	C

* Exercice 3

20 min

Nomenclature et molécules

1. Choisir parmi les noms proposés celui qui correspond à la représentation de la molécule.

	Molécule	Proposition de nom
A	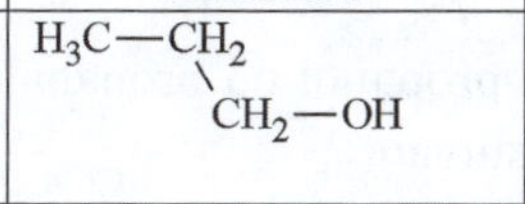	a. éthanol b. propan-1-ol c. 2-méthyléthanol
B	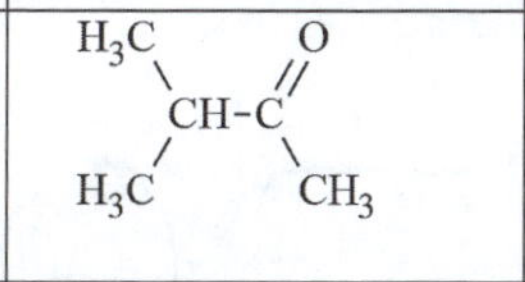	a. 3-méthylbutanal b. 3-méthylpropan-2-one c. 3-méthylbutan-2-one
C	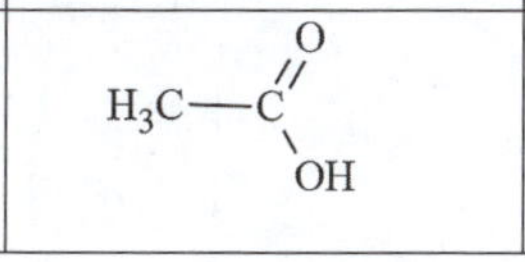	a. acide éthanoïque b. acide propanoïque c. propanal

2. Justifier le nom des molécules représentées ci-dessous.

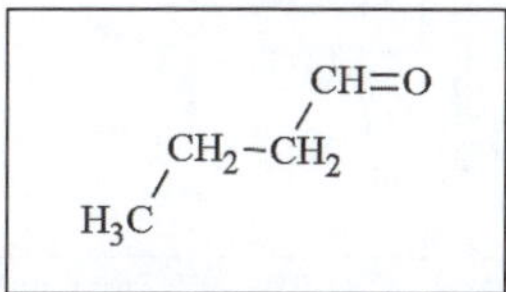	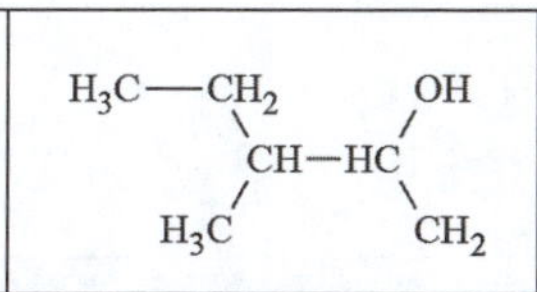	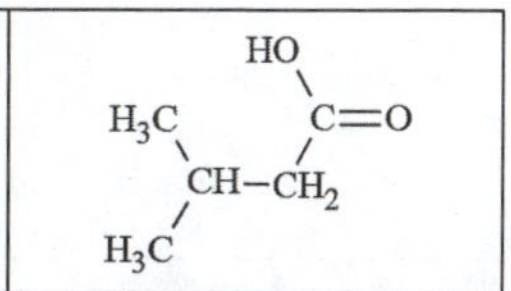
A : Butanal	B : 3-méthylpentan-2-ol	C : acide 3-méthylbutanoïque

Exercices

* Exercice 4

⏰ 30 min

Spectre infrarouge d'une composé organique

Table simplifié de spectroscopie IR

Groupe cherché	Nombre d'onde en cm^{-1}	Forme caractéristique	Commentaire
–C–H	2850-3000	Intense et complexe	Caractéristique du squelette de la molécule
–O–H lié	3200-3600	Intense, large, simple et arrondie	Alcool en solution
–O–H libre	3500-3700	Moyenne à forte, étroite	Alcool en phase gazeuse
–C=O	1650-1750	Intense et étroite	Présente dans les groupes carbonyle et carboxyle
O=C–H	2750-2900	Moyenne 2 pics	Caractéristique des aldéhydes
O=C–O–H	2500-3300	Intense Large Simple et arrondie	Ce pic se superpose fréquemment aux pics du squelette.

1. Dans la molécule de méthanol, quels pics caractéristiques peut-on retrouver dans son spectre infrarouge ?

2. Parmi les deux molécules suivantes, propanol ou propanal, quelle est celle correspondant au spectre infrarouge suivant ?

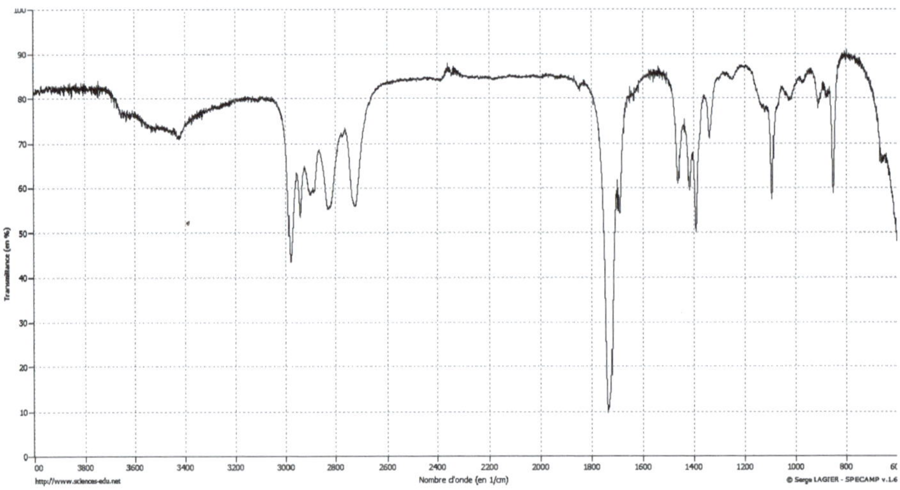

Contrôle

1 h · 10 points

Identification d'une molécule obtenue lors d'une synthèse chimique

L'oxydation de l'éthanol par le dioxygène de l'air en présence de cuivre conduit à un composé organique oxygéné de formule chimique $C_2H_xO_y$, où x et y sont des entiers.

Données :

Masse molaire de l'eau en $g{\cdot}mol^{-1}$: 18,0

Volume molaire des gaz dans les conditions de l'expérience : $V_m = 25{,}0\ L{\cdot}mol^{-1}$

Table simplifié de spectroscopie IR

Groupe cherché	Nombre d'onde en cm^{-1}	Forme caractéristique	Commentaire
–C–H	2850-3000	Intense et complexe	Caractéristique du squelette de la molécule
–O–H lié	3200-3600	Intense, large, simple et arrondie	Alcool en solution
–O–H libre	3500-3700	Moyenne à forte, étroite	Alcool en phase gazeuse
–C=O	1650-1750	Intense et étroite	Présente dans les groupes carbonyle et carboxyle
O=C–H	2750-2900	Moyenne 2 pics	Caractéristique des aldéhydes
O=C–O–H	2500-3300	Intense Large Simple et arrondie	Ce pic se superpose fréquemment aux pics du squelette.

1. Donner la représentation semi-développée de l'éthanol.

Pour déterminer les coefficients x et y, on réalise la combustion de 0,10 moles du composé organique inconnu. L'équation de la combustion s'écrit :

$$C_2H_xO_{y(g)} + \left(2 + \frac{x}{4} - \frac{y}{2}\right)O_{2(g)} \rightarrow 2\,CO_{2(g)} + \frac{x}{2}H_2O_{(l)}$$

2. Déterminer la quantité de matière d'eau produite par la combustion sachant que la masse de celle-ci est de 3,6 g.
3. Déterminer la quantité de matière en dioxygène nécessaire à cette combustion sachant que le volume de ce gaz est de 6,25 L.
4. Déterminer le coefficient x représentant le nombre d'hydrogène présent dans la molécule du composé organique inconnu.
5. Montrer que le coefficient y représentant le nombre d'oxygène est égal à 1.

Contrôle

6. Déduire des deux questions précédentes la formule brute du composé organique inconnu.

7. En donner en une représentation développée. À quelle famille chimique appartient cette molécule ?

8. Le spectre infrarouge ci-dessous confirme-t-il la famille chimique du composé inconnu ?

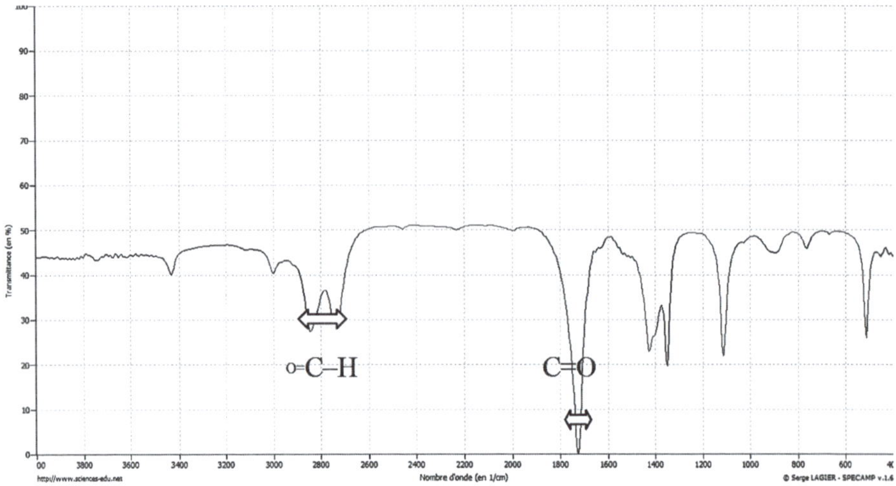

Corrigés exercices

Exercice 1

1. A : formule semi-développée

   B : formule brute

   C : formule développée

2. A : $C_6H_{12}O_2$

   B : $C_5H_5N_5$

   C : $C_6H_{12}O_6$

3. Voir le tableau ci-dessous

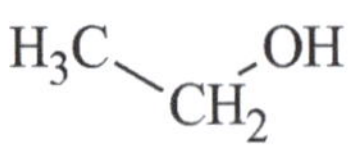	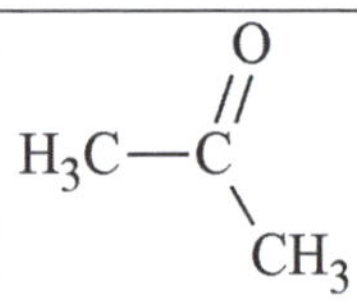	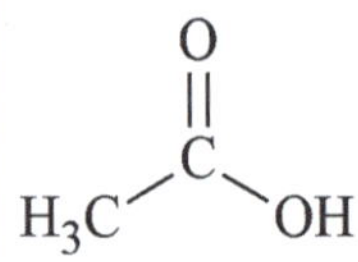
A	B	C

Exercice 2

1. Voir schéma ci-dessous

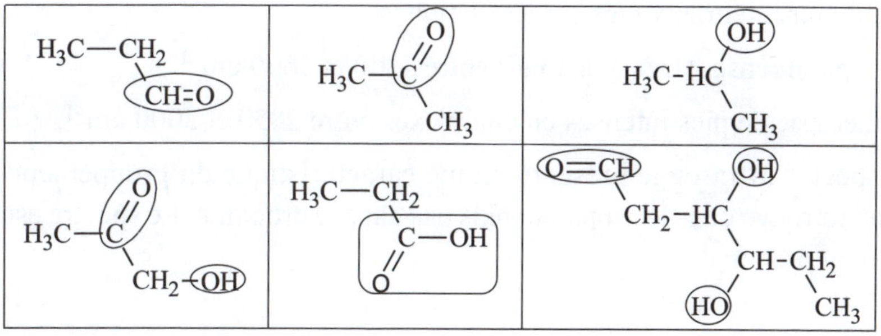

2. A : acide carboxylique

   B : alcool

   C : cétone

Exercice 3

1. A est un alcool sont le squelette comporte 3 atomes de carbone. Le nom correct est donc de b : propan-1-ol.

   B est une cétone dont le squelette comporte 4 atomes de carbone. Le nom correct est donc le c : 3-méthylbutan-2-one.

   C est un acide carboxylique à 2 atomes de carbone. Le nom correct est donc a : acide éthanoïque.

2. Le composé A : butanal :

   - est un aldéhyde donc une terminaison en –al ;
   - possède un squelette à 4 atomes de carbone donc butan-.

   Le composé B : 3-méthylpentan-2-ol :

   - est un alcool donc une terminaison –ol qui doit posséder le plus petit numéro possible, ici 2 donc 2-ol ;
   - possède un squelette à 5 atomes de carbone donc pentan- ;
   - porte un substituant à 1 atome de carbone sur la position 3 donc 3-méthyl.

   Le composé C : acide 3-méthylbutanoïque :

   - est un acide carboxylique donc commence par acide et possède une terminaison –oïque ;
   - possède un squelette à 4 atomes de carbone donc butan- ;
   - porte un substituant à 1 atome de carbone sur la position 3 donc 3-méthyl.

Exercice 4

1. Le méthanol est un alcool avec un squelette à 1 atome de carbone donc CH_3–. Il doit présenter deux pics caractéristiques :
   - un pic intense, large et arrondi entre 3200 et 3600 cm^{-1} ;
   - une série de pics intenses en complexes entre 2850 et 3000 cm^{-1}.
2. Le spectre infrarouge présente un pic caractéristique du groupement C=O qu'on retrouve dans le propanal mais pas dans le propanol. Le spectre est donc celui du propanal.

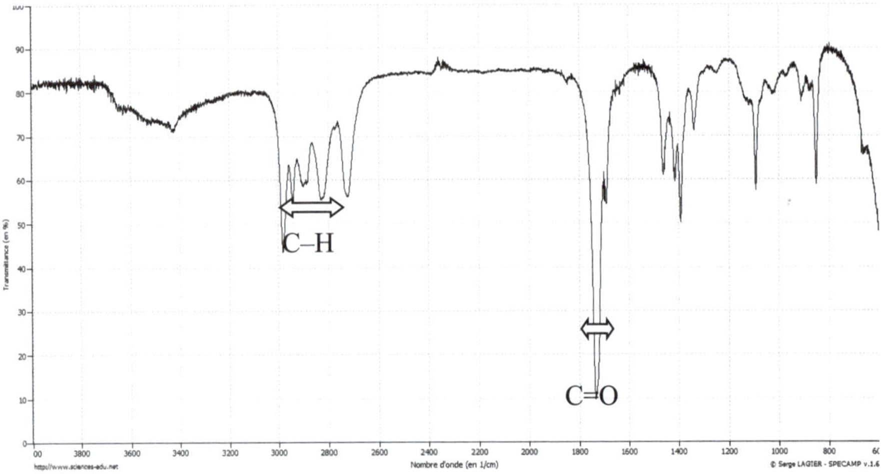

Corrigés contrôle

1. L'éthanol a pour représentation semi-développée : $CH_3–CH_2–OH$

   Pour déterminer les coefficients x et y, on réalise la combustion de 0,10 moles du composé organique inconnu. L'équation de la combustion s'écrit :

$$C_2H_xO_{y(g)} + \left(2 + \frac{x}{4} - \frac{y}{2}\right)O_{2(g)} \rightarrow 2\,CO_{2(g)} + \frac{x}{2}H_2O_{(l)}$$

2. La quantité de matière en eau se détermine par :

$$M = \frac{m}{n} \Rightarrow n = \frac{m}{M}$$

$$n = \frac{3,6}{18,0} = 0,20 \text{ mol}$$

   La quantité de matière d'eau produite par la combustion est donc de 0,20 moles.

3. Le volume de gaz se détermine par :

$$V_m = \frac{V}{n} \Rightarrow n = \frac{V}{V_m}$$

$$n = \frac{6,25}{25,0} = 0,25 \text{ mol}$$

La quantité de matière en dioxygène nécessaire à cette combustion est donc de 0,25 moles.

4. La combustion de 0,10 moles de composé organique inconnu libère 0,20 moles d'eau donc 1,0 moles de ce composé libérera 2,0 moles d'eau. D'après l'équation chimique, on en tire :

$$\frac{x}{2} = 2,0$$

$$x = 4$$

5. Comme à la question précédente, on sait que 1,0 mole de composé organique inconnu consomme 2,5 moles de dioxygène. D'après l'équation chimique, on a :

$$2 + \frac{x}{4} - \frac{y}{2} = 2,5$$

$$2 + \frac{4}{4} - \frac{y}{2} = 2,5$$

$$3 - \frac{y}{2} = 2,5$$

On trouve bien que y représentant le nombre d'oxygène est égal à 1.

6. D'après les résultats précédents, on obtient pour formule brute C_2H_4O.

7. La molécule obtenue appartient à la famille chimique des aldéhydes.

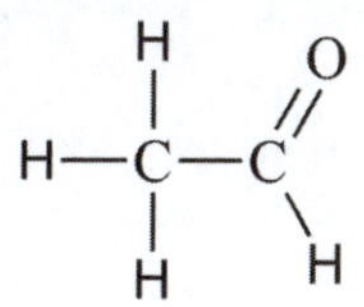

Corrigés

8. On retrouve sur le spectre la signature du groupement caractéristique aldéhyde par le C = O et le o=C–H. L'hypothèse avancée est donc vérifiée.

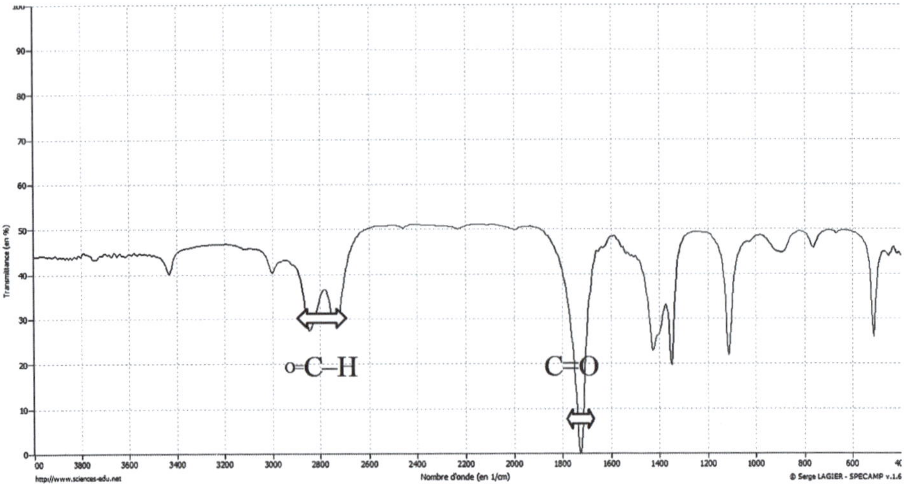

8 Synthèse d'espèces chimiques

1. Synthèse en chimie organique

De nombreuses molécules organiques peuvent être extraites de composés naturels (comme la vanilline) mais il est parfois nécessaire de les reproduire ou de créer de nouvelles molécules possédant des propriétés caractéristiques, c'est le rôle de la synthèse organique.

Toute synthèse nécessite des réactifs qui permettent l'obtention du composé cherché mais on obtient aussi généralement des coproduits. Ces derniers peuvent être valorisés mais ils peuvent également générer des déchets.

2. Déroulement d'une synthèse organique

Étapes d'une synthèse

Une synthèse complète se décompose en trois étapes principales :

- Transformation des réactifs afin d'obtenir le composé chimique d'intérêt (obtention d'un brut qui est un mélange complexe)
- Séparation et purification du composé synthétisé.
- Identification du composé synthétisé.

Chaque étape nécessite une ou plusieurs techniques adaptées à la nature des composés chimiques mis en jeu.

Un exemple concret: la synthèse de l'acide benzoïque

L'acide benzoïque est un conservateur (code E210) qu'on peut facilement obtenir par oxydation de l'alcool benzylique (ou phénylméthanol). Il existe différentes possibilités de synthèse mais une voie classique s'effectue en présence d'ion permanganate MnO_4^- en milieu basique.

Transformation des réactifs en produits

L'équation chimique modélisant cette étape est :

$$3\,C_6H_5CH_2OH_{(l)} + 4\,MnO_4^-{}_{(aq)} \rightarrow 3\,C_6H_5CO_2^-{}_{(aq)} + 4\,H_2O_{(l)} + 4\,MnO_{2(s)} + HO^-{}_{(aq)}$$

Composé chimique	Formule chimique	Présentation du composé	Pictogrammes de sécurité
Alcool benzylique	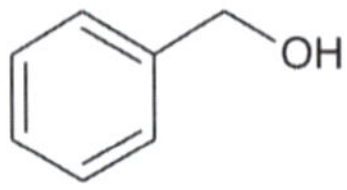	Liquide sirupeux $\theta_{fusion} = -15$ °C $\theta_{ébullition} = 205$ °C Légèrement soluble dans l'eau	
Permanganate de potassium	$KMnO_4$	Solide violet Solubilité dans l'eau : 64 g·L^{-1} à 20 °C	
Carbonate de sodium	Na_2CO_3	Solide blanc basique Solubilité dans l'eau : 213 g·L^{-1} à 20 °C.	
Acide benzoïque	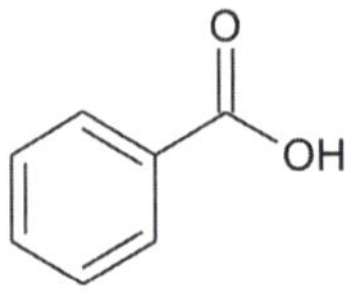	Solide blanc soyeux $\theta_{fusion} = 121\text{-}123$ °C $\theta_{ébullition} = 249$ °C Solubilité dans l'eau : 2,9 g·L^{-1} à 20 °C	
Benzoate de sodium	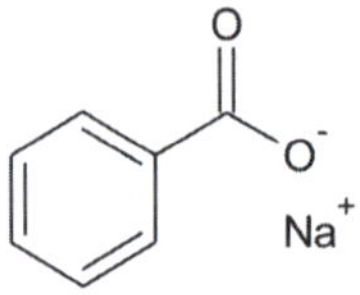	Solide blanc $\theta_{fusion} = 436$ °C Solubilité dans l'eau : 556 g·L^{-1} à 20 °C	
Dioxyde de manganèse	MnO_2	Solide marron Insoluble dans l'eau	

Le choix de la méthode de transformation, basée généralement sur un chauffage à reflux, s'effectue à partir des informations concernant les réactifs à utiliser.

Ici tous les réactifs sont solubles dans l'eau, on réalise donc un mélange réactionnel aqueux. On réalise le chauffage à reflux pendant environ 30 minutes.

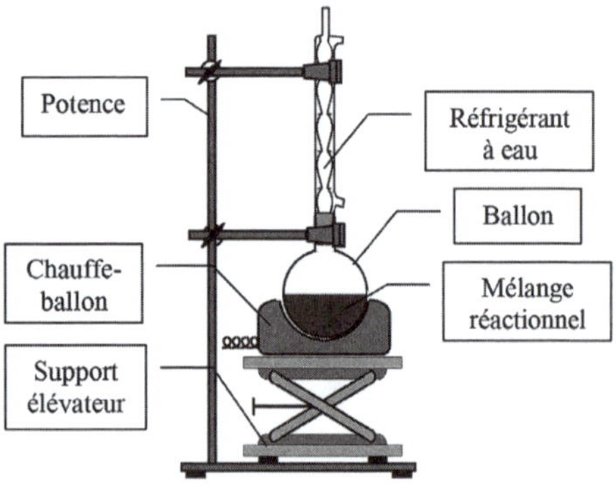

Principe de fonctionnement

Le mélange réactionnel est porté en température ce qui permet d'accélérer la transformation chimique.

Des grains de pierre ponce, de carborundum ou des billes de verre, régulent l'ébullition.

Les vapeurs formées s'élèvent dans le réfrigérant à eau, se condensent et retombent dans le ballon.

Il n'y a donc pas de pertes de composés chimiques.

Purification du brut pour obtenir l'acide benzoïque

Le contenu du ballon est donc un mélange complexe des produits formés et des réactifs n'ayant pas entièrement été consommés. Il est nécessaire de séparer le composé chimique d'intérêt du reste du mélange.

Il existe de nombreuses techniques de purification qu'on choisit en fonction de la nature du mélange et du composé à extraire.

Techniques de bases

a. *Séparation solide-liquide*

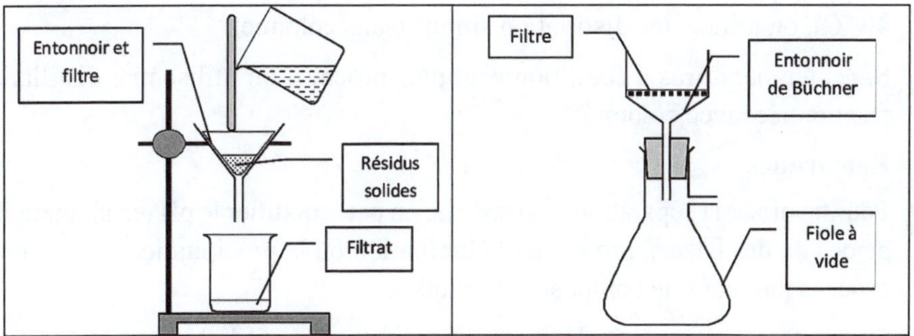

La filtration simple | La filtration sous pression réduite

La filtration sous pression réduite est plus rapide que la filtration simple mais sa mise en œuvre est plus complexe.

b. *Séparation liquide-liquide non miscibles*

Si deux liquides sont non miscibles, ils vont se séparer lors d'une décantation. Le liquide le plus dense composant la phase inférieure.

c. *Séparation liquide-liquide miscibles*

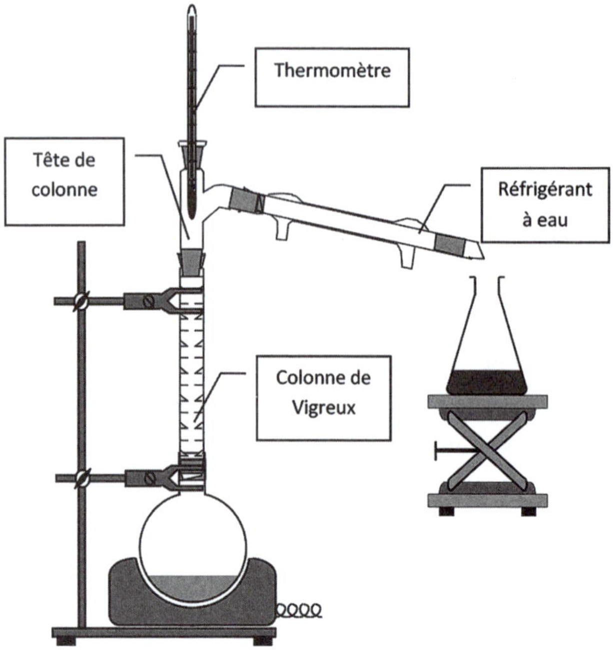

Si les températures des deux liquides miscibles sont très différentes (au moins 40 °C), on utilise une distillation simple (sans colonne).

Si les températures d'ébullition sont plus proches, on utilise une distillation fractionnée (avec colonne).

Remarques

Pour favoriser la séparation des espèces, on peut modifier le pH (en ajoutant des acides ou des bases), provoquer l'élimination ou la précipitation de certaines espèces par ajout de composés chimiques.

On peut également laver le composé synthétisé en utilisant un solvant dans lequel il n'est pas soluble contrairement aux impuretés.

Si le composé obtenu est solide, on le sèche à l'étuve à une température inférieure à la température de fusion du composé recherché.

Mise en application

Le brut obtenu est un liquide mélangé à un solide marron. Ce dernier est donc le dioxyde de manganèse. Le pH de ce liquide est élevé donc le composé synthétisé sera l'ion benzoate et non l'acide benzoïque. Afin d'obtenir ce dernier il faut donc procéder en différentes étapes :

- Séparation du dioxyde de manganèse solide du mélange donc FILTRATION.
- Apparition de l'acide benzoïque en milieu acide donc AJOUT D'ACIDE.
- Séparation de l'acide benzoïque du mélange donc FILTRATION.

- Élimination des impuretés donc LAVAGE A L'EAU (froide)
- SÉCHAGE du solide à l'étuve.

Identification de l'acide benzoïque

Une fois la purification terminée, il est indispensable de vérifier qu'il s'agit bien du composé recherché. On procède donc à son analyse.

Pour cela, on se base sur les caractéristiques physiques, chimiques ou spectrales du composé pur. Plus la pureté du composé synthétisé est importante, plus les grandeurs mesurées seront proche des valeurs de référence.

Techniques de bases

a. *Température de fusion (pour les solides)*

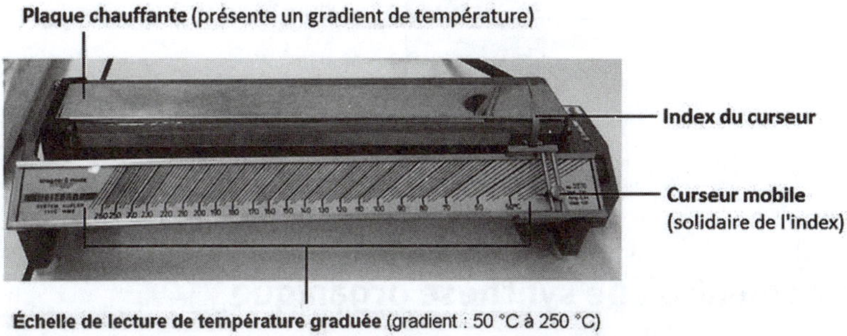

Après avoir étalonné le banc avec un solide de référence, on déplace progressivement le solide à tester de la zone froide de la plaque vers la zone chaude jusqu'à observer la fusion.

Si la température mesure s'écarte de plus de 5 °C de la valeur de référence, le solide est impur et doit être de nouveau traité.

b. *Indice de réfraction (pour les liquides)*

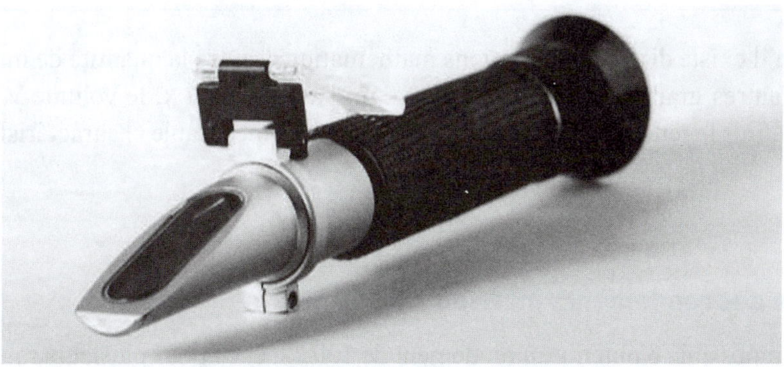

Wikipedia commons : Portable-Refractometer

L'interface liquide-verre provoque une réfraction dont on mesure l'angle. On en tire alors l'indice de réfraction.

c. *Chromatographie sur couche mince*

On utilise un éluant (mélange de solvants) qui va progresser dans la phase fixe. Les dépôts de différents composés chimiques, purs et à analyser, vont se dissoudre dans le solvant en migration. Selon l'affinité entre les composés chimiques et l'éluant, ils vont progresser plus ou moins facilement.

Si après élution, on observe une seule tache, le composé est pur sinon il présente des impuretés.

On détermine la composition du composé testé en comparant avec les taches situées à la même hauteur (rapport frontal).

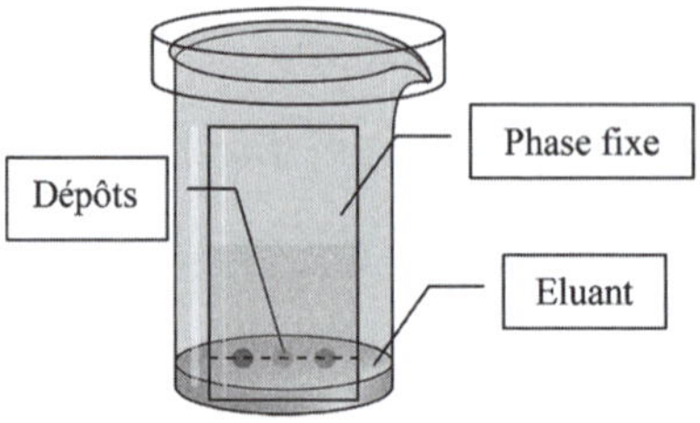

3. Rendement d'une synthèse organique

Définition

Le rendement η d'une synthèse correspond au rapport entre la quantité de matière en composé obtenu $n_{obtenue}$ à la fin de la synthèse et la quantité de matière du même composé attendue $n_{attendue}$ (valeur prévue grâce au tableau d'avancement) : $\eta = \frac{n_{obtenue}}{n_{attendue}}$.

Puisqu'il existe différentes relations mathématiques entre la quantité de matière n et d'autres grandeurs comme la masse m, l'avancement x, le volume V… on peut définir le rendement η à partir d'une grandeur mesurable G caractéristique.

$$\eta = \frac{G_{obtenue}}{G_{attendue}}$$

Cause des rendements inférieurs à 100 %

Il est impossible d'obtenir un rendement de 100 %, et ce pour plusieurs raisons :

1. la transformation chimique n'est pas toujours totale,
2. à chaque étape de la synthèse, il peut y avoir des pertes,
3. le composé testé n'est pas toujours pur.

Énoncés des exercices

* Exercice 1 ⏰ 15 min

Synthèse en chimie organique

On s'intéresse à la production de la cinnamone selon le protocole suivant :

a. Placer un ballon de 250 mL à fond plat dans un bain d'eau froide.

b. Introduire dans l'ordre :

- 30 mL de solution aqueuse de soude à 100 g/L ;
- 24 mL d'éthanol ;
- 3,0 mL de benzaldéhyde ;
- 0,9 g d'acétone.

c. Agiter doucement, il se forme un précipité au bout de quelques minutes.

d. Laisser sur agitation pendant environ 30 minutes.

e. Filtrer sous pression réduire.

f. Laver le précipité à l'eau glacée puis essorer le produit.

g. Peser le produit sec et prendre le point de fusion.

Données :

Solubilité de la cinnamone dans l'eau : à 20 °C faiblement soluble
à 0 °C quasiment insoluble.

1. Repérer les trois étapes de la synthèse de la cinnamone.
2. Justifier l'utilisation de l'étape e.
3. Pourquoi lave-t-on le précipité à l'eau froide ?
4. À l'étape g, quelle technique utilisée permet de validiter ou non la présence de la cinnamone ? Quel matériel peut-on utiliser lors de cette manipulation ?

* Exercice 2 ⏰ 20 min

Choisir une technique de purification

Dans une station d'épuration, on doit traiter une eau boueuse contenant des déchets solides, des composés organiques huileux et un solvant miscible à l'eau.

Données :

Densité :	Eau : 1,0	Composés organiques huileux : 0,9
Température d'ébullition :	Eau : 100 °C	Solvant miscible à l'eau : 125 °C

Exercices

1. Quelle technique faut-il mettre en œuvre pour éliminer les déchets solides. Justifier.

2. On souhaite éliminer le composé organique huileux par décantation. Schématiser et annoter une décantation au laboratoire. Préciser la composition des phases.

3. Après élimination des composés organiques huileux, on désire séparer l'eau du solvant. Choisir parmi, la distillation simple et la distillation fractionnée, la méthode de séparation adaptée. Préciser la nature du contenu du ballon à la fin de la distillation.

** Exercice 3 — 15 min

Valider le résultat d'une synthèse

La synthèse du paracétamol peut être modélisée par l'équation chimique suivante :

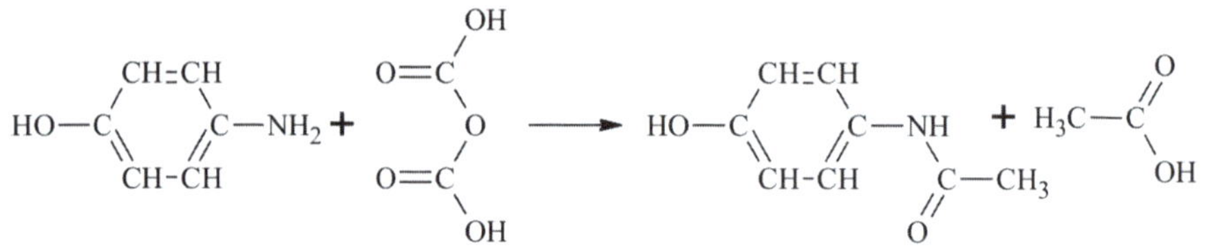

para-aminophénol — θ_{fusion} = 186°C

anhydride éthanoïque

paracétamol — θ_{fusion} = 171°C

acide éthanoïque

Informations :

L'anhydride éthanoïque et l'acide éthanoïque sont des liquides à température ambiante.

Le para-aminophénol a été introduit en excès.

Après la purification, on procède à l'analyse du composé obtenu. On réalise deux manipulations :

- une chromatographie sur couche mince (CCM) dont le chromatogramme révélé aux UV est fourni ci-après ;
- la mesure de la température de fusion à l'aide d'un banc Kofler et on obtient 177 °C.

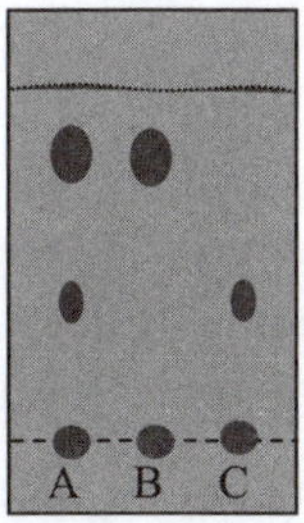

A : paracétamol synthétisé
B : paracétamol pur de référence
C : para-aminophénol pur de référence

1. En étudiant le chromatogramme indiquer, en le justifiant, si :
   a. du paracétamol a été synthétisé ;
   b. le composé synthétisé est pur.
2. La mesure de la température de fusion confirme-t-elle les résultats de la chromatographie sur couche mince. Argumenter.
3. Indiquer si le composé synthétisé peut être utilisé directement en tant que médicament.

** Exercice 4

30 min

Rendement d'une synthèse

1. La photosynthèse permet aux végétaux chlorophylliens de transformer le dioxyde de carbone et l'eau en glucose et dioxygène selon l'équation :

$$6\ CO_{2(g)} + 6\ H_2O_{(l)} \rightarrow C_6H_{12}O_{6(s)} + 6\ O_{2(g)}$$

La consommation de 1,00 mole de dioxyde de carbone conduit à la production effective de 0,15 moles de glucose. Quel est le rendement de cette transformation chimique ?

2. La fermentation alcoolique transforme le glucose en dioxyde de carbone et en éthanol selon l'équation :

$$C_6H_{12}O_{6(s)} \rightarrow 2\ C_2H_5\text{–}OH_{(l)} + 2\ CO_{2(g)}$$

La transformation de 0,20 moles conduit théoriquement à la production de 0,40 moles de dioxyde de carbone. Sachant qu'on mesure un volume de dioxyde de carbone réellement produit $V_{CO2} = 9,5$ L à 25 °C, quel est le rendement de cette fermentation ?

3. La recristallisation de $1,50 \cdot 10^{-2}$ moles de paracétamol permet d'obtenir une masse finale en produit pur de m = 1,82 g. Quel est le rendement de cette recristallisation ?

Données :

Volume molaire des gaz à 25 °C : $V_m = 25,0\ L \cdot mol^{-1}$.

Masse molaire du paracétamol : $M = 151\ g \cdot mol^{-1}$.

Contrôle

2 h · 20 points

Le baume du Pérou est réputé pour ses vertus cicatrisantes. Il permet également de lutter contre les parasites, les bactéries et les infections. Il favorise la cicatrisation. C'est aussi un anti-inflammatoire aux propriétés expectorantes.

Toutes les substances du baume du Pérou n'ont pas encore été identifiées, elles seraient une soixantaine au total. Parmi elles, on trouve la vanilline, le cinnamate de cinnamyle, l'acide benzoïque, l'alcool benzylique, ou encore le benzoate de benzyle.

Les données sont fournies à la fin de cet énoncé.

Exercice 1

50 min · 8 points

Synthèse du benzoate de benzyle au laboratoire

On mélange 7,32 g d'acide benzoïque à 15,0 mL d'alcool benzylique en présence d'un catalyseur, l'acide sulfurique. On chauffe le mélange à reflux pendant 30 minutes.

1. Schématiser et annoter le montage du chauffage à reflux.
2. Justifier que l'acide benzoïque est bien un acide carboxylique.
3. Montrer que la quantité de matière en acide benzoïque est de 60,0 mmol.
4. Compléter le tableau d'avancement ci-dessous.

Équation	$C_7H_6O_2$ +	C_7H_8O →	$C_{14}H_{12}O_2$	+ H_2O
État initial en mmol	60,0	140		
En cours de transformation				

5. En déduire que l'acide benzoïque est le réactif limitant de cette transformation.
6. Déterminer la quantité de matière maximale en benzoate de benzyle qu'on peut espérer synthétiser.

Exercice 2

1h10 · 12 points

Purification et analyse du benzoate de benzyle

Après refroidissement du ballon précédent, on verse le contenu de celui-ci dans une ampoule à décanter contenant 100 mL d'eau.

1. Schématiser l'ampoule à décanter et préciser la nature des différentes phases observables. Justifier clairement.

2. Après récupération de la phase inférieure, on mesure la masse benzoate de benzyle obtenue et on obtient une masse de 7,3 g. Déterminer le rendement correspondant de la transformation chimique et de cette première séparation.

On désire vérifier la pureté du benzoate de benzyle produit et identifier la nature de quelques impuretés potentielles. Pour cela, on réalise dans un premier temps une chromatographie sur couche mince dont le chromatogramme est donné ci-après.

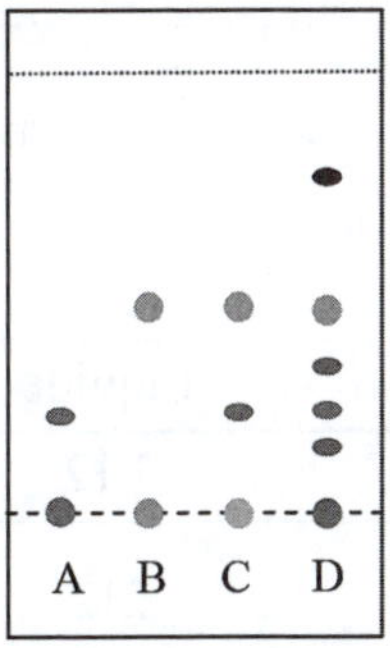

A : alcool benzylique pur de référence
B : benzoate de benzoate de benzyle pur de référence
C : benzoate de benzyle synthétisé
D : baume du Pérou

3. Justifier que la synthèse a bien produit du benzoate de benzyle mais que le composé obtenu n'est pas pur. Préciser la nature d'une des impuretés.

4. On a également réalisé un dépôt de baume du Pérou (dépôt) D sur la phase fixe. La migration de ce dépôt est-il cohérent avec les informations du texte introductif à ce contrôle ? Rédiger un argumentaire de quelques lignes.

On isole l'impureté identifiée lors de la chromatographie du benzoate de benzyle produit. On réalise le spectre infrarouge, présenté ci-après, de cette impureté.

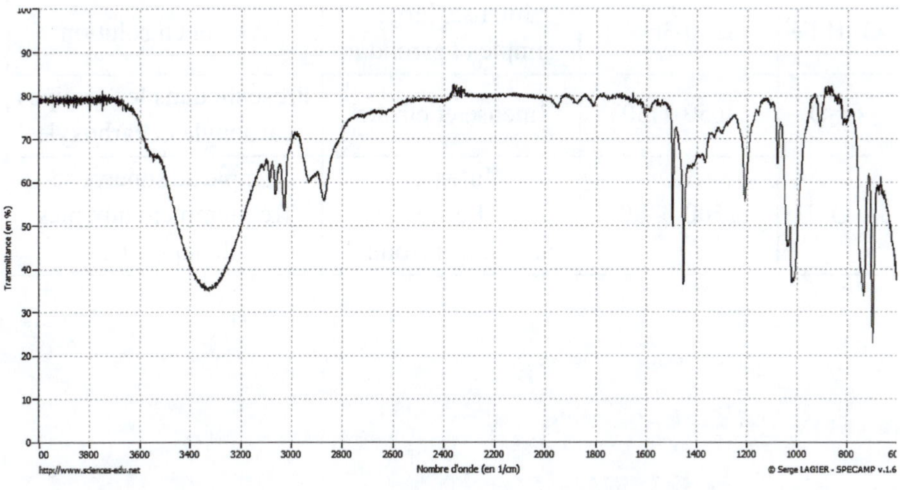

5. Ce spectre confirme-t-il la nature de l'impureté citée à la question 3 ? Une démarche claire est attendue.

6. Après avoir purifié de nouveau le benzoate de benzyle synthétisé, on obtient finalement une masse m = 6,9 g de ce composé. La transformation chimique étudiée est-elle totale ?

Données

Espèce chimique	Acide benzoïque	Alcool benzylique	Benzoate de benzyle
Formule	$C_7H_6O_2$	C_7H_8O	$C_{14}H_{12}O_2$
Représentation semi-développée	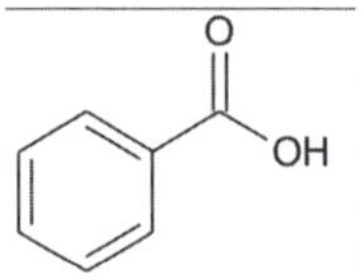	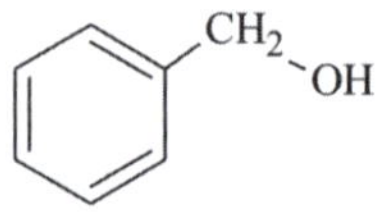	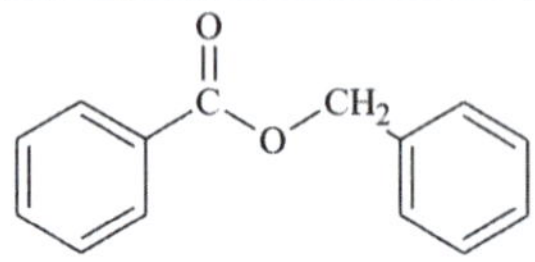
État à 20 °C	Solide	Liquide	Liquide
Densité	1,27	1,04	1,12
Masse molaire en g·mol^{-1}	122	108	212
Solubilité dans l'eau en g·L^{-1}	2,9	40,0	Insoluble

Table simplifiée de spectroscopie infrarouge

Groupe cherché	**Nombre d'onde en cm^{-1}**	**Forme caractéristique**	**Commentaire**
–C–H	2850-3000	Intense et complexe	Caractéristique du squelette de la molécule
–O–H lié	3200-3600	Intense, large, simple et arrondie	Alcool en solution
–C=O	1650-1750	Intense et étroite	Présente dans les groupes carbonyle et carboxyle
O=C–O–H	2500-3300	Intense Large Simple et arrondie	Ce pic se superpose fréquemment aux pics du squelette.

Contrôle

Corrigés exercices

Exercice 1

1. Une synthèse chimique comporte trois étapes :
   - La transformation des réactifs en produits : étapes a à d ;
   - La séparation et la purification : étapes e et f ;
   - Analyse du composé obtenue : étape g.
2. Les réactifs introduits sont des liquides alors que la cinnamone est solide. Il faut donc séparer un solide d'un liquide d'où l'utilisation d'une filtration (ici sous pression réduite).
3. La cinnamone est peu soluble dans l'eau. Lorsque celle-ci est froide, elle y est quasiment insoluble. Il est donc possible d'utiliser l'eau pour éliminer les impuretés hydrosolubles sans perdre de composé recherché.
4. Pour identifier la cinnamone qui est un solide, on détermine sa température de fusion. Pour cela, on utilise un banc Kofler par exemple.

Exercice 2

1. Pour séparer un solide d'un liquide, on utiliser une filtration. Après celle-ci, l'eau boueuse ne contiendra plus que de l'eau, des composés organiques huileux et un solvant miscible à l'eau.
2. Au laboratoire, on utilise une ampoule à décanter. Les phases se répartissent par densité. La plus dense constitue la phase inférieure (ici l'eau et le solvant miscible) et la moins dense la phase supérieure (ici les composés organiques huileux).

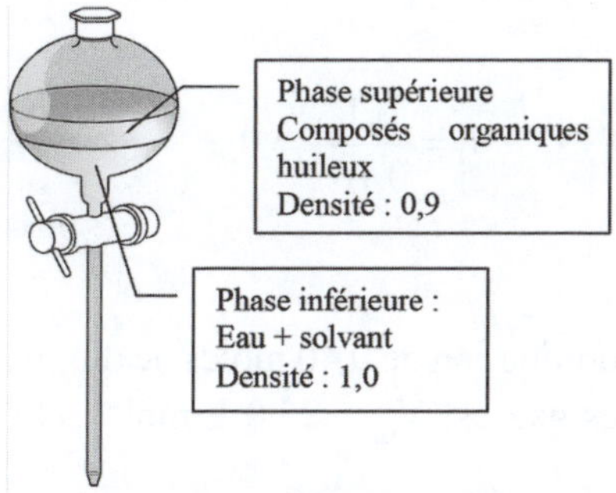

3. La séparation de deux liquides miscibles s'effectue par distillation. La différence de températures d'ébullition est de 25 °C. Cette valeur est inférieure à 40 °C dont il est préférable d'utiliser la distillation fractionnée.

   Lors de la distillation, c'est le composé le plus volatile qui est éliminé en premier (ici l'eau). À la fin de la distillation, le ballon contient donc le solvant.

Corrigés

Exercice 3

1. L'analyse du chromatogramme.

   a. Le composé synthétisé et purifié (A sur le chromatogramme) présente une tache située à la même hauteur que celle du paracétamol pur de référence (B). Du paracétamol a donc été synthétisé.

   b. Le composé synthétisé et purifié (A) présente deux taches donc ce composé n'est pas pur. On peut remarquer que la seconde tache se situe au même niveau que celle donnée par le para-aminophénol. Il a donc des impuretés dues à ce dernier composé.

2. La température de fusion du composé synthétisé est de 177 °C. Cette valeur est proche de celle du paracétamol mais elle s'écarte de plus de 5 °C. On peut émettre donc les mêmes hypothèses que précédemment c'est-à-dire la synthèse de paracétamol, mais le composé reste impur.

3. Le composé synthétisé ne peut être utilisé directement en tant que médicament car il contient des impuretés, notamment du para-aminophénol.

Exercice 4

1. D'après l'équation chimique, il se produit six fois moins de glucose que de dioxyde de carbone consommé. La consommation d'une mole de dioxyde de carbone devrait donc fournir

$$n = \frac{1,00}{6} = 0,167 \text{ mol}$$

Le rendement de cette transformation est donc de :

$$\eta = \frac{n_{obtenu}}{n_{attendu}}$$

$$\eta = \frac{0,15}{0,167} = 0,90$$

soit 90 %.

2. On devrait obtenir la production de 0,40 moles de dioxyde de carbone. À 25 °C le volume molaire des gaz est $V_m = 25,0 \text{ L·mol}^{-1}$. On devrait récupérer un volume de gaz de :

$$V = n \times V_m$$

$$V = 0,40 \times 25,0$$

$$V = 10 \text{ L}$$

Corrigés

Le rendement de cette fermentation est donc de :

$$\eta = \frac{V_{CO_2,\text{obtenu}}}{V_{CO_2,\text{théorique}}}$$

$$\eta = \frac{9,5}{10} = 0,95$$

soit 95 %.

3. On traite $1,5 \cdot 10^{-2}$ moles de paracétamol ce qui correspond à une masse de paracétamol de :

$$m = n \times M$$

$$m = 1,50 \cdot 10^{-2} \times 151$$

$$m = 2,27 \text{ g}$$

Le rendement de cette fermentation est donc de :

$$\eta = \frac{m_{\text{obtenu}}}{m_{\text{théorique}}}$$

$$\eta = \frac{1,82}{2,27} = 0,802$$

soit 80,2 %.

Corrigés contrôle

Exercice 1

1. Schéma annoté du montage de chauffage à reflux.

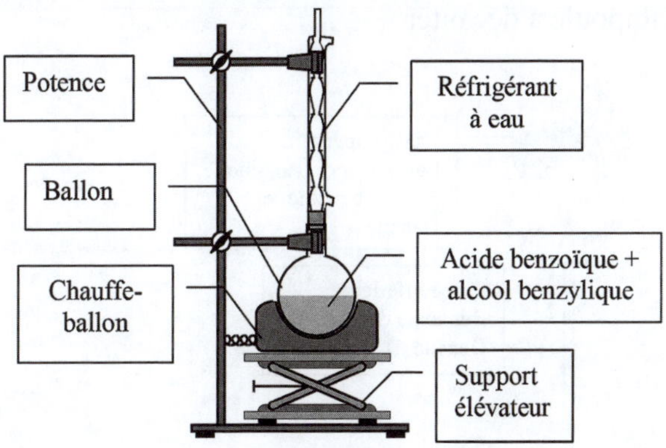

Corrigés

2. L'acide benzoïque possède un groupe caractéristique COOH c'est bien un acide carboxylique.

3. On utilise 7,32 g d'acide benzoïque donc on a une quantité de matière n :

$$n = \frac{m}{M}$$

$$n = \frac{7,32}{122} = 0,0600 \text{ mol}$$

On retrouve bien la valeur de 60,0 mmol.

4. Tableau d'avancement.

Équation	$C_7H_6O_2$ +	C_7H_8O →	$C_{14}H_{12}O_2$	+ H_2O
État initial en mmol	60,0	140	0	0
En cours de transformation	60,0 – x	140 – x	x	x

5. On recherche l'avancement maximum.

$$\begin{cases} \boxed{C_7H_6O_2} : 60,0 - x = 0 \\ \text{ou} \\ C_7H_8O : 140 - x = 0 \end{cases} \Rightarrow \begin{cases} \boxed{x = 60,0} \\ \text{ou} \\ x = 140 \end{cases}$$

L'avancement maximum vaut x_{max} = 60,0 mmol et le réactif limitant est bien l'acide benzoïque.

6. D'après le tableau d'avancement, on peut déduire que la quantité de matière en benzoate de benzyle maximale vaut 60,0 mmol.

Exercice 2

1. Schéma de l'ampoule à décanter.

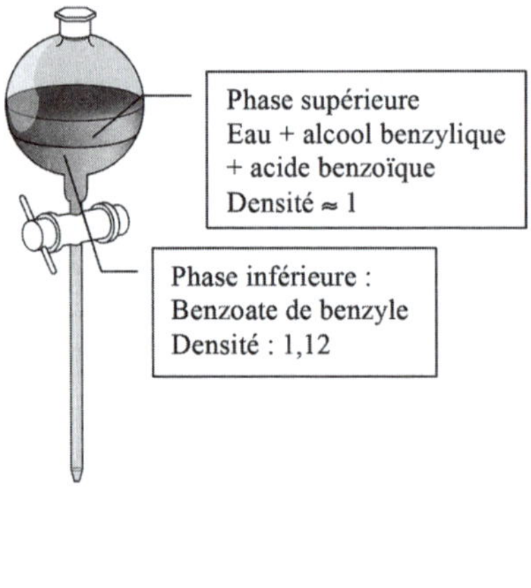

Corrigés

L'alcool benzylique et l'acide benzoïque qui n'auraient pas réagi sont solubles dans l'eau alors que le benzoate de benzyle ne l'est pas. Lors de la décantation, le solvant le plus dense constitue la phase inférieure, ici le benzoate de benzyle.

2. On devrait obtenir 60,0 mmol de benzoate de benzyle, ce qui correspond à une masse de :

$$m = n \times M$$

$$m = 60{,}0 \cdot 10^{-3} \times 212$$

$$m = 12{,}7 \text{ g}$$

Le rendement de cette synthèse est donc de :

$$\eta = \frac{m_{obtenu}}{m_{attendu}}$$

$$\eta = \frac{7{,}3}{12{,}7} = 0{,}57$$

soit 57 %.

3. Le benzoate de benzyle (composé C) présente deux taches de migration. On en conclut que le composé obtenu n'est pas pur. Une tache est à la même hauteur que celle du benzoate de benzyle, l'autre est à la même hauteur que celle de l'alcool benzylique.

   On a donc bien produit du benzoate de benzyle et une des impuretés est l'alcool benzylique.

4. Comme précédemment, le baume du Pérou présente une tache caractéristique de l'alcool benzylique et une autre caractéristique du benzoate de benzyle.

   Il présente également 3 autres taches correspondant à des espèces chimiques inconnues.

   Or dans le texte introductif il est précisé que le baume du Pérou contient de nombreuses espèces chimiques. La migration du dépôt permet donc d'illustrer les informations du texte introductif.

5. On suppose qu'une des impuretés est due à l'alcool benzylique.

   On recherche donc la signature du groupe –OH dans le spectre infrarouge : pic large, intense et arrondi entre 3200-3600 cm^{-1}.

   On trouve bien ce pic caractéristique de même que celui des C–H (caractéristique des squelettes) mais pas de pic associé à C=O. L'impureté est bien un alcool.

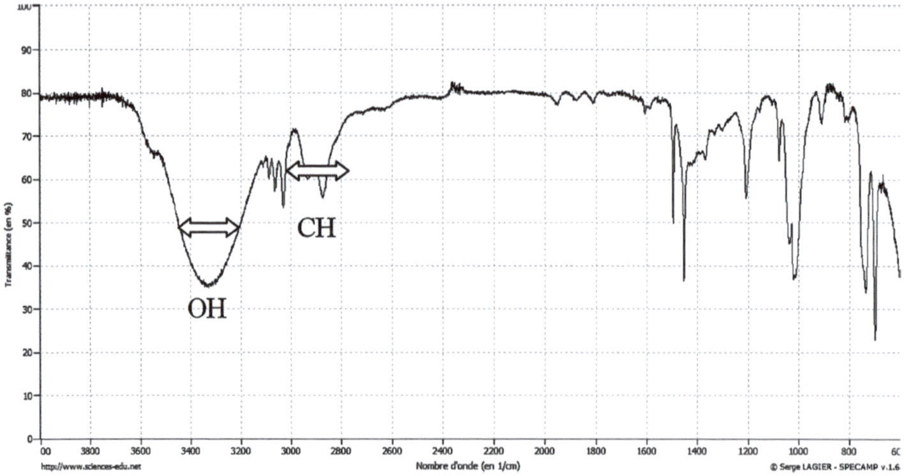

6. À la question 2, on a déterminé une masse attendue de 12,7 g de benzoate de benzyle. On obtient finalement une masse m = 6,9 g de ce composé. La transformation chimique étudiée n'est donc pas totale.

Corrigés

9 Énergie stockée dans la matière organique

1. La combustion

Combustibles organiques

Une combustion est une transformation chimique, entre un combustible et un comburant, qui libère de l'énergie sous forme de chaleur.

Les combustibles organiques sont le bois, les alcools ainsi que les dérivés du pétrole (y compris le gaz naturel). Tous ces combustibles ont un point commun, c'est la présence d'un squelette carboné.

Une combustion s'effectue généralement dans le dioxygène de l'air (comburant). Si cette combustion est complète, elle libère du dioxyde de carbone et de l'eau.

Modélisation de la combustion par une équation chimique

L'équation générale d'une combustion, qu'il faudra équilibrer, est donc :

$$\text{Combustible} + \text{Comburant} \rightarrow CO_2 + H_2O$$

La combustion peut s'expliquer par une transformation d'oxydoréduction où le combustible est le réducteur et le comburant l'oxydant.

L'équation de combustion du méthane s'écrit :

$$CH_{4(g)} + 2\ O_{2(g)} \rightarrow CO_{2(g)} + 2\ H_2O_{(g)}$$

On peut considérer que les couples d'oxydoréduction mis en jeu sont :

Combustible : $CO_{2(g)} / CH_{4(g)}$ Comburant : $O_{2(g)} / H_2O_{(g)}$

$$O_{2(g)} + 4e^- + 4H^+ \rightarrow 2H_2O_{(g)} \qquad \text{x2}$$

$$CH_{4(g)} + 2H_2O_{(g)} \rightarrow CO_{2(g)} + 8e^- + 8H^+$$

$$\overline{CH_{4(g)} + 2O_{2(g)} \rightarrow CO_{2(g)} + 2H_2O_{(g)}}$$

On retrouve bien l'équation attendue.

Résumés de cours

2. Énergie mise en jeu lors d'une combustion

Énergie libérée lors d'une combustion

L'énergie libérée E_{lib} lors d'une combustion s'exprime en Joule (J). Par convention une énergie libérée vers le milieu extérieur est négative alors qu'une énergie fournie par le milieu extérieur est positive.

Afin de comparer les différents combustibles, on utilise plutôt :

- l'énergie molaire de réaction E_{mol}, exprimé en $J.mol^{-1}$, qui représente l'énergie libérée par la combustion complète d'une mole de combustible donc $E_{mol} = \frac{E_{lib}}{n}$;
- le pouvoir calorifique massique P_C, exprimé en $J.kg^{-1}$, qui représente l'énergie libérée par la combustion complète d'un kilogramme de combustible $P_C = \frac{E_{lib}}{m}$.

Exemple :

La combustion complète de 10 g de méthane libère une énergie E_{lib} = 500 kJ.

Le pouvoir calorifique massique du méthane est donc de :

$$P_C = \frac{E_{lib}}{m}$$

$$P_C = \frac{500 \text{ kJ}}{10 \cdot 10^{-3} \text{ kg}}$$

$$P_C = 50 \text{ MJ} \cdot \text{kg}^{-1}$$

L'énergie molaire de réaction se détermine par :

$$E_{mol} = \frac{E_{lib}}{n} \text{ or } n = \frac{m}{M}$$

donc on a :

$$E_{mol} = \frac{E_{lib}}{m} \times M .$$

$$E_{mol} = \frac{500}{10} \times 16{,}0$$

$$E_{mol} = 800 \text{ kJ} \cdot \text{mol}^{-1}$$

Modification lors d'une combustion

L'équation de combustion indique les états initiaux et finaux des différents composés chimiques.

Au niveau microscopique, la structure moléculaire change profondément. De nombreuses liaisons chimiques sont brisées et d'autres formées.

On peut imaginer un état intermédiaire fictif qui serait composé de l'ensemble des atomes obtenus par dissociation des réactifs. Ces atomes se recombinant pour former les produits finaux.

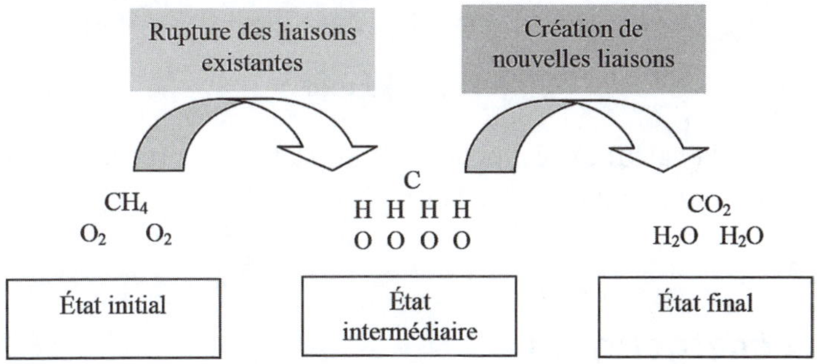

L'énergie de liaison : un moyen de stockage de l'énergie

L'énergie de liaison

Pour maintenir une liaison entre un atome X et un atome Y, il est nécessaire de monopoliser de l'énergie. On l'appelle énergie de liaison notée $E_\ell(X–Y)$.

Elle est définie positivement comme l'énergie qu'il faut fournir pour **rompre** la liaison X–Y.

Par conséquent, si la même liaison X–Y se forme, elle libère une énergie égale à $-E_\ell(X–Y)$.

Table de quelques énergies (molaires) de liaisons

Liaison	Énergie de liaison en $kJ.mol^{-1}$	Liaison	Énergie de liaison en $kJ.mol^{-1}$
C–H	414	O–H	464
C–C	347	O=O	502
C–O	351	C=O	795 (pour CO_2)

Déterminer une énergie molaire de combustion à partir des énergies de liaisons

En effectuant une étude des transformations, on peut déterminer l'énergie molaire libérée par une combustion. Il suffit d'effectuer le bilan des ruptures et formation de liaisons au niveau énergétique.

Pour la combustion du méthane : $CH_{4(g)} + 2\ O_{2(g)} \rightarrow CO_{2(g)} + 2\ H_2O_{(g)}$

État initial	Rupture de liaisons	État intermédiaire fictif	Formation de liaison	État final
$CH_{4(g)}$ $2\ O_{2(g)}$	4 C–H 2 O=O	1 C 4 H 4 O	2 C=O 4 O–H	$CO_{2(g)}$ $2\ H_2O_{(g)}$

On obtient donc :

$$E_{mol} = [4 \times E_\ell(C\text{–}H) + 2 \times E_\ell(O\text{=}O)] + [2 \times -E_\ell(C\text{=}O) + 4 \times -E_\ell(O\text{–}H)]$$

$$E_{mol} = [4 \times 414 + 2 \times 502] - [2 \times -795 + 4 \times -464]$$

$$E_{mol} = -786\ kJ.mol^{-1}$$

On retrouve bien la valeur expérimentale de 800 $kJ.mol^{-1}$ précédemment établie (le signe négatif indiquant bien que l'énergie est libérée).

3. Enjeux énergétiques

Impacts des combustions sur l'environnement

La combustion est utilisée par l'homme depuis la nuit des temps. On a utilisé dans un premier temps le bois, le charbon puis le pétrole d'abord pour se chauffer, s'éclairer, cuire ses aliments puis dans d'autres nombreux domaines comme le transport.

Depuis 1850, la révolution industrielle a provoqué une consommation en hausse constante des combustibles fossiles. Ces combustibles libérant de grandes quantités de dioxyde de carbone dans l'atmosphère.

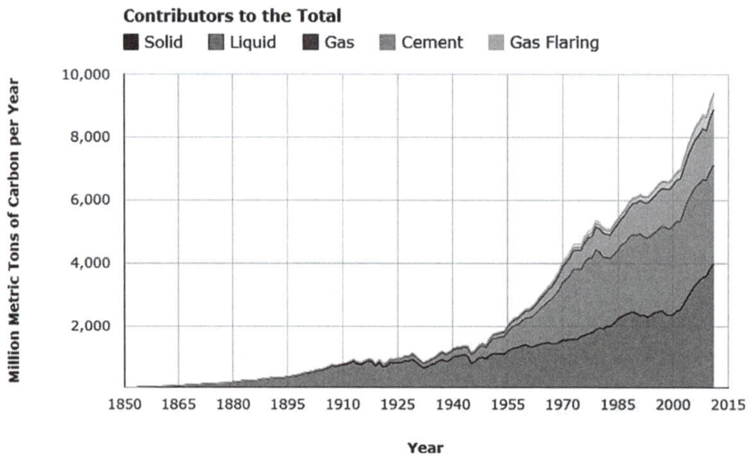

Masse de CO_2 libérée par la combustion d'énergie fossile depuis 1850.

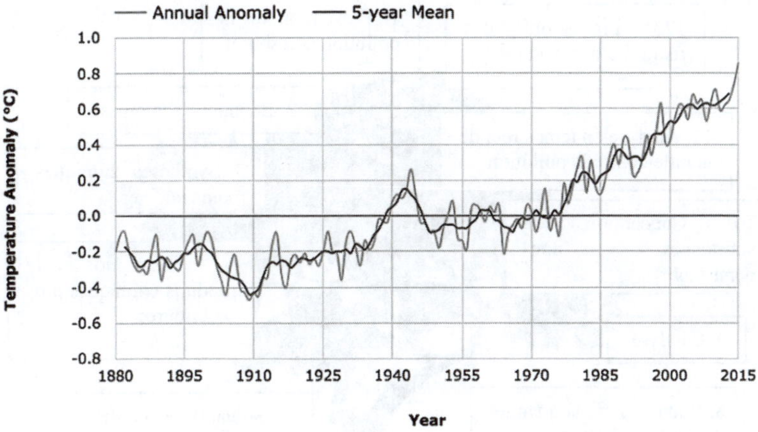

Anomalies des températures globales annuelles
Source : Cdiac

Ces deux courbes montrent bien l'impact des combustions sur la libération de CO_2 dans l'atmosphère. Ce gaz est un des gaz à effets de serre (GES) et il contribue au réchauffement climatique global.

D'autres part, la combustion d'un combustible peut libérer nombres d'autres composés chimiques plus ou moins nocif comme :

- les oxydes de carbone CO_x.
- les oxydes d'azote NO_x qui génère des gaz irritants pour les voies respiratoires.
- le dioxyde de soufre SO_2 qui rend les pluies acides.
- les particules fines PM 2,5 (moins de 2,5 μm) qui sont des résidus en suspension dans l'air …

Énergie et développement durable

Afin de limiter le dérèglement climatique, il convient d'éviter le rejet des GES dans l'atmosphère. Deux phénomènes sont en compétition :

- rejets de CO_2 essentiellement dus à l'activité humaine.
- capture du CO_2 généralement par l'activité biologique et les océans.

Dans le domaine de la chimie, on intègre le développement durable par l'intermédiaire de la chimie verte qui s'appuie sur douze principes :

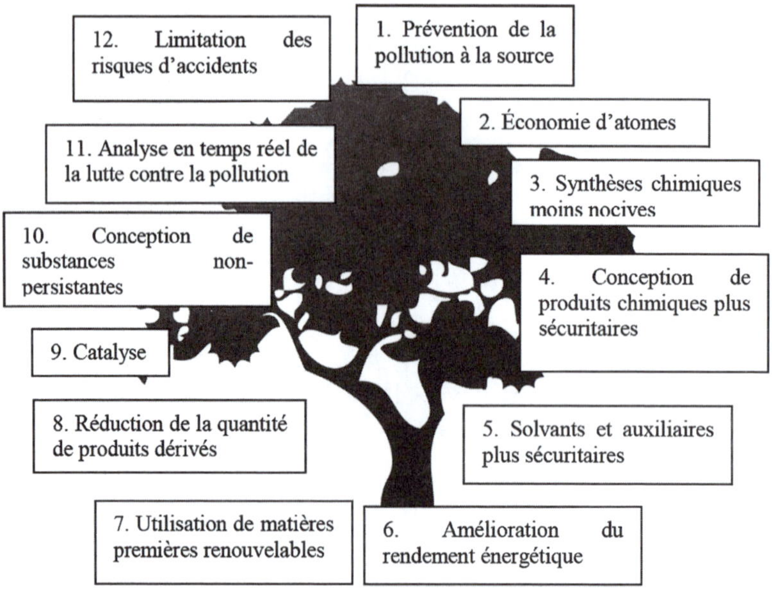

Un exemple représentation est la synthèse de la synthèse de l'ibuprofène.

Deux voies de synthèse sont possibles : le procédé BOOTS et le procédé BHC.

Procédé	**Économie d'atomes**	**Nb d'étapes**	**Coproduits**
Boots	40 %	6	Dérivés chlorés
BHC	77,4 %	3	Acide éthanoïque

On remarque que le procédé BHC est plus respectueux de l'environnement car il permet de valider les principes 1,2,6 et 8 de la chimie verte.

Plusieurs principes sont transposables dans d'autres domaines de l'écologie :

- l'amélioration du rendement énergétique permet de limiter la consommation de ressources. Ainsi, le rendement d'une chaudière des années 2000 avait un rendement de 70 % pour un rendement actuel de l'ordre de 95 %
- l'utilisation de matières premières renouvelables permet de s'approcher de la neutralité en carbone. La combustion d'un bois peut être compensée par la pousse de nouveaux arbres qui serviront ultérieurement de combustible.

Énoncés des exercices

* Exercice 1

⏱ 25 min

Combustion d'un carburant

Depuis quelques années, les voitures peuvent rouler en utilisant différents carburants comme le E5 (ex SP95-98) ou le E85 (ex super éthanol).

Données :

Carburant	E5	E85
Masse moyenne d'un litre de carburant en kg	0,75	0,79
Masse molaire moyenne en g·mol^{-1}	112	46
Consommation moyenne en L/100 km	7,5	9,5

1. Le E5 est un mélange complexe de nombreux hydrocarbures. On peut considérer que sa composition moyenne est C_8H_{16}. Écrire et équilibrer l'équation modélisant la combustion du E95.
2. Le E85 contient essentiellement de l'éthanol. Écrire et équilibrer l'équation modélisant la combustion du E95.
3. Dans les deux cas, calculer la quantité de matière en dioxyde de carbone libérée par litre de carburant.
4. Quel carburant est le plus émetteur de CO_2 au 100 km ?

* Exercice 2

⏱ 30 min

Pouvoir calorifique massique d'une bougie chauffe-plats

Il existe des appareils individuels de cuisson de raclette fonctionnant avec une bougie chauffe-plats. Cette bougie est essentiellement constituée d'acide stéarique.

On réalise l'expérience suivante :

- Placer 100 g d'eau dans un récipient.
- Peser la bougie avant l'expérience.
- Mesurer la température initiale.
- Allumer la bougie et la laisser fonctionner jusqu'à obtenir une augmentation de température $\Delta\theta = 20$ °C.
- Éteindre la bougie et la peser de nouveau.

Données :

Formule de la chaleur : $Q = m \times C \times \Delta\theta$,

avec m en g, C en J·g^{-1}·°C^{-1} et $\Delta\theta$ en °C

Exercices

$C_{eau} = 4{,}185\ J{\cdot}g^{-1}{\cdot}°C^{-1}$

Masse de la bougie : $m_{avant} = 1{,}97\ g$ $m_{après} = 1{,}03\ g$

1. Calculer l'énergie Q reçue par l'eau pendant l'expérience.

2. En supposant que toute l'énergie de combustion libérée a été transmise à l'eau, déterminer sa valeur E_{lib}.

3. En déduire le pouvoir calorifique massique expérimental de l'acide stéarique de la bougie.

4. Le pouvoir calorifique théorique de l'acide stéarique est $P_C = 11{,}28\ kJ{\cdot}g^{-1}$. Déterminer le rendement énergétique du dispositif expérimental.

** Exercice 3 — 45 min

Calculer des énergies de combustion

Calculer les énergies de combustion correspondant aux équations chimiques suivantes.

Données :

Table de quelques énergies (molaires) de liaisons

Liaison	Énergie de liaison en $kJ{\cdot}mol^{-1}$	Liaison	Énergie de liaison en $kJ{\cdot}mol^{-1}$
C–H	414	O–H	464
C–C	347	O–O	142
C=C	615	O=O	502
C–O	351	C=O	795 (pour CO_2) sinon 730

1. Combustion du carbone C :

$$C_{(s)} + O_{2(g)} \rightarrow CO_{2(g)}$$

2. Combustion du propane $CH_3–CH_2–CH_3$:

$$C_3H_{8(g)} + 5\ O_{2(g)} \rightarrow 3\ CO_{2(g)} + 4\ H_2O_{(l)}$$

3. Combustion du but-1-ène : $CH_2{=}CH–CH_2–CH_3$:

$$C_4H_{8(g)} + 6\ O_{2(g)} \rightarrow 4\ CO_{2(g)} + 4\ H_2O_{(l)}$$

4. Combustion de l'éthanol $CH_3–CH_2–OH$:

$$C_2H_6O_{(l)} + 3\ O_{2(g)} \rightarrow 2\ CO_{2(g)} + 3\ H_2O_{(l)}$$

5. Combustion du thréose

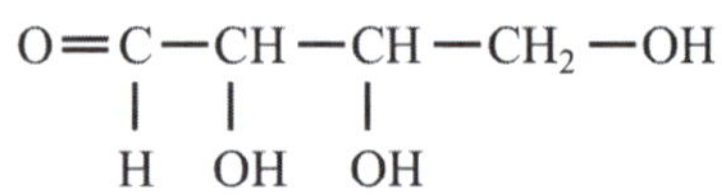

$$C_4H_8O_{4(s)} + 4\ O_{2(g)} \rightarrow 4\ CO_{2(g)} + 4\ H_2O_{(l)}$$

** Exercice 4

⏱ 20 min

Choisir un procédé de synthèse

On désire choisir la meilleure méthode de synthèse de l'éthanoate d'éthyle conformément aux critères de la chimie verte. On dispose de deux voies de synthèses présentées ci-dessous.

	Équation chimique	**Nb d'étapes de la synthèse**	**Autres**
Synthèse de Fischer	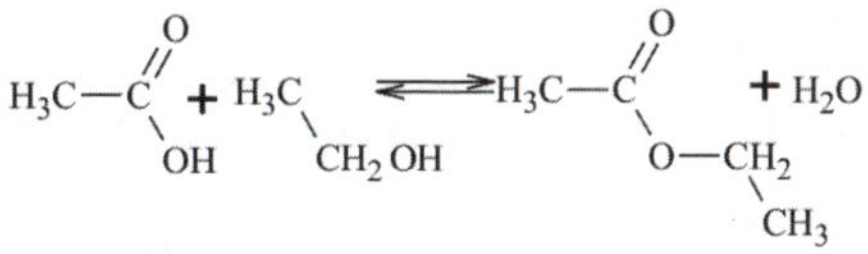	5	Lente Rendement 67 % Catalyse nécessaire
Synthèse par anhydride	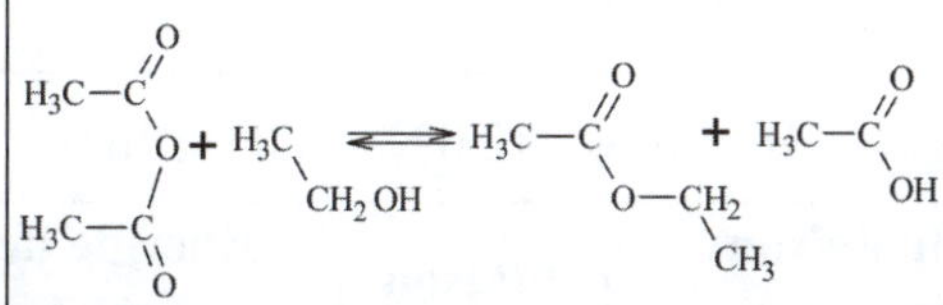	4	Rapide Rendement 99 % Catalyse non nécessaire

Composé	Acide éthanoïque	Éthanol	Éthanoate d'éthyle	Eau	Anhydride éthanoïque
Formule chimique	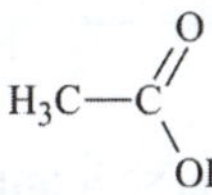	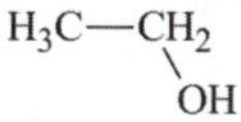	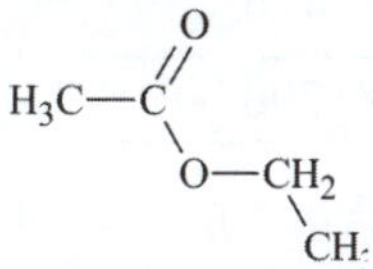	H_2O	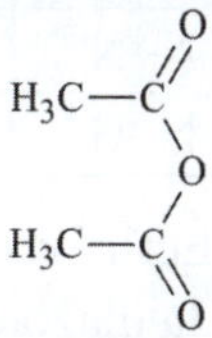
Formule brute	$C_2H_4O_2$	C_2H_6O	$C_4H_8O_2$	H_2O	$C_4H_6O_3$
Masse molaire en g·mol^{-1}	60	46	88	18	102

Calcul de l'économie d'atomes : $EA = \dfrac{M(\text{composé recherché})}{\sum M(\text{réactifs})}$

1. Calculer l'économie d'atomes EA pour chaque voie de synthèse.

2. En analysant les douze principes de la chimie verte, choisir la synthèse à privilégier pour produire l'éthanoate d'éthyle.

Contrôle

1 h · 10 points

Propulsion d'Ariane

Le premier étage de la fusée Ariane IV utilise des propulseurs Viking V. Cet étage est capable d'emporter 227 tonnes d'ergols (carburant et comburant).

Le carburant utilisé en propulsion spatiale est le 1,1-diméthylhydrazine (DMHA) et le comburant est le tétraoxyde de diazote. Ces deux composés ont la particularité d'être hypergoliques, c'est-à-dire qu'ils s'enflamment spontanément au contact l'un de l'autre.

Lors de la mise en orbite ces propulseurs fonctionnent pendant 205 secondes.

Données :

Composé chimique	DMHA	Tétraoxyde de diazote	Diazote
Formule chimique	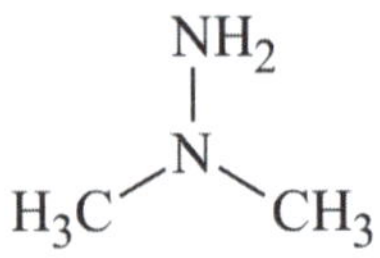	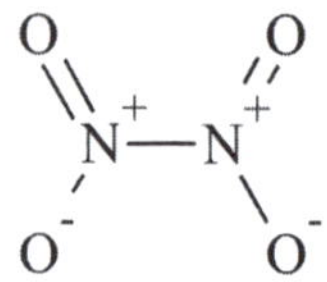	N≡N

Masse molaire en g·mol^{-1} : H : 1,0 C : 12,0 N : 14,0 O : 16,0

Liaison	Énergie de liaison en kJ·mol^{-1}	Liaison	Énergie de liaison en kJ·mol^{-1}
C–H	414	N≡N	945
C–N	293	N–O	201
C=O	795 (pour CO_2) sinon 730	N=O	628
N–N	159	O–H	464
N–H	390		

1. Écrire et équilibrer l'équation de combustion des ergols sachant qu'il se forme du diazote, du dioxyde de carbone et de l'eau.
2. Montrer que la masse molaire du DHMA est de 60,0 g·mol^{-1}.
3. Le réservoir du premier étage contient 55,8 t de DMHA. Déterminer la quantité de matière en DHMA contenue dans le réservoir.
4. En utilisant l'équation chimique de combustion, déterminer la masse de tétraoxyde de diazote nécessaire au fonctionnement des propulseurs Viking V. Est-ce cohérent avec les données de l'énoncé ?
5. Montrer que le débit moyen D_m en ergols pendant la phase de propulsion du premier étage est de 1,1 t/s.
6. À partir des énergies de liaisons, calculer l'énergie molaire de combustion E_{mol} du DHMA.

7. Vérifier que l'énergie libérée par la combustion complète des ergols est de 1,94 TJ.

8. Calculer la température théorique de gaz éjectés lors de la combustion sachant que l'équation suivante doit être vérifiée :

$$73{,}73 \cdot 10^{-6} \times T^2 + 292 \cdot 10^{-3} \times T + E_{mol} = 0$$

où T est en Kelvin et E_{mol} en $kJ \cdot mol^{-1}$.

Interpréter le résultat.

Corrigés exercices

Exercice 1

1. La combustion d'un combustible nécessite du dioxygène et fournit du dioxyde de carbone et de l'eau. On a donc :

$$C_8H_{16(l)} + 12\ O_{2(g)} \rightarrow 8\ CO_{2(g)} + 8\ H_2O_{(l)}$$

2. L'éthanol a pour formule chimique $CH_3–CH_2–OH$ ce qui donne en formule brute C_2H_6O. On a donc :

$$C_2H_6O_{(l)} + 3\ O_{2(g)} \rightarrow 2\ CO_{2(g)} + 3\ H_2O_{(l)}$$

3. On utilise la masse de carburant pour un litre de carburant pour déduire la quantité de matière correspondant. En utilisant les équations de combustion, on détermine la quantité de dioxyde de carbone libérée.

Carburant	**E5**	**E85**
Masse d'un litre de carburant en g	750	790
Quantité de matière de carburant en mol $n = \frac{m}{M}$	$\frac{750}{112} = 6{,}7$	$\frac{790}{46} = 17{,}2$
Coefficient multiplicateur pour le CO_2	8	2
Quantité de matière de CO_2 libéré par litre de carburant en mol	53,6	34,4

4. En tenant compte de la consommation en carburant au 100 km, on obtient :

Carburant	**E5**	**E85**
Quantité de matière de CO_2 libérée par litre de carburant en mol	53,6	34,4
Consommation en carburant en L/100 km	7,5	9,5
Quantité de matière de CO_2 libérée pour 100 km en mol	402	327

Le carburant est le plus émetteur de CO_2 au 100 km est donc le E5.

Corrigés

Exercice 2

1. L'énergie Q reçue par l'eau pendant l'expérience vaut :

$$Q = m \times C \times \Delta\theta$$

$$Q = 100 \times 4{,}185 \times 20$$

$$Q = 8{,}4 \cdot 10^3 \text{ J}$$

soit 8,4 kJ.

2. Si toute l'énergie de combustion libérée est transmise à l'eau, alors on a $E_{lib} = Q$. Donc on en déduit que $E_{lib} = 8{,}4$ kJ.

3. Le pouvoir calorifique massique expérimental de l'acide stéarique de la bougie se détermine par :

$$P_C = \frac{E_{lib}}{m}$$

$$P_{C,exp} = \frac{E_{lib}}{m_{avant} - m_{après}}$$

$$P_{C,exp} = \frac{8{,}4}{1{,}97 - 1{,}03}$$

$$P_{C,exp} = 9{,}7 \text{ kJ} \cdot \text{g}^{-1}$$

4. Le rendement énergétique du dispositif expérimental se détermine par :

$$\eta = \frac{P_{C,exp}}{P_{C,th}}$$

$$\eta = \frac{9{,}7}{11{,}28} = 0{,}86$$

soit 86 %.

Exercice 3

1. Combustion du carbone C

$$C_{(s)} + O_{2(g)} \rightarrow CO_{2(g)}$$

Il faut rompre la liaison O=O de $O_{2(g)}$ et former deux liaisons C=O de $CO_{2(g)}$.

$$E_{mol} = E_\ell(\text{O=O}) - 2 \times E_\ell(\text{C=O})$$

$$E_{mol} = 502 - 2 \times 795$$

$$E_{mol} = -1088 \text{ kJ} \cdot \text{mol}^{-1}$$

La combustion du carbone libère une énergie molaire de combustion de 1,088 $\text{MJ} \cdot \text{mol}^{-1}$.

2. Combustion du propane $CH_3–CH_2–CH_3$:

$$C_3H_{8(g)} + 5\ O_{2(g)} \rightarrow 3\ CO_{2(g)} + 4\ H_2O_{(l)}$$

Il faut rompre :

- 2 liaisons C–C
- 6 liaisons C–H
- 5 liaisons O=O

Il faut former :

- 6 liaisons C=O
- 8 liaisons O–H

$$E_{mol} = [2 \times E_\ell(C–C) + 6 \times E_\ell(C–H) + 5 \times E_\ell(O=O)] - [6 \times E_\ell(C=O) + 8 \times E_\ell(O–H)]$$

$$E_{mol} = [\ 2 \times 347 + 6 \times 414 + 5 \times 502] - [6 \times 795 + 8 \times 464]$$

$$E_{mol} = –2794\ kJ \cdot mol^{-1}$$

La combustion du propane libère une énergie molaire de combustion de 2,794 $MJ \cdot mol^{-1}$.

3. Combustion du but-1-ène : $CH_2=CH–CH_2–CH_3$:

$$C_4H_{8(g)} + 6\ O_{2(g)} \rightarrow 4\ CO_{2(g)} + 4\ H_2O_{(l)}$$

Il faut rompre :

- 1 liaison C=C
- 2 liaisons C–C
- 8 liaisons C–H
- 6 liaisons O=O

Il faut former :

- 8 liaisons C=O
- 8 liaisons O–H

$$E_{mol} = [E_\ell(C=C) + 2 \times E_\ell(C–C) + 8 \times E_\ell(C–H) + 6 \times E_\ell(O=O)] - [8 \times E_\ell(C=O) + 8 \times E_\ell(O–H)]$$

$$E_{mol} = [615 + 2 \times 347 + 8 \times 414 + 6 \times 502] - [8 \times 795 + 8 \times 464]$$

$$E_{mol} = –2439\ kJ \cdot mol^{-1}$$

La combustion du but-1-ène libère une énergie molaire de combustion de 2,439 $MJ \cdot mol^{-1}$.

4. Combustion de l'éthanol $CH_3–CH_2–OH$:

$$C_2H_6O_{(l)} + 3\ O_{2(g)} \rightarrow 2\ CO_{2(g)} + 3\ H_2O_{(l)}$$

Il faut rompre :

- 2 liaisons C–C
- 6 liaisons C–H
- 3 liaisons O=O

Il faut former :

- 4 liaisons C=O
- 6 liaisons O–H

$$E_{mol} = [2 \times E_\ell(C{-}C) + 6 \times E_\ell(C{-}H) + 3 \times E_\ell(O{=}O)] - [4 \times E_\ell(C{=}O) + 6 \times E_\ell(O{-}H)]$$

$$E_{mol} = [2 \times 347 + 6 \times 414 + 3 \times 502] - [4 \times 795 + 6 \times 464]$$

$$E_{mol} = -1280\ kJ{\cdot}mol^{-1}$$

La combustion du but-1-ène libère une énergie molaire de combustion de 1,28 $MJ{\cdot}mol^{-1}$.

5. Combustion du thréose

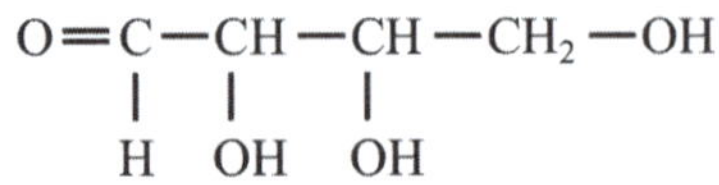

$$C_4H_8O_{4(s)} + 4\ O_{2(g)} \rightarrow 4\ CO_{2(g)} + 4\ H_2O_{(l)}$$

Il faut rompre :

- 1 liaison C=O
- 3 liaisons C–C
- 5 liaisons C–H
- 3 liaisons C–O
- 3 liaisons O–H
- 6 liaisons O=O

Il faut former :

- 8 liaisons C=O
- 8 liaisons O–H

$$E_{mol} = [E_\ell(C{=}O) + 3 \times E_\ell(C{-}C) + 5 \times E_\ell(C{-}H) + 3 \times E_\ell(C{-}O) + 3 \times E_\ell(O{-}H) + 6 \times E_\ell(O{=}O)] - [8 \times E_\ell(C{=}O) + 8 \times E_\ell(O{-}H)]$$

$$E_{mol} = [730 + 3 \times 347 + 5 \times 414 + 3 \times 464 + 6 \times 502] - [8 \times 795 + 8 \times 464]$$

$$E_{mol} = 573\ kJ{\cdot}mol^{-1}$$

La combustion du thréose nécessite une énergie molaire de combustion de 573 $kJ{\cdot}mol^{-1}$.

Exercice 4

1. Pour la synthèse de Fischer, l'économie d'atomes se détermine par :

$$EA = \frac{M(C_4H_8O_2)}{M(C_2H_4O_2) + M(C_2H_6O)}$$

$$EA = \frac{88}{60 + 46} = 0,83$$

soit 83 %

Pour la synthèse par anhydride, on a :

$$EA = \frac{M(C_4H_8O_2)}{M(C_4H_6O_3) + M(C_2H_6O)}$$

$$EA = \frac{88}{103 + 46} = 0{,}59$$

soit 59 %.

2. On réalise une étude comparative des douze principes de la chimie verte pour les deux synthèses en fonction des informations disponibles.

Principe	**Synthèse de Fischer**	**Synthèse à partir de l'anhydride**
1. Prévention de la pollution à la source	N/A	N/A
2. Économie d'atomes	+ (83 %)	– (59 %)
3. Synthèses chimiques moins nocives	N/A	N/A
4. Conception de produits chimiques plus sécuritaires	N/A	N/A
5. Solvants et auxiliaires plus sécuritaires	N/A	N/A
6. Amélioration du rendement énergétique	– (lente)	+ (rapide)
7. Utilisation de matières premières renouvelables	N/A	N/A
8. Réduction de la quantité de produits dérivés	N/A	N/A
9. Catalyse	+	++ (non nécessaire)
10. Conception de substances non-persistantes	+	+
11. Analyse en temps réel de la lutte contre la pollution	N/A	N/A
12. Limitation des risques d'accidents	N/A	N/A

Globalement les deux synthèses sont respectueuses de plusieurs critères de la chimie verte. Cependant, on préférera la synthèse par anhydride qui est rapide, quasi-totale et qui produit un déchet réutilisable en chimie, l'acide éthanoïque.

Corrigés contrôle

Propulsion d'Ariane

1. On utilise les formules brutes pour simplifier l'écriture de l'équation :

DMHA : $C_2H_8N_2$ tétraoxyde de diazote : N_2O_4

$$C_2H_8N_{2(l)} + 2\ N_2O_{4(l)} \rightarrow 3\ N_{2(g)} + 2\ CO_{2(g)} + 4\ H_2O_{(l)}$$

2. La masse molaire du DMHA se détermine par :

$$M(DMHA) = M_C \times 2 + M_H \times 8 + M_N \times 2$$

$$M(DMHA) = 12,0 \times 2 + 1,0 \times 8 + 14,0 \times 2$$

$$M(DHMA) = 60,0\ g{\cdot}mol^{-1}$$

On retrouve bien la valeur demandée.

3. Le réservoir du premier étage contient 55,8 t de DMHA soit $55,8{\cdot}10^3$ kg ou encore $55,8{\cdot}10^6$ g. On détermine donc la quantité de DMHA selon :

$$n = \frac{m}{M}$$

$$n = \frac{55,8 \cdot 10^6}{60,0} = 930 \cdot 10^3$$

Le réservoir contient donc 930 kmol de DMHA.

4. D'après l'équation chimique de combustion, la consommation d'une mole de DMHA nécessite deux moles de tétraoxyde de diazote.

Puisqu'on utilise 930 kmol de DMHA, il est nécessaire d'utiliser 1860 kmol de tétraoxyde de diazote.

La masse molaire du tétraoxyde de diazote vaut :

$$M(N_2O_4) = M_N \times 2 + M_O \times 4$$

$$M(N_2O_4) = 14,0 \times 2 + 16,0 \times 4$$

$$M(N_2O_4) = 92,0\ g{\cdot}mol^{-1}$$

On en déduit que la masse de tétraoxyde de diazote est de :

$$m = n \times M$$

$$m = 1860{\cdot}10^3 \times 92,0$$

$$m = 171{\cdot}10^6\ g$$

ce qui correspond à 171 t de composé.

On a donc 55,8 t de DMHA et 171 t de tétraoxyde de diazote ce qui fait un total de 226,8 t d'ergols ce qui correspond à la capacité du réservoir du premier étage d'Ariane IV.

5. Puisque les propulseurs fonctionnent 205 s et que durant cette phase de consommation d'ergols est de 227 t, on a une consommation moyenne de :

$$D_m = \frac{m_{ergols}}{\Delta t}$$

$$D_m = \frac{227}{205}$$

$$D_m = 1{,}1\ t{\cdot}s^{-1}$$

6. À partir des énergies de liaisons, calculer l'énergie molaire de combustion E_{mol} du DHMA.

D'après l'équation de combustion on déduit que :

Il faut rompre :

- 6 liaisons C–H
- 2 liaisons C–N
- 3 liaisons N–N
- 2 liaisons N–H
- 4 liaisons N–O
- 4 liaisons N=O

Il faut former :

- 3 liaisons N≡N
- 4 liaisons C=O
- 8 liaisons O–H

$$E_{mol} = [6 \times E_\ell(C{-}H) + 2 \times E_\ell(C{-}N) + 3 \times E_\ell(N{-}N) + 2 \times E_\ell(N{-}H) + 4 \times E_\ell(N{-}O) + 4 \times E_\ell(N{=}O)] - [3 \times E_\ell(N{\equiv}N) + 4 \times E_\ell(C{=}O) + 8 \times E_\ell(O{-}H)]$$

$$E_{mol} = [6 \times 414 + 2 \times 293 + 3 \times 159 + 2 \times 390 + 4 \times 201 + 4 \times 628] - [3 \times 945 + 4 \times 795 + 8 \times 464]$$

$$E_{mol} = -2084\ kJ{\cdot}mol^{-1}$$

7. Une mole de DMHA libère 2084 kJ. La combustion complète des ergols nécessite 930 kmol de DMHA. On a donc une énergie libérée de :

$$E = E_{mol} \times n$$

$$E = 2084{\cdot}10^3 \times 930{\cdot}10^3$$

$$E = 1{,}94{\cdot}10^{12}\ J$$

On retrouve bien la valeur de 1,94 TJ annoncée.

Corrigés

8. On doit vérifier une équation du second degré :

$$73{,}7{\cdot}10^{-6} \times T^2 + 292{\cdot}10^{-3} \times T + E_{mol} = 0$$

$$73{,}7{\cdot}10^{-6} \times T^2 + 292{\cdot}10^{-3} \times T - 2084 = 0$$

La résolution mathématique de cette équation donne deux solutions réelles :

$$T_1 = 3{,}41{\cdot}10^3 \text{ K} \qquad T_2 = -7{,}38{\cdot}10^3 \text{ K}$$

Seule la valeur positive a un sens physique. La température théorique d'éjection des gaz de combustion est de 3400 K.

Corrigés

10 Interactions fondamentales

1. Interaction électrique

Charge électrique

La charge électrique est une propriété fondamentale de la matière. Les charges sont apportées par deux particules :

- le proton qui possède une charge positive $q_p = 1{,}6 \cdot 10^{-19}$ C,
- l'électron qui possède une charge négative $q_{e^-} = -1{,}6 \cdot 10^{-19}$ C.

> On appelle charge électrique élémentaire une charge électrique dont la valeur est $e = 1{,}6 \cdot 10^{-19}$ C.

La matière est électriquement neutre donc l'apparition d'une charge électrique s'effectue par un déplacement d'électrons créant :

- d'une part un déficit d'électrons (donc apparition d'une charge positive),
- d'autre part d'un excès d'électrons (donc apparition d'une charge négative).

Il en résulte que la charge d'un composé électriquement chargé est un multiple de la charge électrique élémentaire e.

Il est facile de produire des composés chargés par frottement entre deux corps. D'ailleurs le terme d'électricité provient du grec « ηλεκτρον » (électron) qui signifie ambre. En effet, les Grecs avaient remarqués que des morceaux en ambre chargés par frottement pouvaient attirer des objets légers tels que des cheveux.

Interaction électrostatique

L'interaction électrostatique est un phénomène observable qui se produit entre deux corps chargés. Il existe deux cas :

- attraction des deux corps chargés s'ils possèdent des charges de natures différentes.
- répulsion des deux corps chargés s'ils possèdent des charges de même nature.

Influence électrostatique

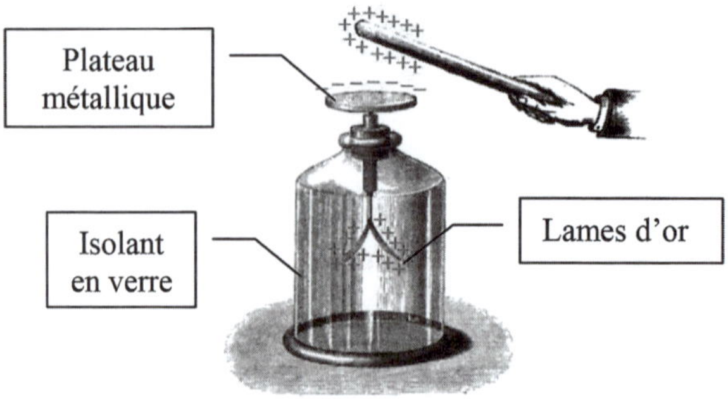

Électroscope à feuilles d'or
Source : Wikipedia commons

Lorsqu'on approche, sans qu'il y ait contact, un bâton chargé positivement du plateau d'un électroscope, on peut remarquer que les deux lames d'or se repoussent.

- Il est donc apparu des charges de même nature sur celles–ci.
- L'ensemble étant neutre, le plateau possède une charge de nature opposée à celles des lames d'or.
- La charge du plateau est apparue par influence électrostatique lors de l'approche du bâton chargé.

Loi de Coulomb

Il est possible de quantifier la force d'interaction qui existe entre deux corps chargés : c'est la loi de Coulomb.

Expression de la loi de Coulomb :

$$F_C = k \times \frac{|q \times q'|}{d^2}$$

k est une constante qui dans le vide vaut $k = 9{,}0 \cdot 10^9\ N \cdot m^2 \cdot C^{-2}$,

q et q' sont les charges des deux corps exprimées en C,

d est la distance entre les deux corps chargés en m.

2. Gravitation

Gravitation, gravité et pesanteur

La gravitation ou interaction gravitationnelle est l'interaction qui s'exerce entre deux corps massifs.

La gravité est l'interaction exercée par un astre quelconque sur un autre corps massif.

La pesanteur est l'interaction exercée par la Terre sur un autre corps massif.

Force de gravitation

La force de gravitation, qui modélise l'interaction gravitationnelle, s'exprime par la loi de la gravitation universelle :

$$F_G = G \times \frac{m_A \times m_B}{d^2}$$

G est la constante de gravitation universelle qui vaut :

$G = 6{,}67 \cdot 10^{-11}\ N \cdot m^2 \cdot kg^{-2}$,

m_A et m_B sont les masses des deux corps exprimées en C,

d est la distance entre les deux corps massifs en m.

Les expressions mathématiques de la loi de Coulomb et de la loi de gravitation universelle sont très proches l'une de l'autre.

Similitudes	Différences
• Proportionnelles aux grandeurs qui les créent. • Inversement proportionnelles à la distance.	• L'interaction gravitationnelle est uniquement attractive. • L'interaction électrostatique est prépondérante à l'échelle microscopique. • L'interaction gravitationnelle est prépondérante à l'échelle macroscopique.

Résumés de cours

3. Notion de champ

Champ et ligne de champ

En physique un champ représente l'ensemble des valeurs prises par une grandeur en tout point de l'espace et à chaque instant.

Un champ peut être caractérisé uniquement par des grandeurs numériques (exemple la température), on parle de champ scalaire.

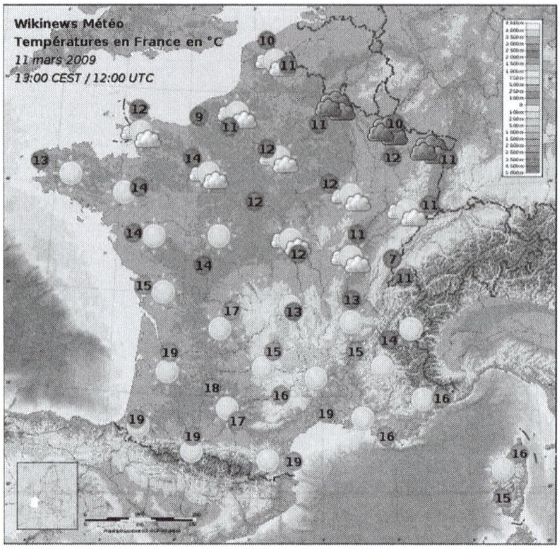

Wikipedia Commons : Carte_Météo_France_13_mars_2009_après-midi

Si la grandeur associée au champ peut être décrite par un vecteur, on parle de champ vectoriel.

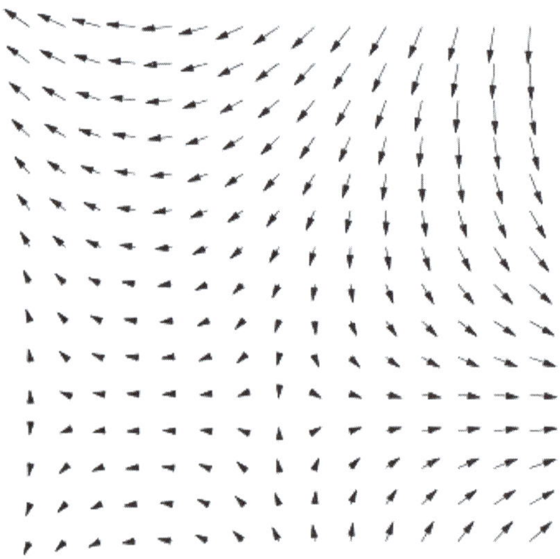

Source : Wikipedia Commons : Vectorfield.svg

Dans ce cas, on utilise souvent une représentation appelée ligne de champ qui indique la variation du champ.

Le champ de gravitation

Expression du champ de gravitation

La force gravitationnelle entre un corps massif A et un corps plus léger B peut se représenter par le vecteur $\vec{F}_{A/B}$. Ce vecteur possède plusieurs caractéristiques :

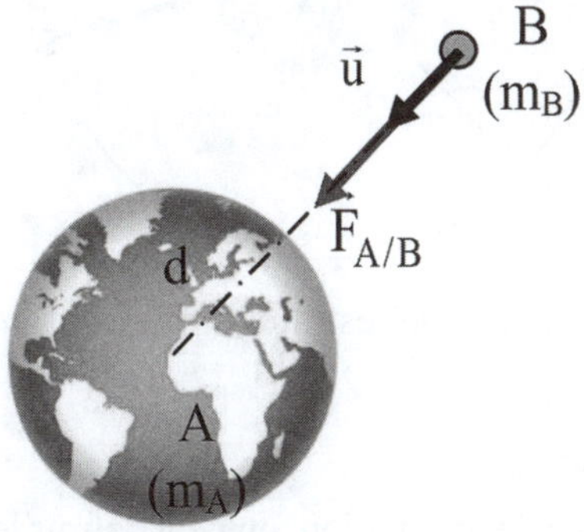

- Un point d'application : le centre du corps B.
- Une direction : la droite passant par le centre du corps A et le centre du corps B.
- Un sens : de B vers A puisque la force est attractive.
- Une intensité qui se détermine en appliquant la loi de la gravitation universelle.

On peut donc écrire la loi de la gravitation universelle sous une forme vectorielle :

$$\vec{F}_{A/B} = G \times \frac{m_A \times m_B}{d^2} \times \vec{u}$$

avec $\vec{u}$ un vecteur unitaire orienté de B vers A.

On appelle champ de gravitation $\vec{G}$ le vecteur définissant l'effet du corps A sur le corps B :

$$\vec{G} = G \times \frac{m_A}{d^2} \times \vec{u}$$

On peut écrire finalement la force gravitationnelle entre A et B sous une forme plus simple :

$$\vec{F}_{A/B} = m_B \times \vec{G}$$

Ligne de champ de gravitation

Tous les points situés sur le cercle continu de la figure suivante sont à la même distance du centre de l'objet A.

Résumés de cours

Par conséquent, un objet de masse m_B placé sur ce cercle subira la même intensité de force gravitationnelle. On dit que le cercle constitue une équipotentielle.

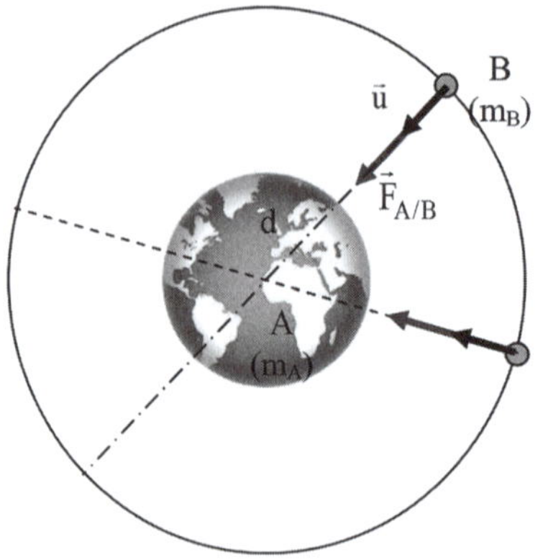

Une ligne de champ gravitationnel est une droite passant par le point étudié et le centre de l'objet A.

Le champ électrostatique

Par analogie avec le champ de gravitation, on peut définir le champ électrostatique $\vec{E}$ créé par une particule possédant une charge q. Ce champ est orienté par un vecteur unitaire $\vec{u}$ s'éloignant de cette particule.

$$\vec{E} = k \times \frac{q}{d^2} \times \vec{u}$$

Dans ce cas, la force électrostatique exercée par une charge q sur une charge q' s'exprime par :

$$\vec{F}_C = q' \times \vec{E}$$

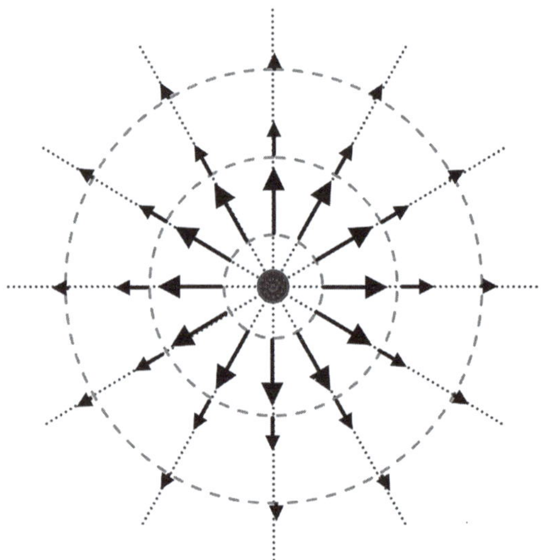

Énoncés des exercices

* Exercice 1 — 25 min

Triboloélectricité

La liste suivante permet de prévoir la nature des charges portées lors du frottement de deux substances.

Positive												Négative
Verre	Cheveux	Nylon	Laine	Soie	Aluminium	Coton	Ambre	Ébonite	Polyester	Polyéthylène	PVC	Silicone

1. Déterminer le type de charge portée par le PVC frotté par de la laine.
2. Lorsqu'on approche le morceau de PVC frotté par de la laine, il est possible d'attirer un élément léger. Quel phénomène s'est produit entre le PVC et l'élément léger ?
3. On utilise un petit morceau d'ambre chargé positivement. Celle-ci sera-t-elle attirée ou repoussée par un bâton d'ébonite chargé positivement ?
4. Quel matériau doit-on utiliser pour frotter un bâton d'ébonite pour qu'il puisse attirer un morceau de silicone chargé négativement ?

* Exercice 2 — 30 min

Comparaison d'interaction

On utilise une sphère isolée de masse $m_1 = 10$ g possédant une charge électrique $q_1 = +125$ nC et une seconde sphère de masse $m_2 = 5$ g ayant une charge électrique $q_2 = +0{,}80\ \mu C$.

On suspend ces deux sphères par des fils de masse négligeable. An début de l'expérience, les deux sphères sont distantes de d = 50 cm.

Données :

$k = 9{,}0 \cdot 10^9\ N \cdot m^2 \cdot C^{-2}$ $G = 6{,}67 \cdot 10^{-11}\ N \cdot m^2 \cdot kg^{-2}$

1. Calculer l'intensité de la force électrostatique (loi de Coulomb) qui existe entre ces deux sphères.
2. Calculer l'intensité de la force gravitationnelle qui existe entre ces deux sphères.

Exercices

3. Parmi ces deux forces, quelle est celle qui est prépondérante ? En déduire si les sphères vont se rapprocher ou s'écarter l'une de l'autre.
4. Si on rapproche les deux sphères, comment vont évoluer les intensités des forces mises en jeu ?
5. Le rapport des forces va-t-il évoluer ?

** Exercice 3 — 25 min

Champ et ligne de champ

On réalise une simulation du champ électrique créé par deux charges électriques q = 1 nC placées à 3 m de distance.

On obtient le résultat présenté ci-après.

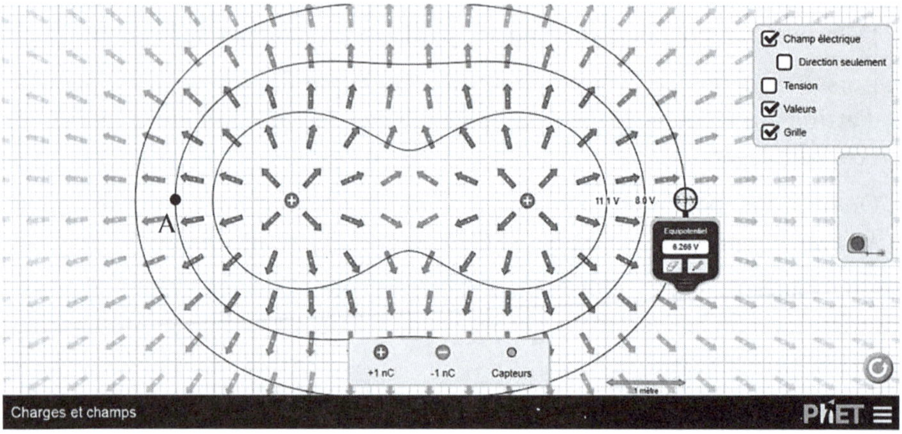

Source: Charges et champs screenshot.png
https ://phet.colorado.edu/sims/html/charges-and-fields/latest/charges-and-fields_fr.html

1. Que représentent les flèches représentées autour des charges ?
2. Justifier leur orientation vers l'extérieur des charges.
3. Que représente la ligne courbe fermée repérée par la valeur 8,0 V ?

   Le potentiel V_A au point A, distant de 1,5 m de la charge 1, peut se déterminer par $V_A = V_1 + V_2$, où V_1 et V_2 sont les valeurs des potentiels créés en A par la charge 1 et la charge 2

   Le potentiel V se détermine par la relation $V = E \times d$.

4. Calculer les potentiels V_1 et V_2 créés par les charges 1 et 2 en A.
5. Retrouver la valeur V_A indiquée par la simulation.

Exercice 4 — 20 min

Poids et de pesanteur terrestre

Le poids est l'action du champ de pesanteur terrestre exercée sur un corps placé à la surface de la Terre. On le calcule par la formule $P = m \times g$, où g est le coefficient de pesanteur terrestre.

Données :

Rayon de la Terre : équatorial $R_{Teq} = 6378$ km polaire $R_{Tpo} = 6357$ km

Masse de la Terre : $m_T = 5{,}972 \cdot 10^{24}$ kg

1. En utilisant la loi de la gravitation universelle, montrer qu'on peut écrire :

$$g = G \times \frac{m_T}{R_T^2}.$$

2. Calculer la constante de pesanteur terrestre à l'équateur. Comparer avec la valeur retenue de $g = 9{,}78\ N \cdot kg^{-1}$.
3. Le poids d'un objet de masse $m = 70$ kg est-il plus ou moins important au pôle Nord que sur l'équateur ?
4. On s'intéresse maintenant au « poids » d'un spationaute de 70 kg présent dans l'ISS situé à 400 km au-dessus de l'équateur. La formule du poids utilisée sur Terre est-elle toujours valable ?

Contrôle

1 h 30 • 20 points

Exercice 1 — 50 min • 12 points

Le point zéro

Il existe entre la Terre et le Soleil un point P_0 où les forces gravitationnelles du Soleil et de la Terre s'annulent. On se propose de déterminer si un satellite placé à ce point restera dans l'alignement Soleil-Terre.

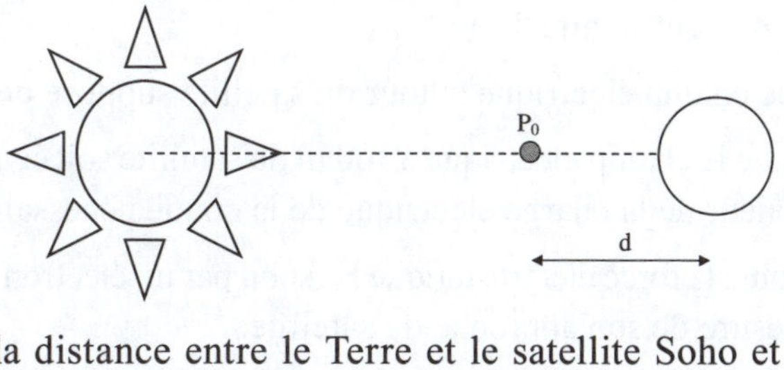

On appelle d la distance entre le Terre et le satellite Soho et D la distance Soleil-Terre.

Données :

Masse du Soleil : $m_S = 2,0 \cdot 10^{30}$ kg   Masse de la Terre : $m_T = 6,0 \cdot 10^{24}$ kg

Distance Terre-Soleil : $D = 150 \cdot 10^6$ km

Période de révolution de la Terre autour du Soleil : T = 365,25 jours

Constante de gravitation universelle : $6,67 \cdot 10^{-11}$ $N \cdot m^2 \cdot kg^{-2}$

1. Rappeler la loi de la gravitation universelle.
2. Représenter, sans souci d'échelle, les champs de gravitation solaire et terrestre qui s'exercent sur un satellite placé au point P_0.
3. En utilisant la propriété du point P_0, montrer qu'on peut écrire la relation suivante :
$$\frac{m_S}{(D-d)^2} = \frac{m_T}{d^2}$$
4. Vérifier que la distance d = 259 000 km est solution du problème.

La durée de rotation d'un corps placé à une distance a du Soleil se détermine par la relation : $T = 5,432 \cdot 10^{-10} \times \sqrt{a^3}$, où a est en m.

5. Retrouver la valeur de la période de révolution de la Terre autour du soleil.
6. Le satellite serait-il toujours sur l'alignement Terre-Soleil au bout d'un an ?

Contrôle

Exercice 2

40 min • 8 points

Le vent solaire

À chaque seconde, le Soleil expulse 1 million de tonnes de matière autour de lui, c'est le vent solaire. Il est essentiellement constitué de protons, d'électrons et de cations comme H^+ ou He^+.

Afin de protéger le satellite placé au point P_0, on décide de charger sa coque externe par un dispositif électrique.

Donnée :

Constante k de la loi de Coulomb : $k = 9,0 \cdot 10^9$ $N \cdot m^2 \cdot C^{-2}$

1. Quelle doit être la nature de la charge de la coque pour protéger le satellite des électrons du vent solaire ?
2. Représenter le champ électrique autour du satellite supposé ponctuel.
3. On souhaite que le champ électrique à 100 m du satellite soit égale 1000 $N \cdot C^{-1}$. Calculer la valeur de la charge électrique de la coque nécessaire.
4. Comment évolue la force électrostatique F_C subit par un électron du vent solaire au fur et à mesure de son approche du satellite.
5. Ce dispositif permet-il de protéger le satellite des ions émis par le Soleil ? Justifier.

Corrigés exercices

Exercice 1

1. D'après le tableau, le PVC se charge négativement et la laine positivement
2. Le PVC frotté s'est chargé négativement. Lorsqu'on l'approche d'un élément léger, ce dernier subit une influence électrostatique.

   La partie proche du PVC se charge positivement alors que l'autre extrémité se charge négativement (l'objet étant globalement neutre).

   Les deux charges proches l'une de l'autre étant opposées, il y a attraction.
3. Les deux substances utilisées possèdent le même type de charge électrique. Donc ils vont se repousser.
4. Pour qu'il y ait attraction entre le silicone et l'ébonite, il faut que les charges de ces deux composés soient opposées. Le silicone étant chargé négativement, l'ébonite doit être chargée positivement.

   Pour charger positivement l'ébonite, il faut utiliser un matériau se chargeant négativement par frottement comme le polyester par exemple.

Exercice 2

1. La loi de Coulomb permet d'écrire :

$$F_C = k \times \frac{|q \times q'|}{d^2}$$

$$F_C = 9{,}0 \cdot 10^9 \times \frac{\left|125 \cdot 10^{-9} \times 0{,}80 \cdot 10^{-6}\right|}{\left(50 \cdot 10^{-2}\right)^2}$$

$$F_C = 3{,}6 \cdot 10^{-3}\ \text{N}$$

Il s'exerce une force électrostatique de 3,6 mN entre les deux sphères chargées.

2. La loi de la gravitation universelle permet d'écrire :

$$F_G = G \times \frac{m_A \times m_B}{d^2}$$

$$F_G = 6{,}67 \cdot 10^{-11} \times \frac{10 \cdot 10^{-3} \times 5 \cdot 10^{-3}}{\left(50 \cdot 10^{-2}\right)^2}$$

$$F_G = 13 \cdot 10^{-15}\ \text{N}$$

Il s'exerce une force gravitationnelle de 13 fN entre les deux sphères chargées.

Corrigés

3. On remarque que la force électrostatique et la force gravitationnelle n'ont pas le même ordre de grandeur. Il existe un facteur 12 entre ces ordres de grandeurs. On en déduit que la force gravitationnelle entre les deux sphères est négligeables par rapport à la force électrostatique qui est prépondérante.

   Les charges des sphères étant toutes les deux positives, les sphères vont se repousser.

4. Les deux forces considérées dépendent de l'inverse de la distance au carré. Si on rapproche les deux sphères, la distance diminue et donc le carré de cette distance aussi.

   Puisqu'on dépend de l'inverse de la distance au carré, cette valeur augmente. Donc l'intensité des deux forces augmente lorsqu'on rapproche les deux sphères chargées.

5. On exprime le rapport R des forces F_C et F_G :

$$R = \frac{F_C}{F_G}$$

$$R = \frac{k \times \dfrac{|q \times q'|}{d^2}}{G \times \dfrac{m_A \times m_B}{d^2}}$$

$$R = k \times \frac{|q \times q'|}{\cancel{d^2}} \times \frac{\cancel{d^2}}{G \times m_A \times m_B}$$

$$R = \frac{k}{G} \times \frac{|q \times q'|}{m_A \times m_B}$$

   On remarque que R ne dépend que de valeurs constantes du problème. Donc R est également une valeur constante. Le rapport des forces n'est donc pas modifié lorsqu'on déplace les sphères chargées.

Exercice 3

1. Les flèches représentent le champ électrique créé par les deux charges.

2. On sait que le champ électrique s'écrit :

$$\vec{E} = k \times \frac{q}{d^2} \times \vec{u}$$

   Avec $\vec{u}$ un vecteur unitaire orienté vers l'extérieur.

   Or k, q et d^2 sont des valeurs positives donc le champ électrique E est orienté dans le même sens que $\vec{u}$, c'est-à-dire vers l'extérieur.

On applique la relation précédente au niveau de l'équateur :

$$g_{eq} = G \times \frac{m_T}{R_{Teq}^2}$$

$$g_{eq} = 6,67 \cdot 10^{-11} \times \frac{5,972 \cdot 10^{24}}{\left(6378 \cdot 10^{-3}\right)^2}$$

$$g_{eq} = 9,79\ N \cdot kg^{-1}$$

On obtient une valeur de $g_{eq} = 9,79\ N \cdot kg^{-1}$ pour une valeur attendue de 9,78 $N \cdot kg^{-1}$. On a donc une légère différence de :

$$r = \frac{9,79 - 9,78}{9,78} = 1 \cdot 10^{-3}$$

soit 0,1 % d'écart. On peut donc considérer que les deux valeurs sont identiques.

La valeur de la constante de pesanteur terrestre dépend de l'inverse du rayon au carré. Au pôle nord, le rayon terrestre est plus petit qu'à l'équateur donc la valeur de g augmente et donc le poids aussi.

Le poids d'un objet est plus important au pôle nord qu'à l'équateur.

On calcule la force de gravitation universelle créée par la Terre sur le spationaute :

$$F_G = G \times \frac{m_T \times m}{d^2}$$

$$F_G = 6,67 \cdot 10^{-11} \times \frac{5,972 \cdot 10^{24} \times 70}{\left(6378 \cdot 10^3 + 400 \cdot 10^3\right)^2}$$

$$F_G = 607\ N$$

Si on applique la formule du poids au niveau de l'équateur, on aurait :

$$P = m \times g_{eq}$$

$$P = 70 \times 9,78$$

$$P = 685\ N$$

Les deux valeurs sont assez différentes donc la formule du poids n'est pas utilisable dans l'ISS.

3. La ligne courbe fermée repérée par la valeur 8,0 V représent
tielle, c'est-à-dire une ligne où toutes les valeurs sont identic

4. On sait que la distance $d_1 = 1,5$ m. Donc la distance d_2 vaut

$$d_2 = d_1 + 3$$

$$d_2 = 4,5 \text{ m}$$

Le potentiel V se détermine par $V = E \times d$ mais on a $E = k$

$$V = k \times \frac{q}{d^2} \times d$$

$$V = k \times \frac{q}{d}$$

On peut donc calculer facilement les potentiels V_1 et V_2 cré
1 et 2 en A :

$$V_1 = k \times \frac{q_1}{d_1} = 9,0 \cdot 10^9 \times \frac{1 \cdot 10^{-9}}{1,5} = 6 \text{ V}$$

$$V_2 = k \times \frac{q_2}{d_2} = 9,0 \cdot 10^9 \times \frac{1 \cdot 10^{-9}}{4,5} = 2 \text{ V}$$

On trouve donc des potentiels $V_1 = 6$ V et $V_2 = 2$ V.

5. Le potentiel V_A vaut $V_1 + V_2$ donc on retrouve bien la vale

Exercice 4

1. La loi de la gravitation universelle, permet d'écrire :

$$F_G = G \times \frac{m_T \times m}{R_T^2}$$

Or le poids est égal la force de gravitation universelle exe
un objet placé à sa surface.

$$F_G = P$$

$$G \times \frac{m_T \times \cancel{m}}{R_T^2} = \cancel{m} \times g$$

$$g = G \times \frac{m_T}{R_T^2}.$$

Corrigés

Corrigés contrôle

Exercice 1

1. La loi de la gravitation universelle s'exprime par :

$$F_G = G \times \frac{m_A \times m_B}{R^2}$$

2. Les champs de gravitation sont attractifs. Comme la force gravitationnelle peut s'écrire $\vec{F} = m \times \vec{G}$ et que les deux forces sont égales au point P_0, les deux champs ont la même intensité mais ils possèdent des sens opposés.

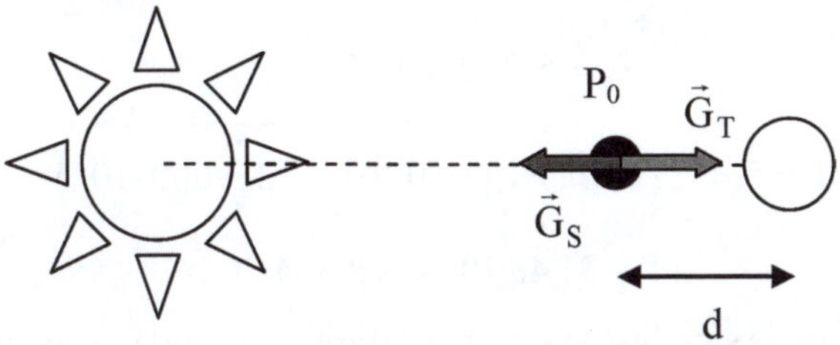

3. Au point P_0, les forces gravitationnelles solaire et terrestre s'annulent sur le satellite de masse m. La distance entre le Soleil et le satellite vaut D – d. On peut dont écrire :

$$F_{GS} = F_{GT}$$

$$\cancel{G} \times \frac{m_S \times \cancel{m}}{(D-d)^2} = \cancel{G} \times \frac{m_T \times \cancel{m}}{d^2}$$

$$\frac{m_S}{(D-d)^2} = \frac{m_T}{d^2}$$

On retrouve bien la formule demandée.

4. On calcule les deux termes de l'égalité :

$$\frac{m_S}{(D-d)^2} = \frac{2{,}0 \cdot 10^{30}}{(150 \cdot 10^6 - 259000)^2} = 89 \cdot 10^{12}$$

$$\frac{m_T}{d^2} = \frac{6{,}0 \cdot 10^{24}}{259000^2} = 89 \cdot 10^{12}$$

Les deux valeurs sont bien égales, cette distance d = 259 000 km est bien une solution du problème.

Corrigés

5. La Terre se situe à une distance $a = 150 \cdot 10^6$ km soit $1{,}50 \cdot 10^{11}$ m. On utilise la relation fournie :

$$T = 5{,}432 \cdot 10^{-10} \times \sqrt{a^3}$$

$$T = 5{,}432 \cdot 10^{-10} \times \sqrt{\left(1{,}50 \cdot 10^{11}\right)^3}$$

$$T = 31{,}56 \cdot 10^6 \text{ s soit } 365{,}24 \text{ j}$$

On retrouve quasiment la valeur de la période de révolution de la Terre autour du Soleil.

6. Le satellite n'est pas à la même distance du soleil que la Terre. On applique la même formule que précédemment :

$$T = 5{,}432 \cdot 10^{-10} \times \sqrt{a^3}$$

$$T = 5{,}432 \cdot 10^{-10} \times \sqrt{\left(1{,}50 \cdot 10^{11} - 259000 \cdot 10^3\right)^3}$$

$$T = 31{,}48 \cdot 10^6 \text{ s soit } 364{,}30 \text{ j}$$

Au bout d'un an, le satellite ne sera plus aligné, il prend une avance sur la Terre de quasiment une journée. Cependant un tour correspondant à 360°, l'angle Terre-Soleil-Satellite ne sera que de 1° environ.

Exercice 2

Le vent solaire

1. Les électrons du vent solaire sont chargés négativement. Pour repousser ces ions, la coque doit être chargée négativement.

2. Représentation du champ électrique autour du satellite supposé ponctuel.

Le champ électrique est orienté vers le satellite car la charge est négative

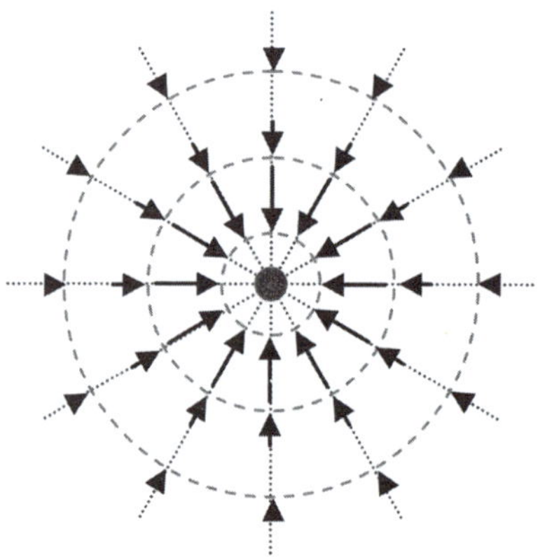

3. L'intensité du champ électrique se détermine par :

$$E = k \times \frac{q}{d^2}$$

On cherche la valeur de charge donc :

$$q = \frac{E \times d^2}{k}$$

$$q = \frac{1000 \times 100^2}{9{,}0 \cdot 10^9} = 1{,}1 \cdot 10^{-3}\ C$$

La coque doit posséder une charge q = – 1,1 mC.

4. Lorsqu'un électron du vent solaire s'approche du satellite la distance d diminue donc le champ électrique augmente. La force électrostatique subie par cet électron est proportionnelle à l'intensité d champ électrique. Donc plus l'électron est proche du satellite, plus la force qui le repousse sera importante.

5. Les ions du vent solaire sont des cations c'est-à-dire des espèces chargées positivement. Ils seront attirés donc par la coque et non pas déviés.

Corrigés

11 Fluide au repos

1. Caractériser un fluide au repos

Fluide au repos

Un fluide est constitué de particules qui peuvent prendre la forme du récipient qui le contient. Par conséquent, il s'agit des liquides et des gaz.

Un fluide dit au repos, est un fluide qui ne subit pas de mouvement d'ensemble (pas d'écoulement par exemple).

Cependant même dans un fluide au repos, au niveau microscopique, les particules sont en mouvement permanent les unes par rapport aux autres.

Grandeurs physiques caractéristiques d'un fluide

On peut définir différentes grandeurs caractéristiques d'un fluide :

- Sa masse volumique ρ qui représente la masse par unité de volume. Elle s'exprime en $kg \cdot m^{-3}$ mais plus souvent en $g \cdot mL^{-1}$.
- Sa pression P qui s'exprime en Pa (Pascal), elle se mesure à l'aide d'un manomètre.
- Sa température qui s'exprime en K (Kelvin).

Interprétation microscopique des grandeurs macroscopiques

Les particules se déplacent et elles vont se percuter entre elles et percuter les parois du récipient.

- La température traduit l'agitation des particules. Donc la température est liée à la vitesse de déplacement des particules dans le fluide.
- La pression traduit les échanges énergétiques qui se déroulent lors des chocs.

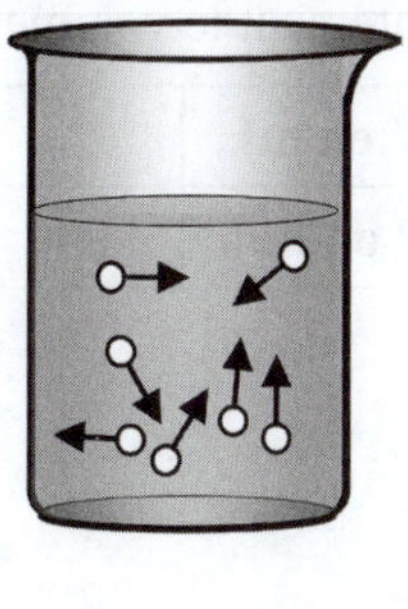

Résumés de cours

2. Comportement d'un gaz

La pompe à vélo

Lorsqu'on veut gonfler une roue de vélo, on utilise une pompe dont le principe est similaire à celui d'une seringue.

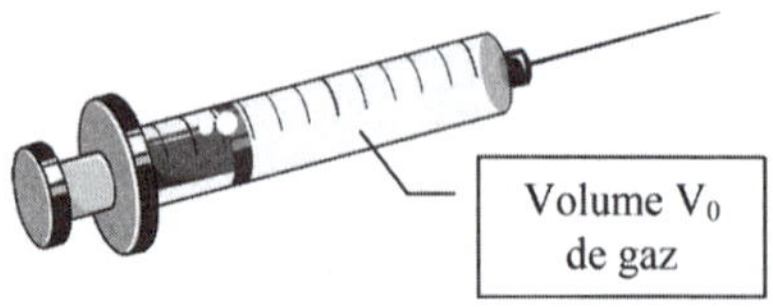

Source : Image libre Flicker

Un volume V_0 de gaz (ici de l'air) est emprisonné à la pression atmosphérique P_{atm} dans le corps de la pompe. Pour injecter l'air dans le pneumatique, on comprime l'air en poussant le piston. Il se produit plusieurs conséquences :

- Le volume du gaz diminue.
- La pression du gaz augmente.
- La température augmente.

Les différentes grandeurs caractéristiques d'un gaz ne sont donc pas indépendantes.

La loi de Mariotte

Si on déplace lentement le piston d'une pompe, la température n'évolue pas car il se crée un équilibre entre l'intérieur et l'extérieur de la pompe. On peut alors s'intéresser uniquement à la dépendance entre la pression et la température d'un gaz. Les Français Edme Mariotte et Irlandais Robert Boyle ont quasiment découvert simultanément la même relation entre ces deux grandeurs vers 1660.

Évolution des pressions et du volume

On emprisonne 25 mL de gaz (donc une quantité de matière n définie) à la pression de 1 000 hPa dans un piston. On relie celui-ci à un manomètre puis on fait varier lentement le volume du piston.

V en mL	5	10	15	20	25	30	40	50
P en hPa	4 990	2 510	1 670	1 245	1 000	830	628	500

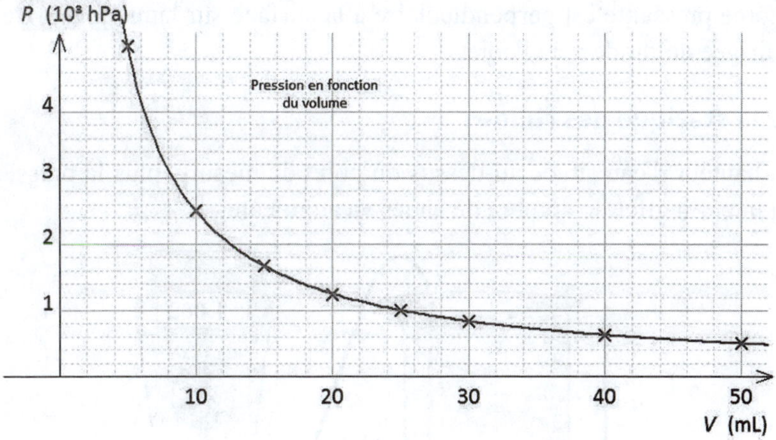

Courbe de la pression en fonction du volume.

La pression et le volume évoluent en sens inverse l'un de l'autre.

Loi de Mariotte

On remarque que la pression est inversement proportionnelle au volume. La loi mathématique est donc de la forme :

$$P = k \times \frac{1}{V}$$

Pour une quantité de matière définie et à température constante, la loi de Mariotte s'écrit :

$P \times V = \text{Constante}$

Si on considère un système isolé dans deux états différents, on peut alors écrire la loi de Mariotte sous la forme :

$$P_1 \times V_1 = P_2 \times V_2$$

3. Pression et force pressante

Force pressante

La pression P (en Pa) représente les chocs par unité de surface S (en m²). Ces chocs créent une force pressante notée F (en newton N). On a donc la relation :

$$P = \frac{F}{S}$$

Cette force pressante est perpendiculaire à la surface sur laquelle elle s'exerce et est dirigée du fluide vers l'objet.

Loi de la statique des fluides

Plus la hauteur d'eau située au-dessus du point de mesure, plus la pression est importante. En effet, le nombre de chocs va augmenter.

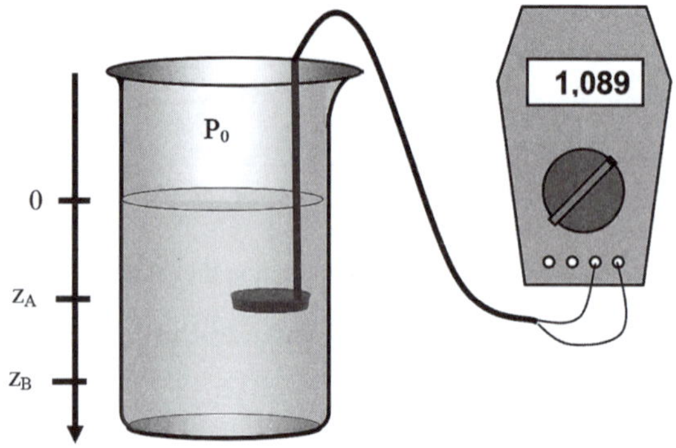

À la surface de l'eau, la pression n'est pas nulle. Elle est égale à la pression atmosphérique qu'on note P_0.

Le capteur de pression mesure la pression P_A à une profondeur z_A. La pression est plus élevée qu'à la surface. Le fluide exerce donc une pression supplémentaire qu'on note P_{fA} qui se détermine par :

$$P_{fA} = \rho \times g \times z_A$$

où ρ est la masse volumique du fluide en $kg{\cdot}m^{-3}$, g la constante de gravité terrestre en $m{\cdot}s^{-2}$ et z_A la profondeur en m.

On peut donc écrire la relation suivante :

$$P_A = P_0 + \rho \times g \times z_A$$

Si on place le capteur de pression à la profondeur z_B, on pourra écrire :

$$P_B = P_0 + \rho \times g \times z_B$$

On en déduit que

$$P_B - P_A = P_0 + \rho \times g \times z_B - (P_0 + \rho \times g \times z_A)$$

$$P_B - P_A = P_0 + \rho \times g \times z_B - P_0 - \rho \times g \times z_A$$

$$P_B - P_A = \rho \times g \times z_B - \rho \times g \times z_A$$

$$P_B - P_A = \rho \times g \times (z_B - z_A)$$

C'est la loi de la statique des fluides.

Énoncés des exercices

* Exercice 1 — 20 min

Grandeurs physiques et gaz

Les gaz sont constitués de particules de très petite taille et très espacées les unes des autres. La loi des gaz parfaits permet de modéliser les relations qui existent entre les différentes grandeurs physiques caractéristiques d'un gaz. Elle s'écrit :

$$P \times V = n \times R \times T$$

où P est la pression en Pa, V le volume en m^3, n est la quantité de matière de gaz en mol, R est la constante des gaz parfaits et T la température en Kelvin.

Données :

Constante des gaz parfaits : $R = 8{,}314\ Pa \cdot m^3 \cdot mol^{-1} \cdot K^{-1}$.

Masse volumique de l'air à 15 °C : $\rho = 1{,}225\ kg \cdot m^3$.

Pression atmosphérique normale : $P = 101\ 325\ Pa$.

Masse molaire de l'air : $M = 29{,}0\ g \cdot mol^{-1}$.

Relation entre la température T en K et θ en °C : $T = \theta + 273$.

On enferme dans un flacon un volume V = 3,00 L d'air à 15 °C sous pression atmosphérique normale.

1. Calculer la masse d'air présente dans le flacon.
2. Montrer de deux façons différentes que la quantité de matière en air contenu dans le ballon est de 127 mmol.
3. On chauffe le ballon à une température de 50 °C. Comment évolue :
   a. La quantité de matière dans le flacon ?
   b. La pression dans le flacon ?
4. Le ballon peut se rompre si la pression atteint trois fois la pression atmosphérique normale. À quelle température faudrait-il chauffer l'air contenu dans le flacon pour obtenir cette rupture ?

* Exercice 2 ⏰ 15 min

Véhicule à air comprimé

Certains véhicules peuvent fonctionner avec moteur fonctionnant à l'air comprimé. Un compresseur pompe de l'air et le comprime dans un réservoir sous haute pression.

On dispose d'un réservoir cylindrique de 26 cm de diamètre et d'une hauteur de 40 cm de masse à vide m = 5,0 kg. La pression nominale de remplissage de ce réservoir est de 200 bars.

Données :

Volume d'un cylindre : $V = \pi \times R^2 \times h$, R est le rayon du disque de base.

Les unités de pression : 1 bar = 10^5 Pa = 14,5 PSI = 0,987 atm.

Pression atmosphérique normale : P = 101 325 Pa.

1. Déterminer le volume V_{Res} du réservoir en L.
2. Montrer que ce réservoir contient quasiment l'équivalent de 4100 L d'air atmosphérique.
3. Sachant qu'un litre d'air atmosphérique pèse 1,23 g, quelle est la masse du réservoir plein ?
4. La durée de remplissage complet du réservoir est de 5 minutes, quel est débit d'air atmosphérique comprimé en $L.s^{-1}$.
5. Après plusieurs minutes de fonctionnement, le moteur a consommé l'équivalence de 1000 L d'air à la pression atmosphérique. Quelle sera la pression dans le réservoir à cet instant ?

* Exercice 3 ⏰ 40 min

Effet talon aiguille

La résistance des matériaux à la déformation est liée à la pression qu'on exerce sur eux. On considère une jeune femme de 55 kg utilisant différents types de chaussures.

1re paire : chaussures de sport dont la surface de contact totale est de 400 cm^2.

2e paire : talons aiguilles dont la surface de contact totale est de 150 cm^2 (les talons ne représentant que 10 cm^2).

Donnée :

Constante de pesanteur terrestre : $g = 10\ m \cdot s^{-2}$.

1. Calculer le poids de la jeune femme en N.

2. Lorsqu'elle court, quelle pression P_{sp1} exerce-t-elle avec son pied sur le sol ? Même question lorsqu'elle est à l'arrêt, on notera P_{sp2} cette nouvelle pression.
3. Lors d'une soirée, elle porte ses talons aiguilles. Sachant que 80 % de son poids est supporté par les talons, quelle est la pression P_{TA} exercée sur le sol sous ceux-ci ?
4. Comparer les résultats précédents. Commenter.
5. Pourquoi est-il préférable de porter des raquettes à neige pour se déplacer lors d'une randonnée à la montagne plutôt que des après-ski ?

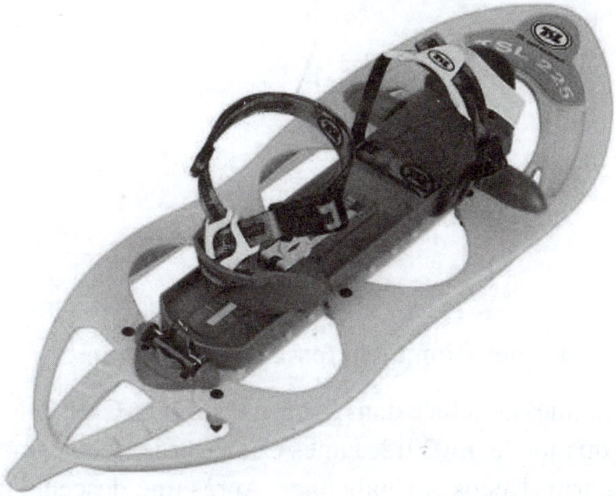

* Exercice 4 — 30 min

Au sommet du Mont-Blanc

Lors de l'ascension du Mont-Blanc, de nombreuses personnes sont sujettes au mal des montagnes qui se traduit par des maux de tête. En effet, la différence de pression entre le niveau de la mer et la haute altitude provoque une variation du diamètre des vaisseaux sanguins qui peuvent plus ou moins comprimer le cerveau.

Données :

Masse volumique moyenne de l'air : $\rho = 1{,}15\ g \cdot L^{-1}$.

Altitude du Mont-Blanc par rapport au niveau de la mer : 4810 m.

Pression atmosphérique normale au niveau de la mer : P = 1013 hPa.

1. En expliquant votre démarche, comment peut-on prouver simplement que la pression atmosphérique au sommet du Mont-Blanc est plus faible que celle de au niveau de la mer.
2. En utilisant la loi de statistique des fluides, calculer la pression atmosphérique normale P_{SF} au sommet du Mont-Blanc.

3. Un modèle plus complexe de l'atmosphère prédit le comportement en pression selon l'équation mathématique :

$$P(h) = 1013{,}25 \times (1 - 2{,}26 \cdot 10^{-5} \times h)^{5{,}26}$$

où P est la pression en hPa et h est l'altitude en m.

Calculer la pression atmosphérique normale au sommet du Mont-Blanc P_{MC} selon ce modèle mathématique.

4. Comparer les deux valeurs. Le modèle de la statique des fluides est-il adapté à l'étude de l'atmosphère terrestre ? Proposer une explication en cas de désaccord des deux méthodes.

Contrôle

1 h · 10 points

Exercice

Exploration de la fosse des Mariannes

La fosse des Mariannes est située dans l'océan Pacifique. C'est la fosse océanique la plus profonde du monde. En 2012, James Cameron a effectué une plongée avec son mini-sous-marin, Deepsea Challenger. Après une descente de 2 heures et 36 minutes, l'engin a passé plusieurs heures à proximité du fond, battant ainsi le record de 20 minutes détenu par le Trieste, avant d'entreprendre sa remontée de 70 minutes.

Données :

Masse volumique de l'eau de mer dans la fosse des Mariannes : $\rho = 1028\ kg \cdot m^{-3}$.

Constante de pesanteur terrestre : $9{,}81\ m \cdot s^{-2}$.

Masse moyenne d'un éléphant : 5,4 t.

1. Un capteur de pression posé sur la coque de Deepsea Challenger a mesuré une pression de 110 MPa lorsque le sous-marin était au fond de la fosse des Mariannes. Calculer la profondeur atteinte par le sous-marin en utilisant le principe de la statique des fluides.
2. Comparer avec la valeur fournie par l'explorateur de 10898 m.
3. Montrer que la vitesse moyenne de descente est de $1{,}16\ m \cdot s^{-1}$.
4. Le volume des poumons est d'environ 6,0 L. Si on pouvait plonger en apnée à de telles profondeurs, quelle serait le volume des poumons du plongeur en négligeant les variations de température ?

5. Calculer la force exercée par l'eau de mer sur une plaque d'acier de 1 m^2 lorsque le sous-marines est au fond de la fosse des Mariannes.

6. Combien d'éléphants faudrait-il empiler sur cette plaque d'acier pour exercer une telle force ?

Corrigés exercices

Exercice 1

1. La masse volumique est le rapport de la masse d'un corps par son volume donc on peut écrire :

$$\rho = \frac{m}{V}$$

$$m = \rho \times V$$

La masse volumique est de $\rho = 1{,}225\ kg{\cdot}m^{-3}$. Comme 1 m^3 équivaut à 1000 L, on a une masse volumique de l'air de $\rho = 1{,}225\ g{\cdot}L^{-1}$.

Finalement :

$$m = 1{,}225 \times 3{,}00$$

$$m = 3{,}68\ g$$

Le flacon contient 3,68 g d'air.

2. Premièrement, on peut utiliser la masse molaire du gaz :

$$M = \frac{m}{n}$$

$$n = \frac{m}{M}$$

$$n = \frac{3{,}68}{29{,}0} = 127 \cdot 10^{-3}\ mol$$

Deuxièmement, on peut utiliser la loi des gaz parfaits :

$$P \times V = n \times R \times T$$

$$n = \frac{P \times V}{R \times T}$$

Le volume du flacon est de $V = 3{,}00\ L$ soit $V = 3{,}00{\cdot}10^{-3}\ m^3$.

Corrigés

La température du gaz est de $\theta = 15$ °C soit $T = 15 + 273 = 288$ K.

$$n = \frac{101325 \times 3,00 \cdot 10^{-3}}{8,314 \times 288} = 127 \cdot 10^{-3} \text{ mol}$$

Dans les deux cas, on retrouve bien que la quantité de matière en air contenu dans le ballon est de 127 mmol.

3. Si l'air du ballon atteint 50 °C alors :

a. La quantifié de matière dans le flacon ne change pas car le flacon est fermé.

b. La pression dans le flacon augmente car d'après la loi des gaz parfaits,

$$P \times V = n \times R \times T$$

donc puisque V, n et R sont constants et que T augmente, alors P augmente aussi.

4. On cherche à ce que la pression soit égale à trois fois la pression atmosphérique normale. On veut donc :

$$P = 3 \times 101\ 325$$

$$P = 303\ 975 \text{ Pa}$$

D'après la loi des gaz parfaits, on a :

$$P \times V = n \times R \times T$$

$$T = \frac{P \times V}{n \times R}$$

$$T = \frac{303975 \times 3,00 \cdot 10^{-3}}{127 \cdot 10^{-3} \times 8,314} = 863 \text{ K}$$

Il faudra porter la température de l'air à 863 K soit 591 °C pour casser le flacon.

Exercice 2

1. On cherche un volume en L c'est-à-dire en dm^3. Le réservoir est un cylindre de 40 cm de hauteur, donc 4,0 dm, et de 26 cm de diamètre donc de 1,3 dm de rayon. Son volume est donc de :

$$V = \pi \times R^2 \times h$$

$$V_{Res} = \pi \times 1,3^2 \times 4,0$$

$$V_{Res} = 21 \text{ dm}^3$$

Le réservoir a donc une capacité de 21 L.

Corrigés

2. D'après la loi de Mariotte, le produit P × V est une constante. On peut donc écrire la relation :

$$P_1 \times V_1 = P_2 \times V_2$$

$$P_{atm} \times V_{atm} = P_{Res} \times V_{Res}$$

La pression du réservoir est $P_{Res} = 200$ bars soit $P_{Res} = 200 \cdot 10^5$ Pa.

On en déduit que :

$$V_{atm} = \frac{P_{Res}}{P_{atm}} \times V_{Res}$$

$$V_{atm} = \frac{200 \cdot 10^5}{101325} \times 21$$

$$V_{atm} = 4{,}1 \cdot 10^3 \text{ L}$$

On trouve un volume d'air atmosphérique équivalent à environ 4100 L, ce qui correspond à la valeur de l'énoncé.

3. Puisqu'un litre d'air atmosphérique pèse 1,23 g, le réservoir contient :

$$m_{air} = 4{,}1 \cdot 10^3 \times 1{,}23$$

$$m_{air} = 5{,}0 \cdot 10^3 \text{ g}$$

Le réservoir contient donc 5,0 kg d'air auxquels il faut rajouter les 5,0 kg du contenant. Le réservoir plein pèse donc 10,0 kg.

4. Pour remplir complètement le réservoir, il faut déplacer l'équivalent de $4{,}1 \cdot 10^3$ L d'air atmosphérique en 5 minutes soit 300 s. Le débit d'air atmosphérique comprimé est donc de :

$$D_{Comp} = \frac{V_{air}}{\Delta t}$$

$$D_{Comp} = \frac{4{,}1 \cdot 10^3}{300} = 14 \text{ L} \cdot \text{s}^{-1}$$

5. On utilise la loi de Mariotte :

$$P_1 \times V_1 = P_2 \times V_2$$

Le moteur ayant consommé l'équivalent de 1000 L d'air atmosphérique, le réservoir ne contient plus que l'équivalent de $3{,}1 \cdot 10^3$ L d'air atmosphérique.

Corrigés

On en tire que :

$$P_{atm} \times V_{atm} = P_2 \times V'_{Res}$$

$$P_2 = P_{atm} \times \frac{V'_{atm}}{V_{Res}}$$

$$P_2 = 101325 \times \frac{3{,}1 \cdot 10^3}{21}$$

$$P_2 = 15 \cdot 10^6 \text{ Pa}$$

La pression dans le réservoir sera donc de 150 bars.

Exercice 3

1. Le poids d'un objet se détermine par P = m × g. On a donc un poids de 550 N pour cette jeune femme.

2. La pression se détermine par : $P = \frac{F}{S}$, avec S la surface en m^2.

   Lorsqu'on court, seul un pied touche le sol. La force exercée de 550 N se reporte sur une surface de 200 cm^2 soit $200 \cdot 10^{-4}$ m^2.

$$P_{sp1} = \frac{550}{200 \cdot 10^{-4}}$$

$$P_{sp1} = 27{,}5 \cdot 10^3 \text{ Pa.}$$

   Lorsque cette jeune femme court, elle exerce une pression au sol de 27,5 kPa.

   À l'arrêt, elle repose sur ses deux pieds donc la surface de contact double. La pression est divisée par deux. La pression exercée sur le sol à l'arrêt est donc de P_{sp2} = 13,8 kPa.

3. Les talons supportent 80 % du poids de la jeune femme soit 440 N. La surface des talons représentent 10 cm^2 soit $10 \cdot 10^{-4}$ m^2.

$$P_{TA} = \frac{440}{10 \cdot 10^{-4}}$$

$$P_{TA} = 440 \cdot 10^3 \text{ N}$$

   La pression exercée sous les talons aiguilles de la jeune femme est de 440 kPa.

4. On calcule le rapport entre les deux pressions exercées au sol :

$$R = \frac{P_{TA}}{P_{sp2}}$$

$$R = \frac{440}{13,8} = 32$$

On remarque que la pression exercée sur le sol par des talons aiguilles est 32 fois supérieure à celle exercée par des chaussures de sport. Le sol doit être plus résistant lorsqu'une jeune femme porte des talons aiguilles que lorsqu'elle porte des chaussures de sport.

5. Les raquettes à neige permettent d'augmenter la surface de contact avec le sol. La pression exercée sur la neige diminue donc et on a moins de risque de s'enfoncer que lorsqu'on porte des après-ski classiques.

Exercice 4

1. La pression atmosphérique est due à la « colonne d'air » située au-dessus du point d'étude. En haute altitude cette colonne est plus petite qu'au niveau de la mer donc la pression sera plus faible au sommet du Mont-Blanc qu'au bord de la mer.

2. L'altitude du Mont-Blanc est de 4810 m par rapport au niveau de la mer, mais sa côte z_A vaut −4810 m.

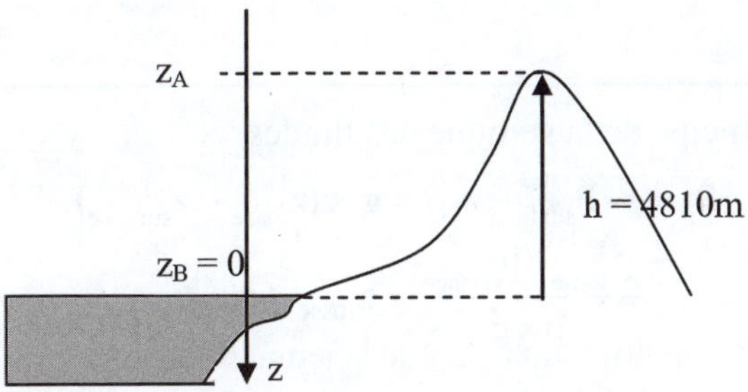

La loi de la statique des fluides donne :

$$P_B - P_A = \rho \times g \times (z_B - z_A)$$

$$P_A = P_B - \rho \times g \times (z_B - z_A)$$

$$P_{SF} = 1013 \cdot 10^2 - 1,15 \times 9,8 \times (0 + 4810)$$

$$P_{SF} = 47 \cdot 10^3 \text{ Pa}$$

La pression atmosphérique normale au sommet du Mont-Blanc serait de 47 kPa.

Corrigés

3. Le modèle plus complexe de l'atmosphère donne :

$$P(h) = 1013{,}25 \times (1 - 2{,}26 \cdot 10^{-5} \times h)^{5{,}26}$$

$$P_{MC} = 1013{,}25 \times (1 - 2{,}26 \cdot 10^{-5} \times 4810)^{5{,}26}$$

$$P_{MC} = 553 \text{ hPa.}$$

La pression atmosphérique normale au sommet du Mont-Blanc selon ce modèle mathématique serait de 55,3 kPa.

4. On peut calculer l'écart relatif entre les deux modèles :

$$e = \frac{|P_{MC} - P_{SF}|}{P_{MC}}$$

$$e = \frac{|55{,}3 - 47|}{55{,}3} = 0{,}15$$

Les deux méthodes donnent des valeurs dont l'écart atteint 15 %. Le modèle de la statique des fluides n'est donc pas adapté à l'étude de l'atmosphère terrestre. Il ne tient pas compte des variations de température ou de la variation de la masse volumique des gaz.

Corrigés contrôle

Exercice

1. On utilise le principe de la statique des fluides :

$$P_{fosse} - P_{surface} = \rho \times g \times (z_{fosse} - z_{surface})$$

$$\frac{P_{fosse} - P_{surface}}{\rho \times g} = z_{fosse} - z_{surface}$$

Par référence $z_{surface} = 0$ donc :

$$z_{fosse} = \frac{P_{fosse} - P_{surface}}{\rho \times g}$$

$$z_{fosse} = \frac{110 \cdot 10^6 - 1013 \cdot 10^2}{1028 \times 9{,}81} 10{,}9 \cdot 10^3 \text{ m}$$

On trouve une profondeur atteinte de 10,9 km.

2. Aux incertitudes de mesures près, la valeur trouvée est compatible avec la valeur donnée par l'explorateur.

Corrigés

3. La vitesse de descente se détermine par : $v = \frac{d}{\Delta t}$

La descente dure 2 h 36 min soit $9{,}36 \cdot 10^3$ s. On a donc

$$v = \frac{10{,}9 \cdot 10^3}{9{,}36 \cdot 10^3} = 1{,}16 \text{ m} \cdot \text{s}^{-1}$$

On a bien une vitesse moyenne de descente de $1{,}16 \text{ m·s}^{-1}$.

4. On peut utiliser la loi de Mariotte :

$$P_{surface} \times V_{surface} = P_{fosse} \times V_{fosse}$$

$$V_{fosse} = \frac{P_{surface}}{P_{fosse}} \times V_{surface}$$

$$V_{fosse} = \frac{1013 \cdot 10^2}{110 \cdot 10^6} \times 6{,}0$$

$$V_{fosse} = 5{,}5 \cdot 10^{-3} \text{ L}$$

Le volume des poumons du plongeur serait de 5,5 mL, ce qui est physiologiquement impossible.

5. La force pressante peut se déterminer par :

$$P = \frac{F}{S}$$

$$F = P \times S$$

$$F = 110 \cdot 10^6 \times 1$$

$$F = 110 \cdot 10^6 \text{ N}$$

La force exercée sur une plaque de 1 m^2 est de 110 MN.

6. Le poids d'un éléphant se détermine par $P = m \times g$. Donc un éléphant possède un poids de 52,3 kN.

$$N = \frac{F}{P}$$

$$N = \frac{110 \cdot 10^6}{52{,}3 \cdot 10^3} = 2{,}10 \cdot 10^3$$

La plaque de 1 m^2 doit supporter l'équivalent du poids de 2100 éléphants.

12 Mouvement d'un point d'un système

1. Le saut de Maddison

En avril 2010, le motard Robbie Maddison effectue un saut en moto au-dessus du canal de Corinthe en Grèce.

Source : Sujet Bac 2017 Pondichery exercice 1

Il s'est élancé depuis un tremplin pour un saut d'environ 85 m de longueur.

On utilise un repère (Ox ; Oy) qui permet de repérer la position du centre de gravité du motard.

Position du motard

Les positions successives de celui-ci sont indiquées dans le tableau ci-dessous.

t en s	0	0,20	0,40	0,60	0,80	1,00	1,20	1,40
x en m	2,0	7,5	12,9	18,4	23,8	29,3	34,8	40,2
y en m	1,5	4,5	7,1	9,4	11,2	12,7	13,7	14,4

On peut obtenir la trajectoire du motard c'est-à-dire la courbe y = f(x). De plus, le tableau de mesures indique que l'intervalle de temps existant entre deux mesures successives est $\Delta t = 0{,}20$ s.

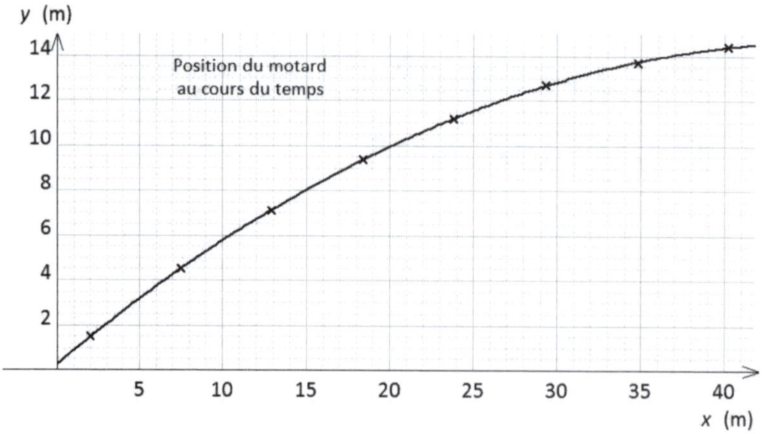

Vitesse du motard

La vitesse du motard se détermine par la variation du vecteur déplacement entre deux instants voisins.

Rappels

Pour calculer la vitesse, on détermine la vitesse moyenne qui existe entre les deux points qui encadrent directement le point étudié. On a la relation :

$$\vec{V}_i = \frac{\overrightarrow{OM_{i+1}} - \overrightarrow{OM_{i-1}}}{2 \times \Delta t} = \frac{\overrightarrow{M_{i-1}M_{i+1}}}{2 \times \Delta t}$$

où i est l'indice correspondant au point étudié.

On décompose ce vecteur en une composante horizontale et une composante verticale.

La valeur de la vitesse se détermine par :

$$V = \sqrt{V_x^2 + V_y^2}$$

t en s	0	0,20	0,40	0,60	0,80	1,00	1,20	1,40
V_x en m·s^{-1}		27,3	27,3	27,3	27,3	27,3	27,3	
V_y en m·s^{-1}		14,0	12,3	10,3	8,3	6,3	4,3	
V en m·s^{-1}		30,7	29,9	29,2	28,5	28,0	27,6	

On remarque que :

- la vitesse selon l'axe horizontal est constante ;
- la vitesse selon l'axe vertical diminue progressivement ;
- la valeur de vitesse évolue pendant l'étude.

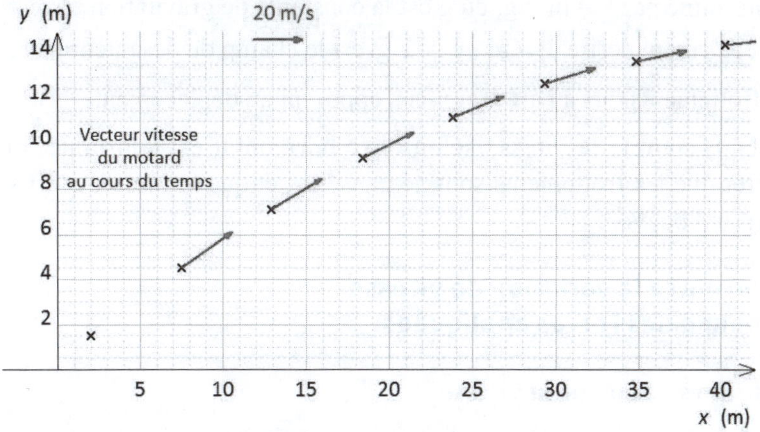

Représentation des vecteurs vitesse

Variation du vecteur vitesse

On peut remarquer que si la valeur de la vitesse évolue, la direction du vecteur vitesse évolue également.

On étudie donc la variation du vecteur vitesse : $\Delta\vec{V}_i = \overrightarrow{V_{i+1}} - \overrightarrow{V_{i-1}}$

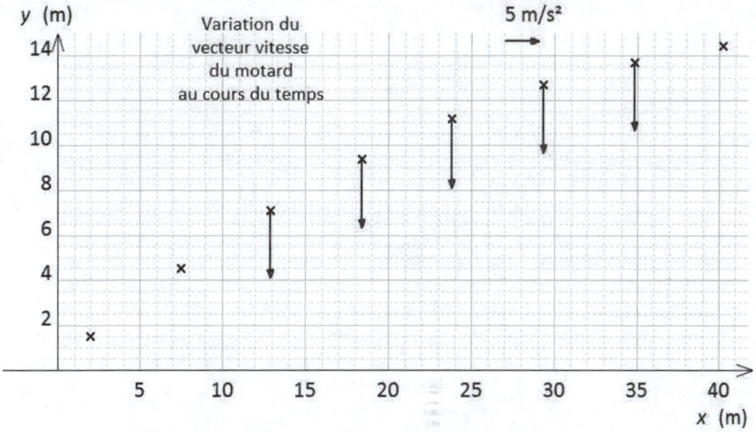

Représentation de la variation des vecteurs vitesse

On remarque que la variation du vecteur vitesse est quasiment constante tant en valeur qu'en direction.

2. Variation de vitesse et forces exercées sur un objet

Forces exercées sur Robbie Maddison

Pendant son saut, Robbie Maddison est soumis à plusieurs forces :

- son poids qui suit une direction verticale, orienté vers le bas et dont l'intensité se détermine par $P = m \times g$, où g est la constante de gravitation terrestre. On peut également écrire $\vec{P} = m \times \vec{g}$, où $\vec{g}$ est le champ de pesanteur terrestre.
- Des frottements dus à l'air. Ceux-ci s'opposent au déplacement.

Cependant, comme la vitesse selon l'axe horizontal est constante, on peut considérer que les frottements sont négligeables et que le motard n'est soumis qu'à son seul poids.

Relation entre la variation de vitesse et la somme des forces appliquées

Loi de la variation de la vitesse

Pour un système modélisé par un point, La variation du vecteur vitesse s'effectue dans le même sens et la même direction que la somme des forces appliquées sur ce système.

La variation de vitesse est reliée aux forces par la masse. Plus un objet est massif, plus il est difficile à mettre en mouvement.

Énoncés des exercices

Exercice 1

15 min

Vérifier une équation de position

Un élève réalise le pointage vidéo d'un mouvement. Le logiciel lui fournit le tableau de mesures ci-dessous.

x en m	0	0,40	0,80	1,20	1,60	2,00
y en m	4,88	5,05	5,57	6,57	8,21	10,63

1. Tracer la courbe de la position y en fonction de la position x.
2. En utilisant cette courbe, préciser si :
   a. le mouvement est rectiligne,
   b. le mouvement est uniforme.

   Une étude mathématique donne comme une équation cartésienne de la position :

$$y(x) = 3 \times \left(\frac{x+1}{2}\right)^3 - 2 \times \left(\frac{x+1}{2}\right)^2 + 5$$

3. En utilisant le tableur de votre calculatrice, vérifier si cette équation correspond au mouvement étudié.

Exercice 2

20 min

Calculer une vitesse instantanée

On place une bille sur un plan rectiligne incliné à 20°. On relève la position de la bille toutes les $\Delta t = 0{,}10$ s.

Point	0	1	2	3	4	5	6
Date en s	0	0,10	0,20	0,30	0,40	0,50	0,60
Position x en cm	0	1,3	5,1	11,4	20,3	31,7	45,7

1. Que représente la vitesse par rapport à la position ?
2. Comment peut-on calculer la vitesse instantanée V_3 au point 3 ?
3. Calculer cette valeur.
4. Comparer cette valeur avec celle de la vitesse instantanée V_5 au point 5.
5. Que peut-on dire du mouvement dans ce cas ?

* Exercice 3 — 30 min

Tracer des vecteurs vitesse…

On dispose d'un document millimétré indiquant les positions successives occupées toutes les 0,25 s par un objet animé d'un mouvement uniforme.

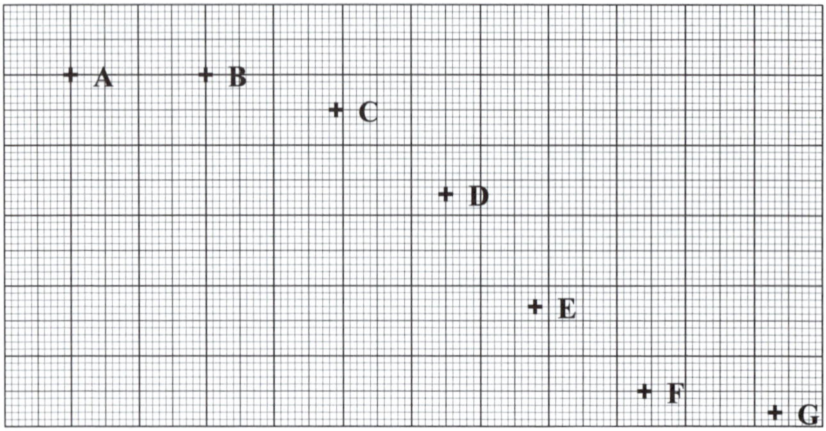

1. Déterminer la vitesse V_B.
2. Tracer le vecteur $\vec{V}_B$ (Échelle 1 cm pour 4 $cm \cdot s^{-1}$). Expliquer la démarche de construction.
3. Tracer les vecteurs $\vec{V}_D$ et $\vec{V}_F$.

** Exercice 4 — 30 min

Tracer des vecteurs variations de vitesse…

Le pointage des positions d'un mobile, effectué toutes les 0,25 s, donne le tableau de mesures ci-dessous.

Point	A	B	C	D	E	F	G
X en m	0,00	1,25	2,40	3,50	4,50	6,00	7,00
Y en m	2,00	3,00	3,50	2,80	2,00	1,50	1,00

Un logiciel de traitement des données permet de placer les points dans un repère et de faire apparaître les vecteurs vitesse.

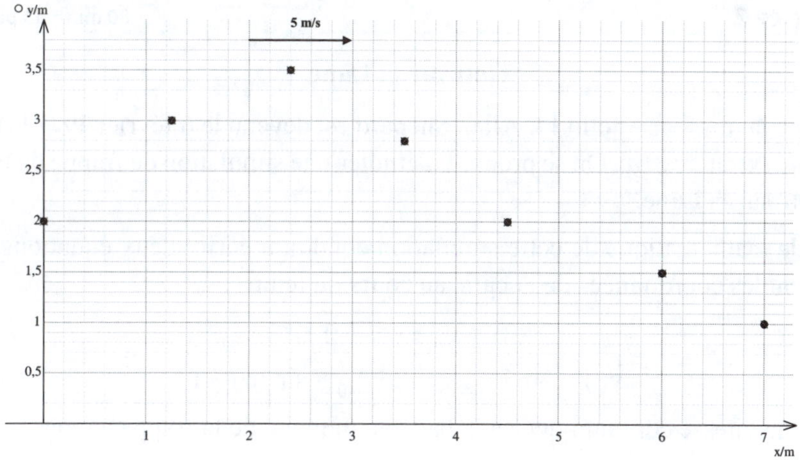

1. Estimer graphiquement la vitesse du mobile au point C.

2. Vérifier cette valeur par le calcul.

3. Tracer la variation du vecteur vitesse au point C.

Contrôle

2 h 00 • 20 points

Exercice 1

40 min • 7 points

Chute d'une bille dans un liquide

On lâche verticalement une bille de masse m = 4,08 g dans une éprouvette remplie d'huile. On réalise le pointage de la position de cette bille au cours du temps. On obtient le tableau de mesures ci-dessous.

Date t en s	0	0,020	0,040	0,060	0,080	0,100	0,120	0,140	0,160
Position x en mm	1,6	6,0	14,8	25,7	38,3	52,6	68,8	81,6	99,1

1. Placer sur un axe les positions successives de la bille au cours du temps.

2. Caractériser la nature du mouvement.

3. Quelle est la durée entre deux repérages de position de la bille ?

4. Calculer la vitesse aux instants t = 0,040, t = 0,100 s, t = 0,120 et t = 0,140 s.

5. Tracer les vecteurs vitesse correspondants.

6. Que remarque-t-on ?

7. Calculer l'intensité du vecteur variation de vitesse à l'instant t = 0,120 s. Que peut-on en conclure ?

Exercice 2

⏰ 80 min • 13 points

Golf sur la Lune

Lors de la mission Apollo 14, Allan Shepard est devenu le 6 février 1971 le seul golfeur extraterrestre. On se propose d'étudier une simulation de frappe de balle de golf sur la Lune.

L'étude mathématique de cette simulation conduit à écrire deux équations qui donnent les coordonnées de la balle au cours du temps :

$$x(t) = V_0 \times \cos(\alpha) \times t$$

$$y(t) = -0{,}5 \times g_L \times t^2 + V_0 \times \sin(\alpha) \times t$$

V_0 est la vitesse communiquée à la balle au moment de la frappe en $m \cdot s^{-1}$.

α est l'angle de départ de la balle par rapport à l'horizontale.

g_L est le coefficient de pesanteur lunaire.

Données :

$V_0 = 25\ m \cdot s^{-1}$ $\alpha = 15\ °$.

Masse de la Lune : $M_L = 7{,}36 \cdot 10^{22}$ kg.

Rayon de la Lune : $R_L = 1{,}74 \cdot 10^6$ m.

Constante de gravitation unverselle : $G = 6{,}67 \cdot 10^{-11}\ N \cdot m^2 \cdot kg^{-2}$.

Constante de pesanteur terrestre : $g = 9{,}81\ m \cdot s^{-2}$.

1. Rappeler la loi de la gravitation universelle.
2. Qu'est-ce que le poids lunaire ? Le définir mathématiquement.
3. Montrer que le coefficient de pesanteur lunaire peut se mettre sous la forme :

$$g_L = \frac{G \times m_L}{R_L^2}$$

4. Calculer la valeur du coefficient de pesanteur lunaire. Vérifier que cette valeur est environ 6 fois plus faible que celle du coefficient de pesanteur terrestre g.
5. À l'aide d'un tableur ou de la calculatrice, déterminer les positions de la balle de golf au cours du temps pendant 5 s avec un intervalle de temps $\Delta t = 0{,}5s$.
6. Visualiser la courbe de la position y en fonction de la position x.
7. Que peut-on dire du mouvement de la balle de golf ?
8. Calculer les vitesses V(1,5s) et V(2,5s). Le mouvement est-il uniforme ?
9. Tracer les vecteurs vitesse correspondant ainsi que le vecteur variation de la vitesse $\Delta\vec{V}(2{,}0s)$.

Corrigés exercices

Exercice 1

1. Tracé de la courbe de la position y en fonction de la position x.

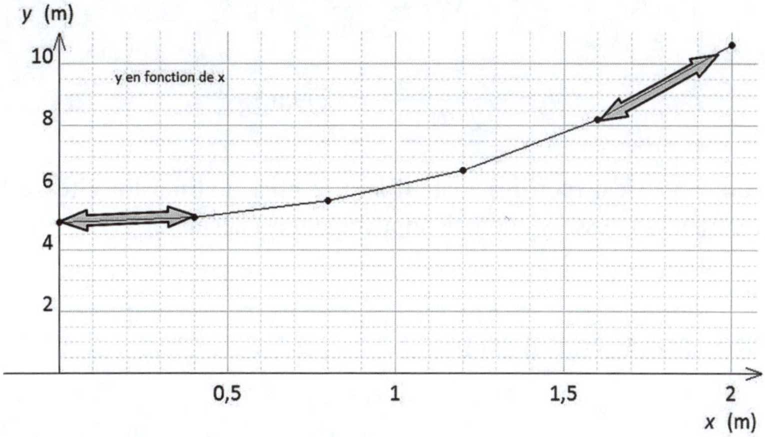

2. À partir de cette courbe, on peut dire que :

   a. le mouvement n'est pas rectiligne car la courbe caractéristique n'est pas une droite ;

   b. le mouvement n'est pas uniforme car la distance entre deux points consécutifs n'est pas constante.

3. On programme la valeur de x et on effectue le calcul de y selon l'équation

x	0	0,40	0,80	1,20	1,60	2,00
y	=3*((b1+1)/2)^3-2*((b1+1)/2)^2+5)	5,05	5,57	6,57	8,21	10,63

Le tableau obtenu donne les mêmes résultats que celui du tableau de mesures. Le modèle mathématique correspond donc bien au mouvement étudié.

Exercice 2

1. La vitesse représente la variation de la position en fonction du temps.

2. La vitesse V_3 se détermine à partir des positions des points 2 et 4 et de la durée pour passer de l'un à l'autre. La durée à considérer est donc $2 \times \Delta t$.

$$V_3 = \frac{x_4 - x_2}{2 \times \Delta t}$$

3. On applique la formule précédente :

$$V_3 = \frac{20,3 - 5,1}{2 \times 0,10}$$

Corrigés

$$V_3 = 76 \text{ cm·s}^{-1}$$

La vitesse instantanée au point 3 est de 0,76 m·s^{-1}.

4. On détermine la vitesse instantanée V_5 au point 5 :

$$V_5 = \frac{x_6 - x_4}{2 \times \Delta t}$$

$$V_5 = \frac{45,7 - 20,3}{2 \times 0,10} = 127 \text{ cm} \cdot \text{s}^{-1}$$

Le mouvement est rectiligne car il suit le plan incliné. La vitesse V_5 est supérieure à la vitesse V_3 donc le mouvement est accéléré.

Exercice 3

1. La vitesse peut se déterminer par :

$$V_B = \frac{d(A - C)}{2 \times \Delta t}$$

$$V_B = \frac{4,0}{2 \times 0,25} = 8,0 \text{ cm} \cdot \text{s}^{-1}$$

La vitesse de l'objet en B vaut 8,0 cm·s^{-1}.

2. Pour tracer le vecteur $\vec{V}_B$, on utilise la définition vectorielle :

$$\vec{V}_B = \frac{\overrightarrow{AC}}{2 \times \Delta t}$$

On trace donc le vecteur $\overrightarrow{AC}$.

On reporte une représentation de $\overrightarrow{AC}$ à partir du point B.

Le vecteur vitesse $\vec{V}_B$ est colinéaire à ce représentant et a pour longueur 2 cm.

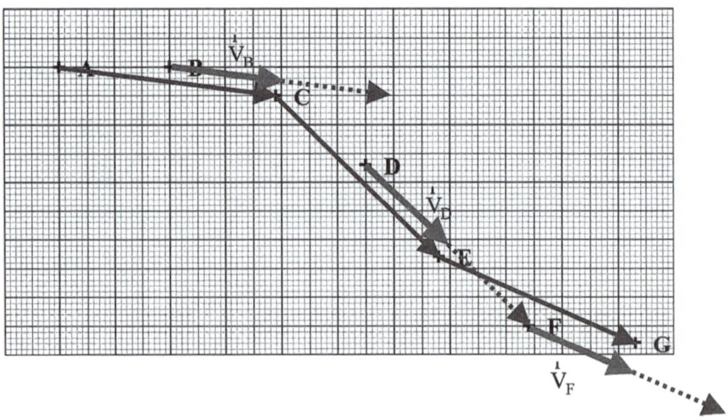

Le schéma n'est pas à l'échelle

3. Voir schéma ci-dessus.

Exercice 3

1. Le vecteur au point C mesure 12 mm. L'échelle de référence mesure 12 mm pour 5 m·s^{-1}. La vitesse au point C est donc de l'ordre de 5 m·s^{-1}.

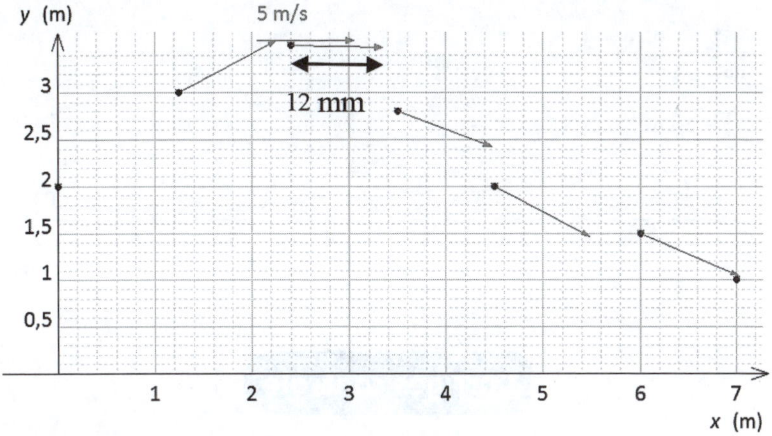

2. On détermine la valeur de la vitesse au point C par :

$$V_C = \frac{d(B-D)}{2 \times \Delta t}$$

On calcule la distance BD en utilisant la norme du vecteur $\overrightarrow{BD}$.

$$d(B-D) = \sqrt{(x_D - x_B)^2 + (y_D - y_B)^2}$$

$$d(B-D) = \sqrt{(3{,}50 - 1{,}25)^2 + (2{,}80 - 3{,}00)^2}$$

$$d(B–D) = 2{,}26 \text{ m}$$

$$V_C = \frac{2{,}26}{2 \times 0{,}25} = 4{,}5 \text{ m} \cdot \text{s}^{-1}$$

On retrouve une valeur proche de l'estimation graphique.

3. La variation des vecteurs vitesse au point C s'écrit : $\Delta\vec{V}_C = \vec{V}_D - \vec{V}_B$

On trace un représentant du vecteur $\vec{V}_D$ en C : construction 1.

On trace un représentant du vecteur $-\vec{V}_B$ à l'extrémité du vecteur précédent : construction 2.

On ajoute ces deux vecteurs pour obtenir $\Delta\vec{V}_C$: construction 3.

Corrigés

4. Voir ci-dessous.

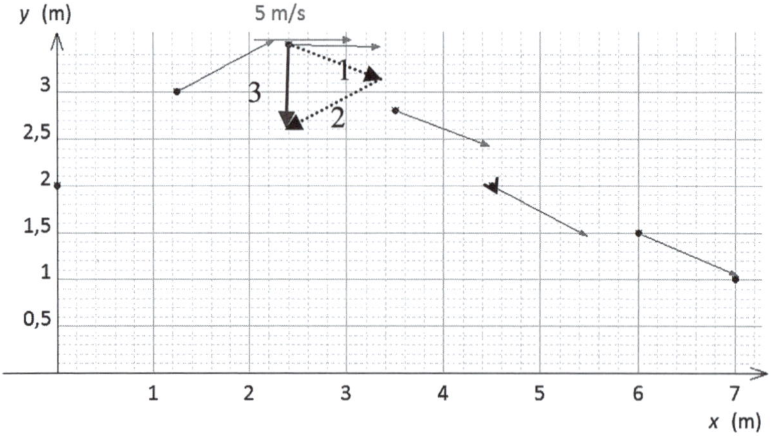

Corrigés contrôle

Exercice 1

On lâche verticalement une bille de masse m = 4,08 g dans une éprouvette remplie d'huile. On réalise le pointage de la position de cette bille au cours du temps. On obtient le tableau de mesures ci-dessous.

1. Positions successives de la bille au cours du temps.

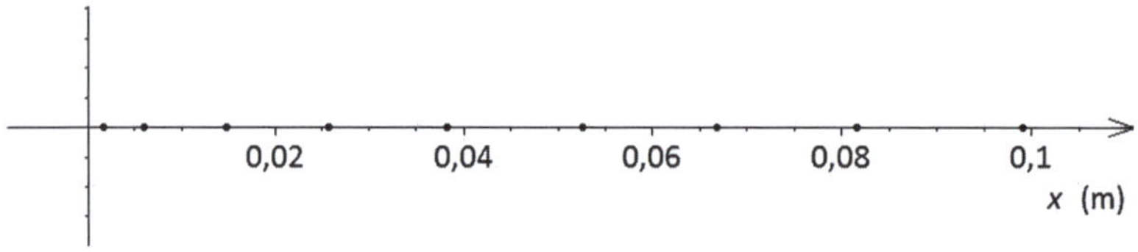

2. Le mouvement est rectiligne et non uniforme puisque l'intervalle entre deux points successifs évolue.

3. D'après le tableau de mesure, l'intervalle de temps entre deux repérages de position de la bille est de $\Delta t = 0{,}020\text{s}$.

4. On calcule les vitesses en utilisant :

$$V_i = \frac{x_{i+1} - x_i}{2 \times \Delta t}$$

$$V(0{,}040) = \frac{25{,}7 - 6{,}0}{2 \times 0{,}020} = 493 \text{ mm} \cdot \text{s}^{-1}$$

$$V(0{,}100) = \frac{68{,}8 - 38{,}3}{2 \times 0{,}020} = 763 \text{ mm} \cdot \text{s}^{-1}$$

Corrigés

$$V(0{,}120)=\frac{81{,}6-52{,}6}{2\times 0{,}020}=725\ \text{mm}\cdot\text{s}^{-1}$$

$$V(0{,}140)=\frac{99{,}1-68{,}8}{2\times 0{,}020}=758\ \text{mm}\cdot\text{s}^{-1}$$

5. On trace les vecteurs à l'échelle 1 cm pour 500 mm·s^{-1}.

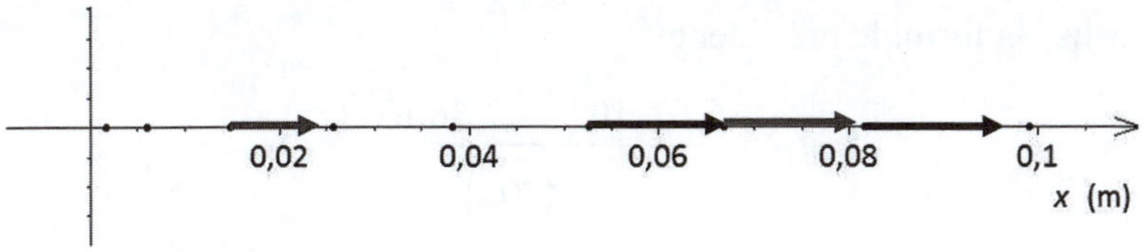

6. On remarque que les vecteurs vitesse aux instants t = 0,100 s, t = 0,120 s et t = 0,140 s sont quasiment identiques.

7. Les vecteurs vitesse sont colinéaires donc l'intensité du vecteur variation de vitesse se détermine par :

$$\Delta V(0{,}120) = V(0{,}140) - V(0{,}120)$$

$$\Delta V(0{,}120) = 0{,}758 - 0{,}763$$

$$\Delta V(0{,}120) = -0{,}005\ \text{m}\cdot\text{s}^{-1}$$

Il n'y a quasiment plus de variation de vitesse. On peut dire que la bille a atteint une vitesse constante.

Exercice 2

1. La loi de la gravitation universelle s'écrit :

$$F_G = G\times\frac{m_1\times m_2}{d^2}$$

avec G la constante de gravitation universelle, m_1 et m_2 les masses des corps mis en jeu et d la distance entre ces corps.

2. Le poids lunaire c'est la force exercée par la Lune sur un corps situé à sa surface. Par analogie avec le poids terrestre, on peut écrire :

$$P = m\times g_L$$

3. Le poids lunaire est égal à la force gravitationnelle de la Lune sur un objet de masse m à sa surface. On peut écrire :

$$F_G = G\times\frac{m_L\times m}{R_L^2}\ \text{et}\ P = m\times g_L$$

Corrigés

Or $F_G = P$ donc :

$$G \times \frac{m_L \times \cancel{m}}{R_L^2} = \cancel{m} \times g_L$$

On a donc bien : $$g_L = \frac{G \times m_L}{R_L^2}$$

4. On utilise la formule précédente :

$$g_L = \frac{6,67 \cdot 10^{-11} \times 7,36.10^{22}}{\left(1,74 \cdot 10^{6}\right)^2}$$

$$g_L = 1,62\ m \cdot s^{-2}$$

Si on compare avec la pesanteur terrestre, on trouve : $\frac{g}{g_L} = \frac{9,81}{1,62} = 6,06.$

Le coefficient de pesanteur lunaire est bien 6 fois plus faible que celui de la Terre.

5. Exemple de résultats par tableur.

t	x	y
s	m	m
0,00	0,00	0,00
0,500	12,1	3,03
1,00	24,1	5,66
1,50	36,2	7,88
2,00	48,3	9,70
2,50	60,4	11,1
3,00	72,4	12,1
3,50	84,5	12,7
4,00	96,6	12,9
4,50	109	12,7
5,00	121	12,1

6. Courbe obtenue.

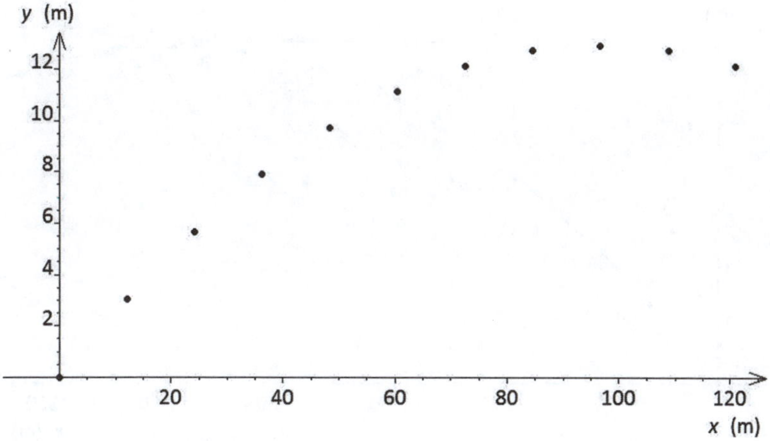

7. La trajectoire n'est pas une droite, le mouvement est curviligne.

8. Pour calculer les vitesses à partir du tableau de mesures, on détermine d'abord la distance parcourue autour de chaque point d'étude.

$$d(1{,}5s) = \sqrt{\left(x(2{,}0s) - x(1{,}0s)\right)^2 + \left(y(2{,}0s) - y(1{,}0s)\right)^2}$$

$$d(1{,}5s) = \sqrt{(48{,}3 - 24{,}1)^2 + (9{,}70 - 5{,}66)^2}$$

$$d(1{,}5s) = 24{,}5 \text{ m}$$

$$d(2{,}5s) = \sqrt{\left(x(3{,}0s) - x(2{,}0s)\right)^2 + \left(y(3{,}0s) - y(2{,}0s)\right)^2}$$

$$d(2{,}5s) = \sqrt{(72{,}4 - 48{,}3)^2 + (12{,}1 - 9{,}70)^2}$$

$$d(2{,}5s) = 24{,}2 \text{ m}$$

On divise ces résultats par 2 × Δt c'est-à-dire 2 × 0,5 soit 1s.

On en déduit que la vitesse V(1,5s) = 24,5 $m{\cdot}s^{-1}$ et que V(2,5s) = 24,2 $m{\cdot}s^{-1}$.

Les vitesses ne sont pas égales, le mouvement n'est pas uniforme.

Corrigés

9. Voir courbe ci-dessous

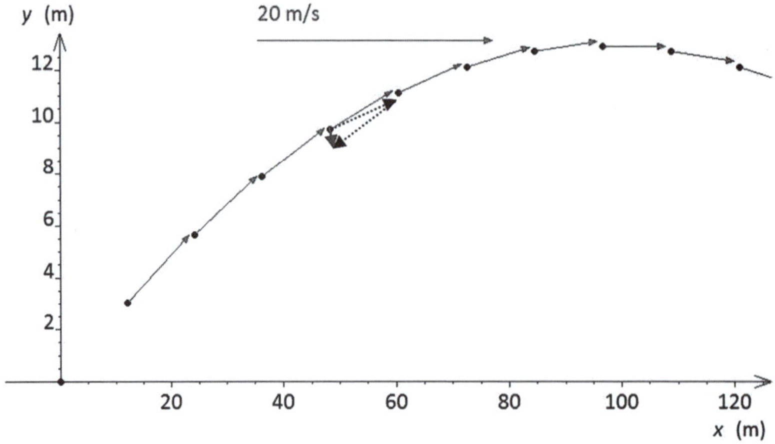

13 Aspects énergétiques des phénomènes électriques

1. Le courant électrique

Pile électrochimique de démonstration

On peut étudier une pile électrochimique dite pile Daniell constituée de deux compartiments. Le premier contient une lame de cuivre trempant dans une solution aqueuse d'ions Cu^{2+}, la seconde contient une lame de zinc trempant dans une solution aqueuse d'ion Zn^{2+}.

Les deux compartiments sont reliés par un pont salin et à l'extérieur par des fils conducteurs.

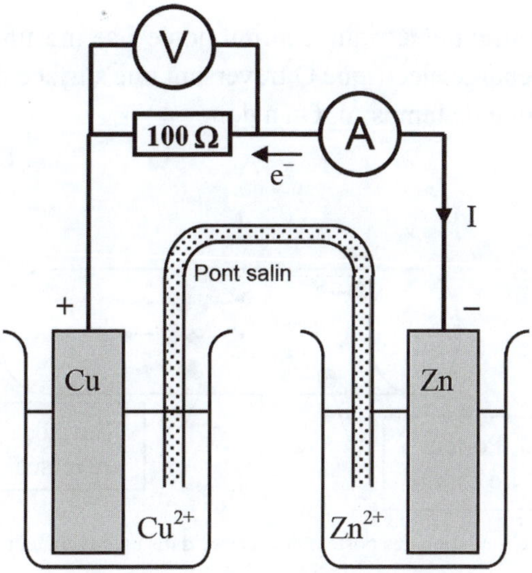

Pile Daniell en fonctionnement

Le voltmètre indique une tension U = 1,1 V et l'ampèremètre une intensité I = 11 mA.

Ces valeurs prouvent la circulation d'un courant électrique entre les deux compartiments de la pile.

Le fonctionnement de cette pile peut se modéliser par l'équation chimique d'oxydoréduction suivante :

$Cu^{2+}_{(aq)} + 2e^- \rightarrow Cu_{(s)}$ réduction

$Zn_{(s)} \rightarrow Zn^{2+}_{(aq)} + 2e^-$ oxydation

$Cu^{2+}_{(aq)} + Zn_{(s)} \rightarrow Cu_{(s)} + Zn^{2+}_{(aq)}$

Ce fonctionnement indique la circulation de charges électriques à l'extérieur de la pile : les électrons.

Cependant à l'intérieur de la pile, les électrons ne peuvent circuler. Le transfert s'effectue par l'intermédiaire des ions, cations et anions, y compris dans le pont salin qui contient un électrolyte ionique.

Définition

Le courant électrique est un déplacement de porteurs de charges électriques :

- les électrons dans les conducteurs solides ;
- les ions dans les solutions et les électrolytes gélifiés.

Intensité d'un courant électrique

L'intensité d'un courant électrique continu notée I se mesure en ampères (A). Elle représente la charge électrique Q traversant une surface définie (section du conducteur) par unité de temps Δt. On a donc :

$$I = \frac{Q}{\Delta t}$$

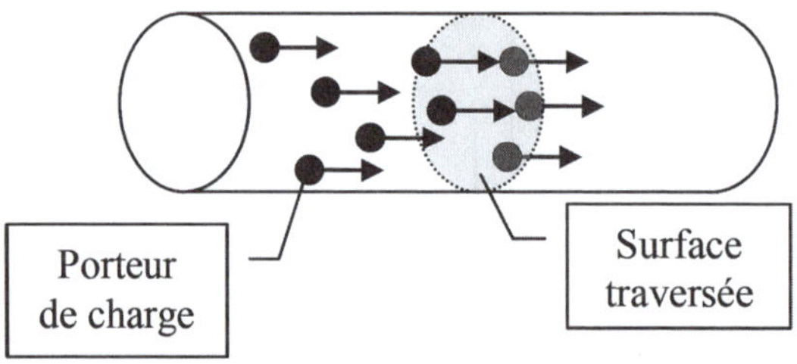

Circulation des porteurs de charge dans un conducteur

On peut définir le débit de charges d par la relation :

$$d = \frac{N_{charge}}{\Delta t}$$

où N_{charge} représente le nombre de porteurs de charges traversant la surface définie.

Chaque porteur de charge permet le déplacement d'une charge q (multiple de la charge élémentaire e). La charge totale Q se détermine donc par :

$$Q = N_{charge} \times q$$

On a donc une relation entre l'intensité et le débit de charges :

$$I = \frac{Q}{\Delta t}$$

$$I = \frac{N_{charge} \times q}{\Delta t}$$

$$I = \frac{N_{charge}}{\Delta t} \times q$$

$$I = d \times q$$

Sources de tensions

Source de tension continue idéale

Une source de tension continue permet de délivrer une tension dont la valeur est constante au cours du temps.

Cette source de tension est dite idéale si la tension délivrée est indépendante du circuit qu'elle alimente.

Une source de tension continue idéale peut être constituée d'une alimentation électrique stabilisée.

Source de tension continue réelle

L'étude d'un générateur qui constitue une source de tension continue réelle peut s'effectuer en utilisant le montage du schéma présenté et en modifiant la valeur de la résistance du conducteur ohmique.

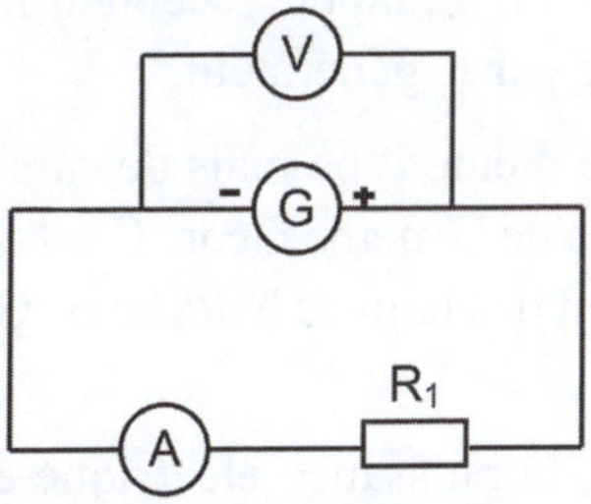

On mesure la tension délivrée U_G par le générateur et l'intensité I qui circule dans le circuit. On obtient le tableau de mesures suivant :

R en Ω	1 000	680	470	220	100	47	30
U_G en V	9,92	9,85	9,82	9,63	9,21	8,44	7,78
I en mA	9,91	14,5	20,9	43,5	92,1	182	260

On remarque que plus l'intensité I augmente, plus la tension du générateur diminue.

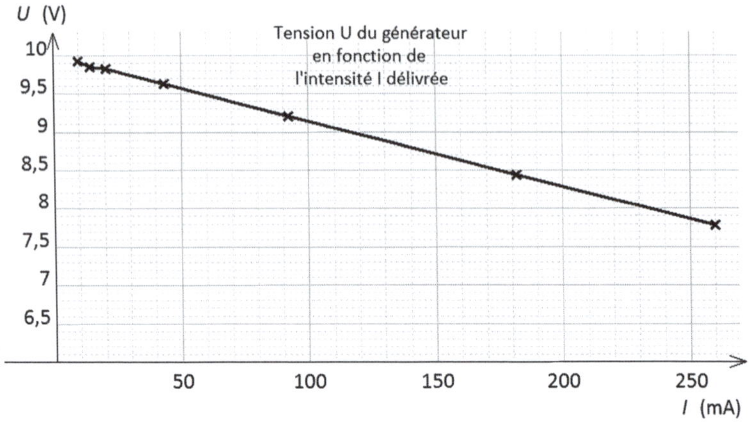

La modélisation indique que la tension du générateur suit une loi affine ce qui peut s'écrire :

$$U_G = E - r \times I$$

où E représente la tension délivrée par le générateur s'il était idéal et r une résistance associée en série.

E est appelée force électromotrice du générateur

r est appelée résistance interne du générateur.

2. Puissance et énergie

Définitions

Pour fonctionner correctement, un dipôle récepteur nécessite de l'énergie E (en Joule noté J) qui est fournie par le générateur.

Deux dipôles récepteurs de même type mais de caractéristiques différentes ne vont pas utiliser cette énergie de la même façon. C'est ce qui explique par exemple les différences d'éclairement des lampes halogènes. On parle alors de puissance P reçue en Watt noté W.

Dans un circuit électrique, la puissance électrique est directement reliée à la tension U et à l'intensité I.

Relation de définition de la puissance électrique : $P = U \times I$

Relation entre la puissance et l'énergie : $E = P \times \Delta t$

où Δt est la durée de fonctionnement du circuit.

Bilan de puissance dans un circuit électrique

Pour alimenter un moteur électrique, on utilise un générateur de tension réel et un conducteur ohmique de protection de résistance R_1.

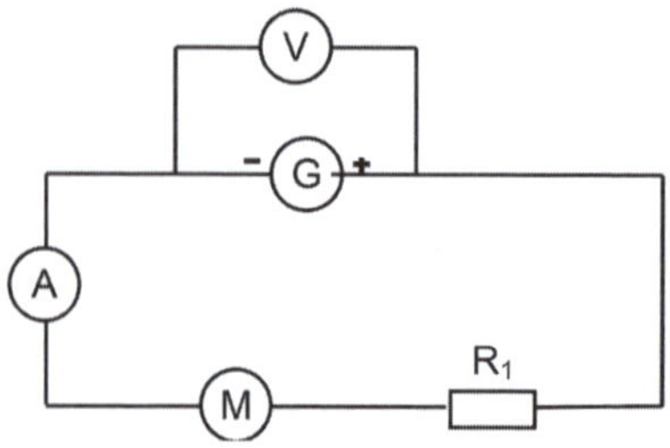

La puissance électrique fournie $P_{fournie}$ par le générateur idéal équivalent est utilisée par les différents dipôles présents dans le circuit :

- P_r : puissance reçue par la résistance interne r du générateur ;
- P_{R1} : puissance reçue par le conducteur ohmique de protection de résistance R_1 ;
- P_M : puissance reçue par le moteur.

Il y a conservation de la quantité totale de la puissance donc on a :

$$P_{fournie} = P_r + P_{R1} + P_M$$

Remarque :

Le plus souvent, on utilise la notion de puissance disponible du générateur réel qui tient compte de la puissance fournie et de la puissance consommée par la résistance interne.

$$P_{dispo} = P_{fournie} - P_r$$

Effet Joule

Lorsqu'un conducteur ohmique est traversé par un courant électrique, on remarque une élévation de sa température. C'est l'effet Joule.

Cet effet Joule peut être recherché pour la production de chaleur (plaque de cuisson, radiateur électrique …). Cependant le plus souvent cette puissance dissipée est une perte du système.

La loi d'Ohm permet de relier la tension de fonctionnement U d'un conducteur ohmique à sa résistance R et à la valeur de l'intensité I du courant électrique qui le traverse :

$$U = R \times I$$

La puissance Joule associée au fonctionnement d'un conducteur ohmique s'écrira donc :

$$P = U \times I$$

$$P = (R \times I) \times I$$

$$P = R \times I^2$$

Rendement d'un convertisseur

Un convertisseur électrique transforme une puissance électrique en une autre forme de puissance (mécanique, lumineuse…).

Cependant, cette conversion s'accompagne fréquemment de perte par effet Joule.

On définit donc le rendement η d'un convertisseur comme le rapport de la puissance utile par la puissance reçue.

$$\eta = \frac{P_{utile}}{P_{reçue}}$$

Une lampe à incandescence (interdite depuis 2012) recevant une puissance électrique de 60 W restituait une puissance lumineuse de 1 W !

Le rendement de ce type de lampe était donc de $\eta = \frac{1}{60} = 0,017$ soit 1,7 %.

Le reste de l'énergie était dissipé sous forme de chaleur.

Énoncés des exercices

* Exercice 1 — 20 min

Calcul d'un courant

Une pile d'oxydoréduction Argent-Cuivre possède une force électromotrice E = 0,46 V. Le compartiment à l'argent contient 50,0 mL de solution de nitrate d'argent de concentration en quantité de matière en ion argent apporté $[Ag^+_{(aq)}] = 0{,}100\ mol \cdot L^{-1}$.

La pile fonctionne pendant 20 h jusqu'à consommation totale des ions argent.

Données :

Couple d'oxydoréduction de l'argent $Ag^+_{(aq)}/Ag_{(s)}$.

Charge d'une mole d'électrons : 96400 C.

1. Écrire la demi-équation électronique correspondant à la consommation des ions argent. De quel type de réaction d'oxydoréduction s'agit-il ?
2. Quelle quantité de matière en électrons a été nécessaire à la consommation totale des ions argent.
3. En déduire la charge électrique transférée.
4. Montrer que le courant constant qui a circulé possédait une intensité de 6,7 mA.

* Exercice 2 — 20 min

Détermination d'une résistance interne

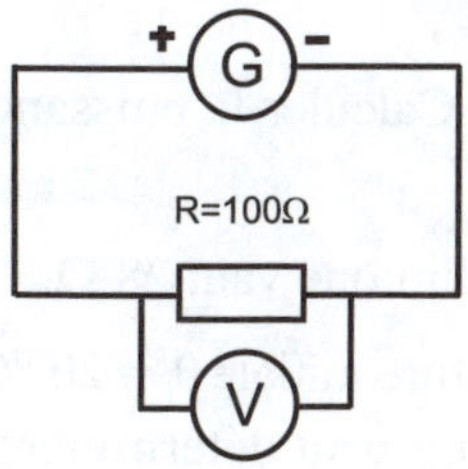

Un générateur de tension à vide 6,00 V est reliée à un conducteur ohmique de résistance R = 100Ω. Un voltmètre branché aux bornes de ce dernier mesure une tension $U_R = 5{,}75$ V.

1. En utilisant la loi d'Ohm, déterminer l'intensité du courant électrique qui circule dans le circuit.
2. Montrer que cette intensité correspond à un débit électronique de $3{,}6 \cdot 10^{17}$ électrons par seconde.
3. En utilisant la 1re loi de Kirchhoff, montrer qu'on peut écrire la relation :

$$E = (R + r) \times I$$

4. En déduire la valeur de la résistance interne du générateur.

Exercices

Exercices

* Exercice 3 — 15 min

Bilan énergétique dans un circuit

On considère un générateur idéal de force électromotrice E = 12,0 V. Celui-ci alimente un conducteur ohmique de protection de résistance R = 10,0 Ω et un moteur qui permet de soulever une charge de masse m. Cependant, on peut remarquer un échauffement au niveau du moteur.

Lors du fonctionnement du circuit, l'intensité du courant est de 100 mA. Le moteur délivre alors une puissance mécanique $P_M = 1{,}00$ W.

1. Écrire le bilan de puissance de ce circuit.
2. Calculer la puissance reçue par le moteur.
3. En déduire le rendement du moteur.
4. Estimer les pertes totales par effet Joule.

** Exercice 4 — 30 min

Plaque de cuisson électrique

Il existe de nombreuses plaques de cuisson dont la plaque de cuisson électrique.

Elles sont constituées par des conducteurs ohmiques spiralaires enchâssés dans une coque métallique et elles transforment la puissance électrique en puissance Joule.

La plaque de cuisson utilisée possède une puissance totale de 1500 W.

1. Calculer l'intensité nécessaire à l'alimentation de cette plaque de cuisson sachant que le générateur délivre une tension de 230 V.
2. Le rendement de cette plaque de cuisson est de 80 %. Calculer la puissance Joule réellement exploitable.
3. Montrer que la valeur de la résistance du conducteur ohmique vaut 28 Ω.

   On place dans une casserole une masse d'eau, de température initiale $\theta_i = 20$ °C, de 1,00 kg. En négligeant l'influence de la casserole, on peut déterminer la puissance thermique reçue par l'eau par la formule :

$$P_C = 4185 \times \frac{m_{eau} \times \Delta\theta}{\Delta t}$$

   avec m_{eau} en kg, $\Delta\theta$ en °C et Δt en s.

4. En supposant la conservation de la puissance pendant le transfert thermique entre la plaque chauffage et l'eau, déterminer la durée nécessaire pour porter l'eau de la casserole à ébullition ?

Contrôle

2 h · 20 points

Exercice 1

50 min · 8 points

Recharge d'un téléphone portable

Un téléphone portable contient une batterie qu'il convient de recharger régulièrement. On utilise un chargeur régulé qui délivre une tension de 5,00 V et dont le débit électronique est de $3{,}1 \cdot 10^{18}$ e^-/s.

La batterie se comporte alors comme un dipôle passif.

Données :

Chargeur rapide : Courant nominal 1A.

Chargeur standard : Courant nominal 500 mA.

Charge élémentaire : $e = 1{,}602 \cdot 10^{-19}$ C.

1. Déterminer l'intensité du courant délivré par le chargeur lors de son fonctionnement. Pourquoi peut-on affirmer qu'il s'agit d'un chargeur de type standard.
2. Montrer que la puissance fournie par le chargeur à la batterie du téléphone portable est de $P_F = 2{,}49$ W.

   Un wattmètre branché sur le chargeur indique une puissance consommée par celui-ci de $P_C = 2{,}75$ W.
3. Quelle est la perte de puissance ΔP au niveau du chargeur ?
4. Quel est le rendement η du chargeur de batterie ?

   La capacité Q de la batterie vaut 4250 mAh, c'est-à-dire qu'elle est capable de fournir (ou recevoir) une intensité de 4250 mA pendant 1 h ou 2125 mA pendant 2 h…
5. Quelle est la durée théorique de la charge de la batterie ?
6. Pendant la charge de la batterie, on peut noter une augmentation de la température de celle-ci de 25 °C à environ 40 °C. Proposer une explication à ce phénomène.

Exercice 2

70 min · 12 points

Batterie au lithium

Les batteries des appareils numériques contiennent souvent du lithium. C'est un matériau très léger qui permet de fournir des tensions élevées. Une batterie est constituée de plusieurs éléments montés en série appelés accumulateurs.

On considère une batterie au lithium, de tension à vide E = 5,00 V, constituée initialement d'une anode de lithium métallique de masse m = 1,20 g et de 2,00 mL de solution d'ion lithium de concentration en quantité de matière $[Li^+_{(aq)}] = 0{,}010\ mol{\cdot}L^{-1}$.

L'anode est le siège d'une oxydation.

Données :

Couple d'oxydoréduction du lithium :	$Li^+_{(aq)}/Li_{(s)}$
Potentiel de la cathode :	$E^+ = -0{,}66V$
Force électromotrice d'un accumulateur :	$E = E^+ - E^-$
Masse molaire du lithium :	$M_{Li} = 6{,}90\ g{\cdot}mol^{-1}$
1 mole d'électrons contient	$N_A = 6{,}022{\cdot}10^{23}$ électrons.
Charge élémentaire :	$e = 1{,}602{\cdot}10^{-19}$ C

1. Écrire la demi-équation électronique de l'oxydation du Lithium.
2. Calculer le potentiel de l'anode sachant qu'on a la relation :

$$E^- = -3{,}04 + 0{,}059 \times \log [Li^+_{(aq)}]$$

log est le logarithme décimal qui est accessible directement à partir de la touche du même nom sur la calculatrice.

3. Montrer que la batterie étudiée comporte deux accumulateurs.
4. Déterminer la quantité de matière d'électrons n_{e^-} qui peuvent être libéré par l'anode de Lithium.
5. Montrer que la charge maximale Q_{max} correspondante est de 16786 C.

Lorsque la batterie délivre une intensité de 10 mA, la tension a ses bornes est mesurée à U = 4,92 V.

6. Calculer le débit électronique d de cette batterie.
7. Quelle est l'origine de la diminution de la tension aux bornes de la batterie ?
8. Par un bilan de puissance, déterminer la résistance interne r de cette batterie.

Corrigés exercices

Exercice 1

1. La demi-équation électronique de consommation des ions argent s'écrit :

$$Ag^+_{(aq)} + e^- \rightarrow Ag(s)$$

Il s'agit d'une réduction.

2. Le compartiment contient $V_{Ag+} = 50{,}0$ mL soit $50{,}0 \cdot 10^{-3}$ L de solution d'ions argent telle que $[Ag^+_{(aq)}] = 0{,}100$ mol·L^{-1}. On a donc :

$$n_{Ag+} = [Ag^+_{(aq)}] \times V_{Ag+}$$

$$n_{Ag+} = 0{,}100 \times 50{,}0 \cdot 10^{-3}$$

$$n_{Ag+} = 5{,}00 \cdot 10^{-3} \text{ mol}$$

D'après l'équation précédente, la quantité de matière en électrons est égale à la quantité de matière en ion argent. Donc on a $n_{e-} = 5{,}00 \cdot 10^{-3}$ mol.

3. On sait qu'une mole d'électrons possède une charge de 96400C. Donc la quantité de matière en électrons transférés correspond à une charge Q :

$$Q = 5{,}00 \cdot 10^{-3} \times 96400$$

$$Q = 482 \text{ C}$$

4. L'intensité du courant électrique vaut : $I = \dfrac{Q}{\Delta t}$

La durée de fonctionnement de cette pile est de 20 h soit $72 \cdot 10^3$ s.

On a donc :

$$I = \frac{482}{72 \cdot 10^3} = 6{,}7 \cdot 10^{-3} \text{ A}$$

Le courant qui circulait, possédait bien une intensité de 6,7 mA.

Exercice 2

1. La loi d'Ohm indique que $U_R = R \times I$ donc on a :

$$I = \frac{U_R}{R}$$

$$I = \frac{5{,}75}{100} = 57{,}5 \cdot 10^{-3} \text{ A}$$

L'intensité qui circule dans le circuit est de 57,5 mA.

Corrigés

2. Le débit électronique d peut se déterminer à partir de l'intensité car :

$$I = d \times q$$

avec q la charge électrique transportée. Ici il s'agit d'électrons dont la charge électrique vaut –e.

On en tire que :

$$d = \frac{I}{e}$$

$$d = \frac{57{,}5 \cdot 10^{-3}}{1{,}6 \cdot 10^{-19}} = 3{,}6 \cdot 10^{17}$$

On a bien un débit électronique de $3{,}6 \cdot 10^{17}$ électrons par seconde.

3. La 1re loi de Kirchhoff permet d'écrire l'égalité suivante : $U_G = U_R$.

Un générateur réel délivre une tension $U_G = E - r \times I$.

On a donc :

$$E - r \times I = R \times I$$

$$E = R \times I + r \times I$$

$$E = (R + r) \times I$$

On retrouve bien la formule attendue.

4. À partir de la formule précédente, on peut écrire :

$$E = (R + r) \times I$$

$$R + r = \frac{E}{I}$$

$$r = \frac{E}{I} - R$$

$$r = \frac{6{,}00}{57{,}5 \cdot 10^{-3}} - 100$$

$$r = 4{,}35\ \Omega$$

La résistance interne du générateur est de 4,35 Ω

Corrigés

Exercice 3

1. La puissance délivrée par le générateur est reçue par les différents récepteurs :

$$P_{géné} = P_R + P_{moteur}$$

2. D'après la formule précédente, on peut écrire :

$$P_{moteur} = P_{géné} - P_R$$

Or la puissance se détermine par la relation P = U × I.

$$P_{moteur} = U_{géné} \times I - U_R \times I$$

$$P_{moteur} = 12{,}0 \times 0{,}100 - 10{,}0 \times 0{,}100$$

$$P_{moteur} = 1{,}10 \text{ W}$$

Le moteur reçoit donc une puissance de 1,10 W.

3. Le moteur transforme une puissance électrique en puissance mécanique. Le rendement du moteur se détermine donc par :

$$\eta = \frac{P_M}{P_{moteur}}$$

$$\eta = \frac{1{,}00}{1{,}10} = 0{,}909$$

Le rendement de ce moteur est donc de 90,9 %.

4. Les pertes totales par effets Joule correspondent à la puissance perdue dans les conducteurs ohmiques qui transforment la puissance électrique en puissance thermique.

Il faut tenir compte de l'échauffement du moteur donc :

$$P_{Jmoteur} = P_{moteur} - P_M$$

$$P_{Jmoteur} = 1{,}10 - 1{,}00$$

$$P_{Jmoteur} = 0{,}10 \text{ W}$$

Mais il faut également tenir compte de la puissance perdue dans la résistance de protection.

$$P_{JR} = U_R \times I$$

$$P_{JR} = R \times I^2$$

$$P_{JR} = 10{,}0 \times 0{,}100^2$$

$$P_{JR} = 0{,}10 \text{ W}$$

La perte totale par effet Joule dans ce circuit est de 0,20 W.

Exercice 4

1. La puissance totale de la plaque de cuisson est de P = 1500 W et sa tension de 230 V. La définition de la puissance électrique permet d'écrire :

$$P = U \times I$$

$$I = \frac{P}{U}$$

$$I = \frac{1500}{230} = 6,52\ A$$

L'intensité qui circule dans la plaque de cuisson est de 6,52 A.

2. Le conducteur ohmique présent dans la plaque de cuisson convertit la puissance électrique en puissance Joule avec un rendement de 80 %. On dispose donc d'une puissance exploitable de :

$$P_{exp} = 80\ \% \times 1500$$

$$P_{exp} = 1200\ W$$

3. La puissance Joule disponible est de 1200 W pour une intensité de 6,52 A. À partir de la puissance Joule, on a :

$$P_J = R \times I^2$$

$$R = \frac{P_J}{I^2}$$

La puissance Joule correspond à la puissance thermique exploitable soit 1 200 W.

$$R = \frac{1200}{6,52^2} = 28,2\ \Omega$$

On retrouve la valeur cherchée de 28 Ω.

4. S'il y a conservation de la puissance pendant le transfert thermique, on a :

$$P_{exp} = P_C$$

$$P_{exp} = 4185 \times \frac{m_{eau} \times \Delta\theta}{\Delta t}$$

$$\Delta t = 4185 \times \frac{m_{eau} \times \Delta\theta}{P_{exp}}$$

Pour porter à ébullition ($\theta_f = 100$ °C) une eau à 20 °C, il faut élever sa température de 80 °C.

$$\Delta t = 4185 \times \frac{1,00 \times 80}{1200} = 279\ s$$

Il faut donc chauffer l'eau pendant 279 s soit 4 min 39 s.

Corrigés

Corrigés contrôle

Exercice 1

1. Le chargeur possède un débit électronique de $3{,}1 \cdot 10^{18}$ e⁻/s. Un électron possède une charge égale à la charge élémentaire e. L'intensité du courant qui circule est donc de :

$$I = d \times e$$

$$I = 3{,}1 \cdot 10^{18} \times 1{,}602 \cdot 10^{-19}$$

$$I = 0{,}497 \text{ A}$$

Le chargeur délivre une intensité de l'ordre de 500 mA donc il est de type standard.

2. La puissance fournie par le chargeur à la batterie du téléphone portable dépend de la tension et de l'intensité selon :

$$P = U \times I$$

$$P_F = 5{,}00 \times 0{,}497$$

$$P_F = 2{,}49 \text{ W}$$

On retrouve bien une puissance de 2,49 W.

3. La perte de puissance au niveau du chargeur est donc de :

$$\Delta P = P_C - P_F$$

$$\Delta P = 2{,}75 - 2{,}49 = 0{,}26 \text{ W.}$$

4. Le rendement du chargeur η est donc de :

$$\eta = \frac{P_F}{P_C}$$

$$\eta = \frac{2{,}49}{2{,}75} = 0{,}905$$

soit 90,5 %

5. Le courant fourni par le chargeur est de 497 mA pour une capacité $Q = 4250$ mAh. On a donc :

$$Q = I \times \Delta t$$

$$\Delta t = \frac{Q}{I}$$

Corrigés

$$\Delta t = \frac{4250}{497} = 8,55 \text{ h}$$

La charge de la batterie dure environ 8,5 h.

6. La batterie comporte probablement une résistance interne r. Lorsque celle-ci est traversée par un courant, une partie de la puissance est dissipée sous la forme de puissance Joule. C'est une conversion de la puissance électrique en puissance thermique d'où l'augmentation de température de la batterie.

Exercice 2

1. Une oxydation est une réaction chimique qui traduit la transformation d'un réducteur en oxydant. Pour le couple d'oxydoréduction du lithium, le réducteur est le lithium métallique. On a donc la demi-équation électronique :

$$Li_{(s)} \rightarrow Li^{+}{}_{(aq)} + e^{-}$$

2. On applique la formule fournie :

$$E^{-} = -3,04 + 0,059 \times \log [Li^{+}{}_{(aq)}]$$

$$E^{-} = -3,04 + 0,059 \times \log (0,010)$$

$$E- = -3,16 \text{ V}$$

3. La tension aux bornes d'un accumulateur vaut :

$$E = E^{+} - E^{-}$$

$$E = -0,66 - (-3,16)$$

$$E = 2,50 \text{ V}$$

Comme la tension de la batterie est de 5,00 V, il y a deux accumulateurs placés en série dans cette batterie.

4. On dispose de 1,20 g de lithium métallique soit une quantité de matière de :

$$n_{Li} = \frac{m_{Li}}{M_{Li}}$$

$$n_{Li} = \frac{1,20}{6,90} = 0,174 \text{ mol}$$

L'équation d'oxydation du lithium indique la production d'une mole d'électrons par mole de lithium. Donc la batterie est capable de produire une quantité de matière $n_{e^-} = 0,174$ mol d'électrons pendant son fonctionnement.

Corrigés

5. La charge électrique maximale vaut :

$$Q_{max} = n_{e-} \times N_A \times e$$
$$Q_{max} = 0{,}174 \times 6{,}022 \cdot 10^{23} \times 1{,}602 \cdot 10^{-19}$$
$$Q_{max} = 16786 \text{ C}$$

On retrouve bien la valeur demandée.

6. L'intensité I dépend du débit électronique d selon :

$$I = d \times e$$
$$d = \frac{I}{e}$$
$$d = \frac{10 \cdot 10^{-3}}{1{,}602 \cdot 10^{-19}} = 6{,}2 \cdot 10^{16} \text{ e}^- / \text{s}$$

Le débit électronique est donc de $6{,}2 \cdot 10^{16}$ e⁻/s.

7. La diminution de la tension aux bornes de la batterie est due à une perte de puissance dans le circuit électronique probablement par effet Joule.

8. Si on suppose que la batterie fournit une puissance P_F qui se répartit en une puissance utile P_U et une puissance perdue par effet Joule P_J, on peut écrire :

$$P_F = P_U + P_J$$
$$P_J = P_F - P_U$$
$$r \times I^2 = E \times I - U \times I$$
$$r \times I = E - U$$
$$r = \frac{E - U}{I}$$
$$r = \frac{5{,}00 - 4{,}92}{10 \cdot 10^{-3}} = 8\ \Omega$$

La résistance interne de cette batterie est de 8 Ω.

Corrigés

14 Aspects énergétiques d'un système mécanique

1. Énergie cinétique d'un système mécanique

Mise en évidence de l'énergie cinétique

Un véhicule qui circule à une vitesse V emmagasine de l'énergie dite cinétique.

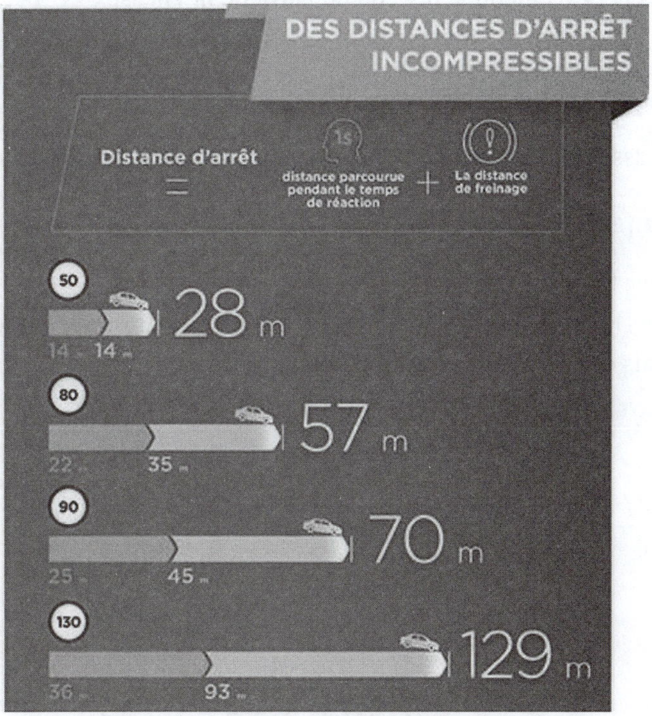

Distance de freinage en fonction de la vitesse
http ://www.securite-routiere.gouv.fr/medias/les-chiffres-de-la-route/les-chiffres-de-la-vitesse

Le freinage consiste à dissiper l'énergie cinétique accumulée sous forme de chaleur. Le document de la sécurité routière montre une évolution de la distance de freinage donc de l'énergie cinétique en fonction de la vitesse.

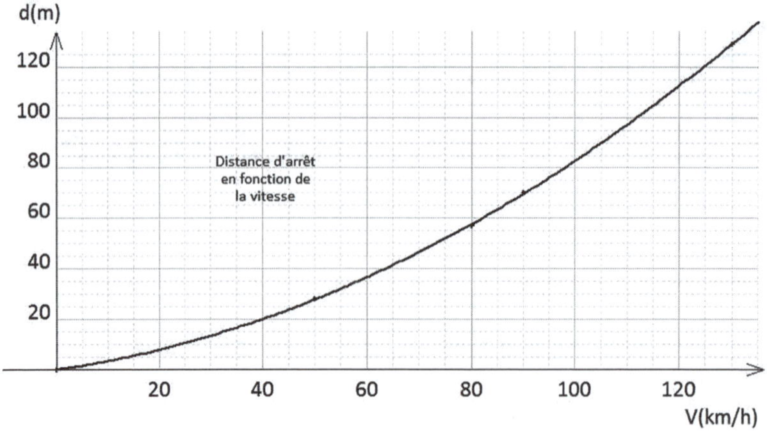

On remarque que la distance de freinage suit une loi de type parabolique c'est-à-dire que l'énergie cinétique dépend du carré de la vitesse.

Expression de l'énergie cinétique : $$E_C = \frac{1}{2} \times m \times V^2$$

avec m la masse en kg, V la vitesse en $m \cdot s^{-1}$ et E_C l'énergie cinétique en Joule (J)

Travail d'une force constante

Travail d'une force

On considère la fermeture d'une porte. On peut appliquer trois forces de même intensité mais de directions et sens différents sur cette porte.

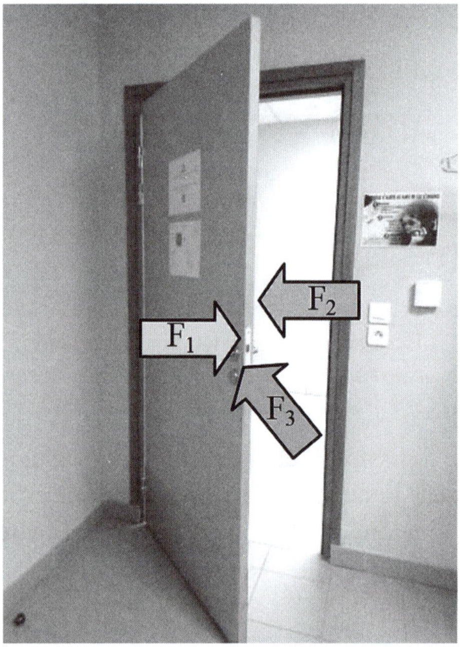

- La force F_1 permet la fermeture de la porte, on dit que cette force est motrice.
- La force F_2 empêche la fermeture de cette porte, on dit qu'elle est résistante.
- La force F_3 n'a pas d'influence sur la fermeture de la porte.

Le travail d'une force $\vec{F}$ correspond à l'énergie mise en jeu par cette force pendant le déplacement AB. On le note : $W_{AB}(\vec{F})$.

Définition mathématique du travail d'une force :

$$W_{AB}(\vec{F}) = \vec{F} \cdot \overrightarrow{AB}$$

$$W_{AB}(\vec{F}) = \|\vec{F}\| \times \|\overrightarrow{AB}\| \times \cos(\vec{F};\overrightarrow{AB})$$

Travail du poids sur un déplacement quelconque

On considère une balle de masse m se déplaçant du point A vers le point B.

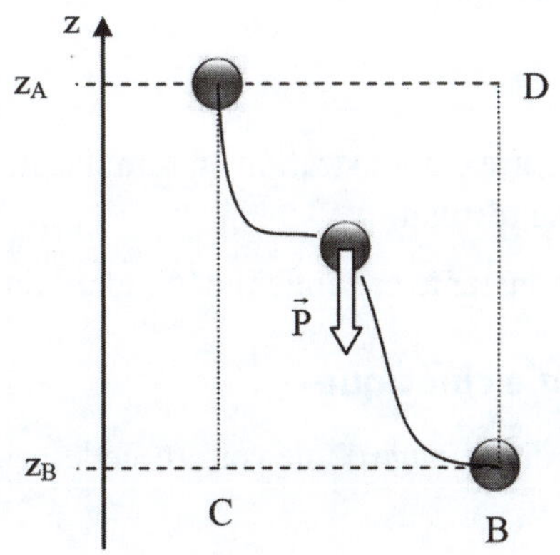

Le travail du poids sur ce déplacement s'écrit :

$$W_{AB}(\vec{P}) = \vec{P} \cdot \overrightarrow{AB}$$

Le vecteur déplacement peut se décomposer selon la relation de Chasles en :

$$\overrightarrow{AB} = \overrightarrow{AC} + \overrightarrow{CB}$$

Le travail peut donc s'écrire :

$$W_{AB}(\vec{P}) = \vec{P} \cdot (\overrightarrow{AC} + \overrightarrow{CB})$$

$$W_{AB}(\vec{P}) = \vec{P} \cdot \overrightarrow{AC} + \vec{P} \cdot \overrightarrow{CB}$$

La première partie du travail donne :

$$\vec{P}\cdot\overrightarrow{AC}=\left\|\vec{P}\right\|\times\left\|\overrightarrow{AC}\right\|\times\cos\left(\vec{P};\overrightarrow{AC}\right)$$

or les deux vecteurs sont colinéaires et de même sens donc $\cos\left(\vec{P};\overrightarrow{AC}\right)=1$,

$$\vec{P}\cdot\overrightarrow{AC}=P\times AC=P\times\left(z_A-z_B\right)>0$$

Cette partie du travail est donc motrice.

La seconde partie du travail donne :

$$\vec{P}\cdot\overrightarrow{CB}=\left\|\vec{P}\right\|\times\left\|\overrightarrow{CB}\right\|\times\cos\left(\vec{P};\overrightarrow{CB}\right)$$

or les deux vecteurs sont perpendiculaires donc $\cos\left(\vec{P};\overrightarrow{CB}\right)=0$,

$$\vec{P}\cdot\overrightarrow{CB}=0$$

Cette partie du travail est nulle.

Finalement $W_{AB}\left(\vec{P}\right)=P\times\left(z_A-z_B\right)$

On peut recommencer cette démonstration en remplaçant le point C par le point D, et on obtient le même résultat.

Le travail d'une force constante est donc indépendant du chemin suivi.

Théorème de l'énergie cinétique

Si on reprend l'exemple du freinage d'une voiture, celle-ci subit un nombre limitée de forces :

Source : https ://pxhere.com/fr/photo/1217089

- le poids perpendiculaire au déplacement ;
- les forces de réaction normale au niveau des roues perpendiculaires au déplacement
- les forces de freinages parallèles au déplacement, mais opposées à celui-ci.

Entre les points A et B, la vitesse du véhicule diminue, il y a donc une variation de l'énergie cinétique ΔE_C entre ces deux points.

La variation d'énergie a été convertie en travail par les différentes forces pendant le trajet AB.

Théorème de l'énergie cinétique

La variation d'énergie cinétique entre un point initial A et un point final B est égale à la somme des travaux des forces exercées pendant la trajet AB.

$$\Delta E_C = E_C(B) - E_C(A) = \sum W_{AB}\left(\vec{F}_{exercée}\right)$$

2. Énergie potentielle de pesanteur

On suppose qu'une balle est placée en M sans vitesse initiale. On la déplace jusqu'en N, où elle arrive sans vitesse, grâce à une force $\vec{F}_E$ dont le sens est opposé au poids.

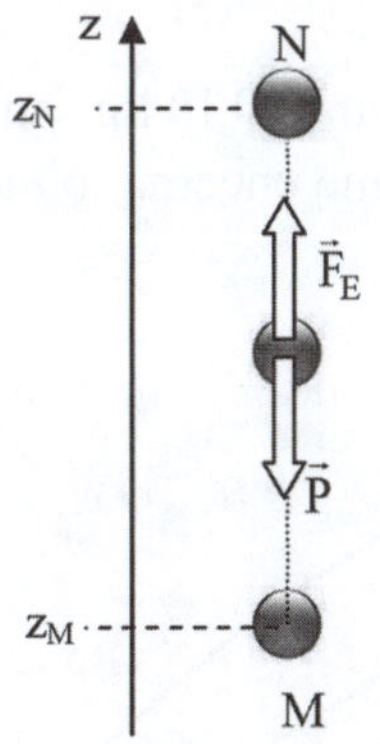

Le théorème de l'énergie cinétique permet d'écrire :

$$\Delta E_C = E_C(N) - E_C(M) = \sum W_{MN}\left(\vec{F}\right)$$

$$0 = W_{MN}\left(\vec{F}_E\right) + W_{MN}\left(\vec{P}\right)$$

$$W_{MN}\left(\vec{F}_E\right) = -W_{MN}\left(\vec{P}\right)$$

$$W_{MN}\left(\vec{F}_E\right) = W_{NM}\left(\vec{P}\right)$$

Par analogie avec l'étude du 1.2.2, on a ;

$$W_{NM}\left(\vec{P}\right) = P \times \left(z_N - z_M\right)$$

Donc on a :

$$W_{MN}\left(\vec{F}_E\right) = P \times \left(z_N - z_M\right)$$

$$W_{MN}\left(\vec{F}_E\right) = m \times g \times \left(z_N - z_M\right)$$

$$W_{MN}\left(\vec{F}_E\right) = m \times g \times z_N - m \times g \times z_M$$

Le terme m×g×z est donc une énergie liée à la pesanteur et à la position étudiée. On appelle ce terme énergie potentielle de pesanteur E_{pp}.

$$E_{pp}(A) = m \times g \times z_A$$

Cette énergie est relative à la position de l'origine des axes.

3. Mise en évidence des forces de frottements dans le cas d'une chute verticale

Si on lâche une balle de masse m = 0,10 kg sans vitesse initiale ($V_A = 0\ m{\cdot}s^{-1}$) d'une hauteur h = 3,0 m dans une enceinte où le vide a été créé, on obtient les courbes suivantes :

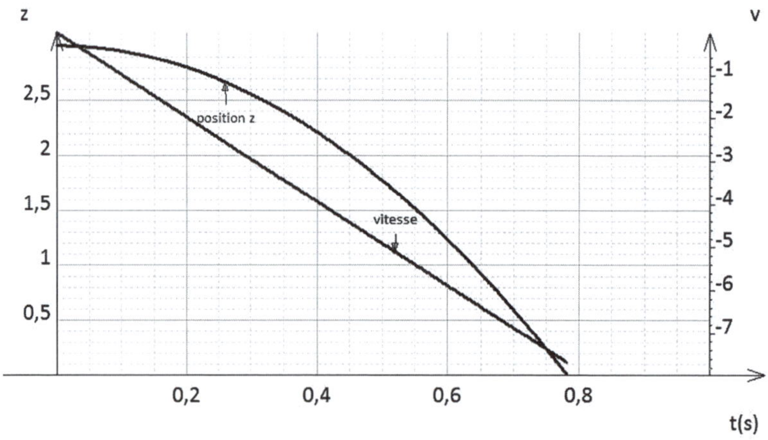

La balle atteint le sol en 0,78 s et sa vitesse atteint alors $V_B = -7{,}6\ m{\cdot}s^{-1}$. Cette vitesse est négative car le mouvement s'effectue en sens contraire de l'axe des ordonnées.

Si on recommence avec une enceinte contenant un gaz qui va créer des frottements dont l'intensité f est constante, on obtient alors les courbes :

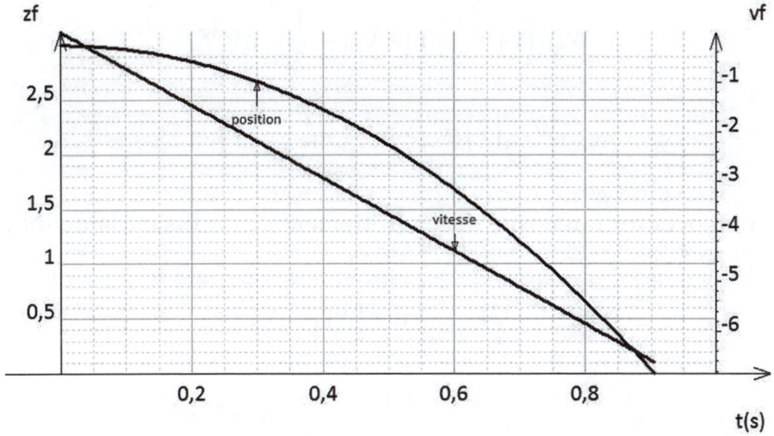

La balle atteint le sol en 0,91 s avec une vitesse de $V_{Bf} = -6{,}6\ m.s^{-1}$. Les frottements ont donc bien modifié la chute.

La vitesse au sol étant plus faible, l'énergie cinétique est plus faible que dans le cas d'une chute sans frottements. Une partie de l'énergie a été dissipée. On dit que les frottements représentent une force non-conservative.

Le théorème de l'énergie cinétique permet d'écrire dans les deux cas étudiés :

- Sans frottement :

$$\Delta E_C = E_C(B) - E_C(A) = W_{AB}(\vec{P})$$

$$\frac{1}{2} \times m \times V_B^2 - \frac{1}{2} \times m \times V_A^2 = W_{AB}(\vec{P})$$

$$\frac{1}{2} \times m \times V_B^2 = W_{AB}(\vec{P})$$

- Avec frottements :

$$\Delta E_{Cf} = E_{Cf}(B) - E_{Cf}(A) = W_{AB}(\vec{P}) + W_{AB}(\vec{f})$$

$$\frac{1}{2} \times m \times V_{Bf}^2 - \frac{1}{2} \times m \times V_A^2 = W_{AB}(\vec{P}) + W_{AB}(\vec{f})$$

$$\frac{1}{2} \times m \times V_{Bf}^2 = W_{AB}(\vec{P}) + W_{AB}(\vec{f})$$

On peut déterminer le travail des forces de frottements en utilisant les deux expressions précédentes.

$$\frac{1}{2} \times m \times V_{Bf}^2 = W_{AB}(\vec{P}) + W_{AB}(\vec{f})$$

Résumés de cours

$$W_{AB}(\vec{f}) = \frac{1}{2} \times m \times V_{Bf}^2 - W_{AB}(\vec{P})$$

$$W_{AB}(\vec{f}) = \frac{1}{2} \times m \times V_{Bf}^2 - \frac{1}{2} \times m \times V_B^2$$

$$W_{AB}(\vec{f}) = \frac{1}{2} \times m \times \left(V_{Bf}^2 - V_B^2\right)$$

On peut en déduire l'intensité f des frottements en utilisant la définition du travail d'une force.

$$\vec{f} \cdot \overrightarrow{AB} = \frac{1}{2} \times m \times \left(V_{Bf}^2 - V_B^2\right)$$

$$\|\vec{f}\| \times \|\overrightarrow{AB}\| \times \cos\left(\vec{f}; \overrightarrow{AB}\right) = \frac{1}{2} \times m \times \left(V_{Bf}^2 - V_B^2\right)$$

Or les frottements ont un sens opposé au déplacement.

$$f \times h \times (-1) = \frac{1}{2} \times m \times \left(V_{Bf}^2 - V_B^2\right)$$

$$f \times h = \frac{1}{2} \times m \times \left(V_B^2 - V_{Bf}^2\right)$$

$$f = \frac{1}{2 \times h} \times m \times \left(V_B^2 - V_{Bf}^2\right)$$

En utilisant les valeurs de l'expérience :

$$f = \frac{1}{2 \times 3{,}0} \times 0{,}10 \times \left((-7{,}6)^2 - (-6{,}6)^2\right)$$

$$f = 0{,}24 \text{ N}$$

4. Énergie mécanique d'un système

Définitions

À tout instant, un objet de masse m occupe une position dans l'espace et possède une vitesse. Cet objet possède donc une énergie potentielle de pesanteur E_{pp} et une énergie cinétique E_C.

On appelle énergie mécanique E_m d'un objet à un instant donné la somme de son énergie cinétique et de son énergie potentielle de pesanteur :

$$E_m = E_C + E_{pp}$$

Énergie mécanique et forces conservatives

Si un système n'est soumis qu'à des forces conservatives, il n'y a pas de dissipation d'énergie. Donc l'énergie du système reste constante.

À un instant donné, le système est défini par son énergie mécanique. On en déduit donc que cette énergie mécanique est constante.

On en tire qu'entre deux positions A et B distinctes, on écrit :

$$E_m(A) = E_m(B)$$

$$E_C(A) + E_{pp}(A) = E_C(B) + E_{pp}(B)$$

$$E_C(B) - E_C(A) = E_{pp}(A) - E_{pp}(B)$$

$$E_C(B) - E_C(A) = -(E_{pp}(B) - E_{pp}(A))$$

$$\Delta E_C = -\Delta E_{pp}$$

La variation d'énergie cinétique correspond à l'opposé de la variation de l'énergie potentielle de pesanteur.

Perte ou gain d'énergie

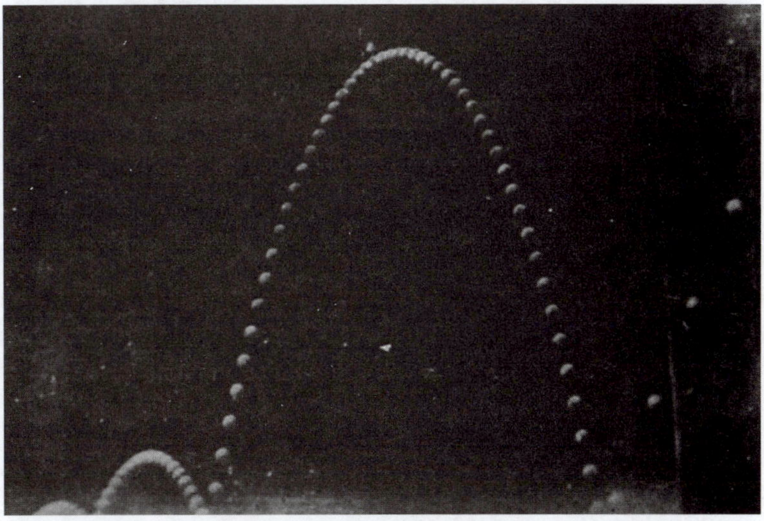

Source : Wikipedia commons : Rückprall_eines_weißen_Balles

Lors du rebond d'une balle de golf, on remarque que la hauteur maximale du rebond diminue jusqu'à l'arrêt de la balle. L'énergie potentielle maximale diminue donc ainsi que l'énergie cinétique.

L'énergie mécanique diminue donc au cours du temps ce qui prouve que la balle de golf est soumise à des forces non conservatives qui dissipent de l'énergie.

La navette spatiale au décollage voit sa vitesse augmenter ainsi que son altitude. L'énergie cinétique et l'énergie potentielle augmente donc. Par conséquence, l'énergie mécanique n'est pas constante.

Source : Pixabay

L'augmentation de cette dernière prouve que les moteurs de la navette permettent un gain d'énergie et créent donc une force motrice non-conservative.

Énoncés des exercices

* Exercice 1

20 min

Énergie cinétique et potentielle de pesanteur

On considère une formule 1 se déplaçant sur le circuit de Spa-Francorchamps du virage 1 jusqu'au virage 5. Les vitesses et les caractéristiques de la piste sont reportées dans le tableau ci-dessous.

Virage	1	2	3	4	5
Altitude en m	424	391	415	415	463
Vitesse en entrée de virage en $km \cdot h^{-1}$	64	290	297	297	330

Données :

Constante de pesanteur terrestre : $g = 9{,}81\ m \cdot s^{-2}$.

Masse d'une formule 1 : $m = 700$ kg.

1. Rappeler l'expression de l'énergie cinétique E_C et de l'énergie potentielle de pesanteur E_{pp}.
2. Transformer le tableau fourni en tableau exploitable pour les calculs d'énergies.
3. Calculer les énergies cinétique et potentielle de pesanteur pour chaque virage.
4. Comparer les énergies entre les virages 1 et 2. Conclure sur l'apport d'énergie par le moteur ou la dissipation d'énergie par les freins.

* Exercice 2

20 min

Travail d'une force

Avant d'être équipées de moteurs, les péniches étaient tirées (halées) par des chevaux. Des chemins parallèles aux cours d'eau étaient alors utilisés.

On considère une péniche reliée à un cheval de halage par une corde de longueur L = 30 m. Le point d'arrimage de la corde sur le bateau reste à une distance de d = 8 m de l'axe du chemin emprunté par le cheval.

1. Représenter par un schéma la situation.
2. Montrer que l'angle entre l'axe du bateau et la corde vaut $\alpha = 15{,}5$ °.
3. Calculer la valeur du travail correspondant à une traction, exercée par le cheval, d'intensité T = 750 N sur un trajet rectiligne de AB = 500 m. Pourquoi peut-on affirmer que la travail est moteur ?
4. La corde se casse et après l'avoir repositionnée, celle-ci ne mesure plus que 25 m. Le travail fourni par le cheval sera-t-il plus ou moins efficace que précédemment pour un parcours similaire ?

Exercices

Exercice 3

20 min

Utilisation du théorème de l'énergie cinétique

Isabelle se déplace avec son vélo à la vitesse $V = 5{,}00\ m{\cdot}s^{-1}$. À l'instant $t = 0$ s, elle cesse de pédaler. On considère que les frottements qui s'exercent sont constants et d'intensité $F = 10$ N.

Donnée :

Masse d'Isabelle et de son vélo : $m = 65$ kg.

1. Calculer l'énergie cinétique d'Isabelle et de son vélo à l'instant $t = 0$ s.
2. Exprimer le travail des frottements sur un parcours AB quelconque. Que peut-on dire de ce travail ?
3. En utilisant le théorème de l'énergie cinétique, déterminer la distance parcourue par Isabelle jusqu'à son arrêt total.

Exercice 4

30 min

Énergie mécanique d'un pendule harmonique

On suspend une boule, supposée ponctuelle, de masse $m = 200$ g à un fil inextensible de longueur $L = 50$ cm.

On écarte la boule de sa position d'équilibre d'un angle α puis on la lâche sans vitesse initiale. On enregistre la position de la boule au cours du temps et un logiciel de traitement des données permet d'obtenir les tracés des énergies au cours du temps.

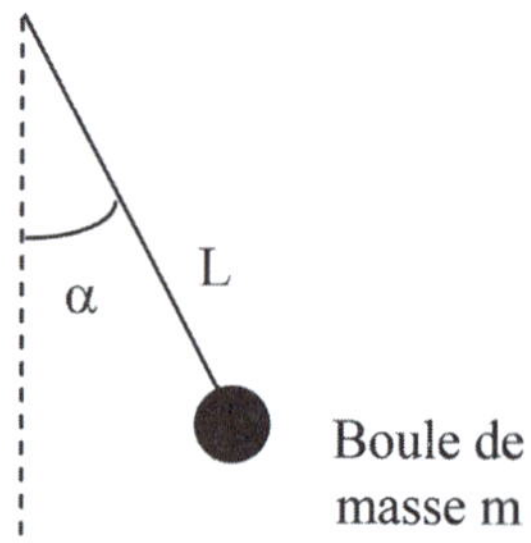

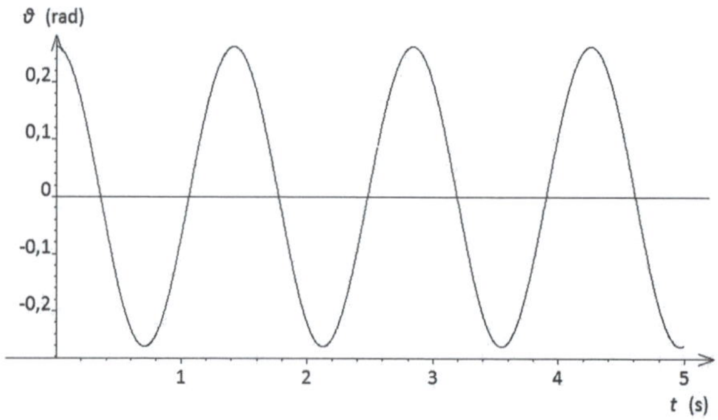

Angle θ d'écart entre le fil et la position d'équilibre en fonction du temps

Exercices

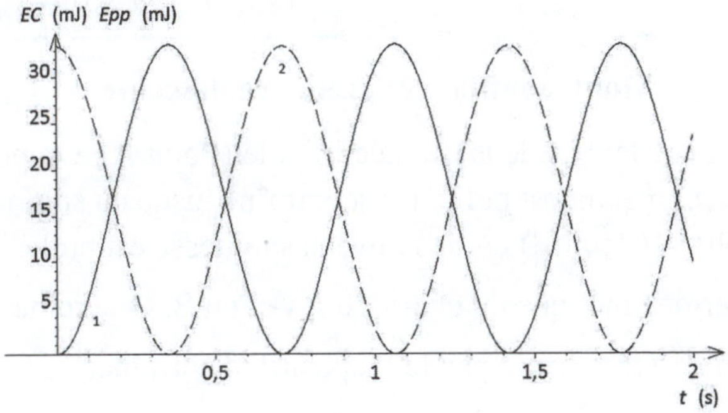

Énergies cinétique et potentielle de pesanteur en fonction du temps

Donnée : Constante de pesanteur terrestre : $g = 9{,}81\ m{\cdot}s^{-1}$

1. Vérifier graphiquement la valeur de la période d'oscillation théorique obtenue par la relation $T = 2\pi\sqrt{\frac{L}{g}}$.
2. Identifier sur la courbe des énergies l'énergie cinétique et l'énergie potentielle. Justifier.
3. Déterminer la vitesse maximale de la boule de masse m pendant son mouvement.
4. L'énergie potentielle peut se mettre sous la forme $E_{pp} = m \times g \times (1 - \cos\theta)$. Déterminer l'angle θ_{max} correspondant au moment où la boule est à l'arrêt dans son mouvement.
5. En utilisant la définition de l'énergie mécanique, déterminer si le système est soumis à des forces conservatives ou non.

Contrôle

Contrôle

2 h · 20 points

Les grands huit sont des manèges à sensation où un chariot se déplace sur des rails. La première partie de l'attraction consiste en une montée au point le plus haut du manège, puis le chariot descend librement une pente inclinée pour prendre de la vitesse. L'énergie emmagasinée par le chariot est alors utilisée pour parcourir le reste du circuit. Dans les manèges les plus modernes, il est courant de trouver les anneaux de looping.

Données :

Masse du chariot : $m = 400$ kg.

Constante de pesanteur terrestre : $g = 9{,}81\ m{\cdot}s^{-1}$.

Relation entre puissance P en W, énergie E en J et durée Δt en s : $E = P \times \Delta t$.

Périmètre d'un cercle : $L = 2 \times \pi \times R$.

Exercice 1

70 min • 12 points

Montée initiale et première descente

Le chariot est amené au bas de la montée initiale (Point A). On peut considérer que sa vitesse à cet instant est nulle. Il est entraîné jusqu'au sommet situé à une hauteur de h = 40 m (Point B) où de nouveau sa vitesse est nulle.

1. Calculer l'énergie cinétique du chariot en A et en B. Que remarque-t-on ?
2. Quelle énergie a été fournie par le dispositif d'entraînement du manège au chariot ?
3. On veut que la montée dure 20 s. Calculer la puissance du moteur d'entraînement P_{moteur} du manège.
4. Le rendement de ce moteur, alimenté par une tension de 230 V, est de 85 %, Calculer l'intensité qui traverse ce moteur.

   Une fois arrivé au sommet de la montée, le chariot suit une piste rectiligne, jusqu'au point C, de longueur L = 55 m inclinée à 45° par rapport à l'horizontale.
5. Représenter le schéma modélisant l'expérience.
6. En utilisant le théorème de l'énergie cinétique, déterminer la vitesse du chariot au point C en négligeant les forces de frottements.
7. Sans effectuer de calcul, que peut-on dire de cette vitesse si les frottements ne sont pas négligeables ?

Exercice 2

50 min • 8 points

Looping

Le chariot arrive maintenant en D, d'altitude $z_D = 0$ m point le plus bas du looping, avec une vitesse $V_D = 25\ m{\cdot}s^{-1}$. Il aborde une partie circulaire de rayon R = 18,0 m. Les concepteurs indiquent que sur cette portion circulaire, la dissipation d'énergie par les frottements est de 200 $J.m^{-1}$.

1. Déterminer la hauteur maximale h_{max}, point E, que devra atteindre le chariot.
2. Montrer que sur la phase ascendante du chariot, les frottements auront dissipé une énergie de $E_{dis} = 11{,}3$ kJ.
3. Exprimer l'énergie mécanique en D. Calculer sa valeur.
4. En tenant compte de l'énergie dissipée par les frottements, donner la valeur de l'énergie mécanique en E.

   Pour que le chariot puisse effectuer un looping, sa vitesse en E doit être positive.
5. Le chariot est-il capable de réaliser un looping ?

Corrigés exercices

Exercice 1

1. L'énergie cinétique se détermine par : $E_C = \frac{1}{2} \times m \times V^2$.

L'énergie potentielle de pesanteur se détermine par : $E_{pp} = m \times g \times z$.

2. Pour l'énergie cinétique, la vitesse doit être exprimée en $m \cdot s^{-1}$ et non en $km \cdot h^{-1}$. Or on sait que $1\ m \cdot s^{-1} = 3{,}6\ km \cdot h^{-1}$.

Pour l'énergie potentielle de pesanteur, il n'y a pas besoin de modification de l'altitude.

Virage	1	2	3	4	5
Altitude en m	424	391	415	415	463
Vitesse en entrée de virage en $m \cdot s^{-1}$	17,7	80,6	82,5	82,5	91,7

3. On applique les formules aux données disponibles dans le tableau.

Virage	1	2	3	4	5
Altitude en m	424	391	415	415	463
Énergie potentielle de pesanteur en MJ	2,91	2,68	2,85	2,85	3,18
Vitesse en entrée de virage en $m \cdot s^{-1}$	17,7	80,6	82,5	82,5	91,7
Énergie cinétique en MJ	0,11	2,27	2,38	2,38	2,94

4. À l'entrée du virage 1, les énergies mises en jeu sont de 2,91 et 0,11 MJ soit un total de 3,02 MJ. À l'entrée du virage 2, on a 2,68 et 2,27 MJ soit 4,95 MJ. On a une augmentation de l'énergie de la formule 1 donc il s'agit d'un apport effectué par le moteur.

Exercice 2

1. Schéma de la situation.

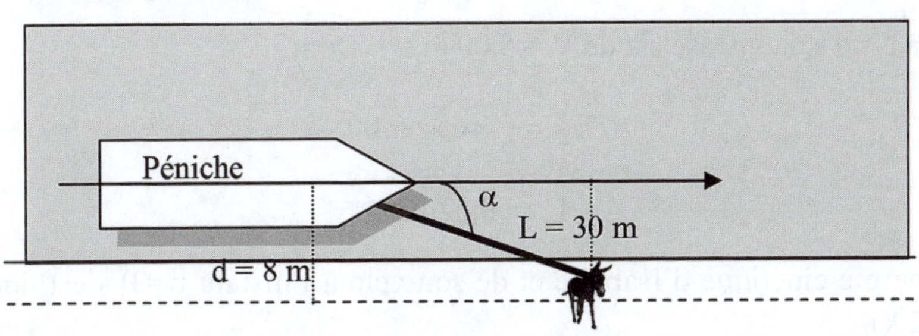

2. En utilisant les relations trigonométriques, on peut écrire que :

$$\sin\alpha = \frac{d}{L}$$

$$\sin\alpha = \frac{8}{30}$$

$$\alpha = \sin^{-1}\left(\frac{8}{30}\right) = 15{,}5°$$

On retrouve bien la valeur de 15°.

3. Le travail de la force de traction sur le parcours de 500 m s'écrit :

$$W_{AB}\left(\vec{T}\right) = \vec{T}\cdot\overrightarrow{AB}$$

$$W_{AB}\left(\vec{T}\right) = \left\|\vec{T}\right\| \times \left\|\overrightarrow{AB}\right\| \times \cos\left(\vec{T};\overrightarrow{AB}\right)$$

$$W_{AB}\left(\vec{T}\right) = 750 \times 500 \times \cos(15{,}5°)$$

$$W_{AB}\left(\vec{T}\right) = 361\cdot 10^3\ \text{J}$$

Le travail de traction sur 500 m correspond à une énergie de 361 kJ. Cette valeur est positive donc le travail est bien moteur.

4. Si la corde ne mesure plus que 25 m et que la péniche doit toujours se situer à 8 m de l'axe de la route, l'angle α atteint une valeur de 18,7°. Dans ce cas le travail vaudra $W_{AB}\left(\vec{T}\right) = 355\cdot 10^3\ \text{J}$. On peut en conclure que le travail est toujours moteur mais il sera moins efficace.

Exercice 3

1. L'énergie cinétique se détermine par $E_C = \frac{1}{2} \times m \times V^2$.

Or à t = 0 s, la vitesse est de V = 5,00 m·s^{-1}. Donc :

$$E_C = \frac{1}{2} \times 65 \times 5{,}00^2$$

$$E_C = 0{,}82\cdot 10^3\ \text{J}.$$

L'énergie cinétique d'Isabelle et de son vélo à l'instant t = 0 s est donc de 0,82 kJ.

2. Le travail des forces de frottements sur un trajet AB s'écrit :

$$W_{AB}\left(\vec{F}\right) = \vec{F}\cdot\overrightarrow{AB}$$

Corrigés

$$W_{AB}(\vec{F}) = \|\vec{F}\| \cdot \|\overrightarrow{AB}\| \times \cos(\vec{F};\overrightarrow{AB})$$

$$W_{AB}(\vec{F}) = F \times AB \times \cos(\vec{F};\overrightarrow{AB})$$

Cependant, les frottements sont opposés au déplacement donc sur un parcours rectiligne, on a $\cos(\vec{F};\overrightarrow{AB}) = \cos(180°) = -1$.

$$W_{AB}(\vec{F}) = -F \times AB$$

Le travail sera négatif et donc il est résistant.

3. Le théorème de l'énergie cinétique permet d'écrire :

$$\Delta E_C = E_C(B) - E_C(A) = \sum W_{AB}(\vec{F}_{exercée})$$

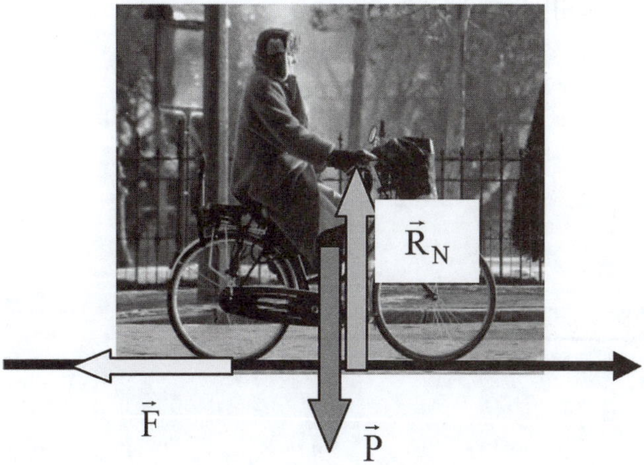

Source : Clip art Word 2007

Isabelle et son vélo sont soumis à trois forces : le poids $\vec{P}$, la réaction de la route $\vec{R}_N$ et les frottements $\vec{F}$.

$$\Delta E_C = \sum W_{AB}(\vec{F}_{exercée})$$

$$\Delta E_C = W_{AB}(\vec{P}) + W_{AB}(\vec{R}_N) + W_{AB}(\vec{F})$$

$$\Delta E_C = \vec{P} \cdot \overrightarrow{AB} + \vec{R}_N \cdot \overrightarrow{AB} + \vec{F} \cdot \overrightarrow{AB}$$

Cependant, $\vec{P}$ et $\vec{R}_N$ sont perpendiculaires au vecteur $\overrightarrow{AB}$ donc les travaux de ces forces sont nuls.

$$\Delta E_C = \vec{F} \cdot \overrightarrow{AB}$$

$$\Delta E_C = -F \times AB$$

En A, Isabelle et son vélo possèdent une énergie cinétique $E_C(A) = 0{,}82$ kJ.

En B, Isabelle et son vélo sont à l'arrêt donc $E_C(B) = 0$ kJ.

$$\Delta E_C = E_C(B) - E_C(A) = -0{,}82 \text{ kJ}$$

On en déduit que :

$$AB = -\frac{\Delta E_C}{F}$$

$$AB = -\frac{-0{,}82 \cdot 10^3}{10} = 82 \text{ m}$$

Isabelle et son vélo s'arrêteront au bout de 82 m.

Exercice 4

1. La période d'oscillation théorique vaut :

$$T = 2\pi\sqrt{\frac{L}{g}}$$

$$T = 2\pi\sqrt{\frac{0{,}50}{9{,}81}} = 1{,}42 \text{ s}$$

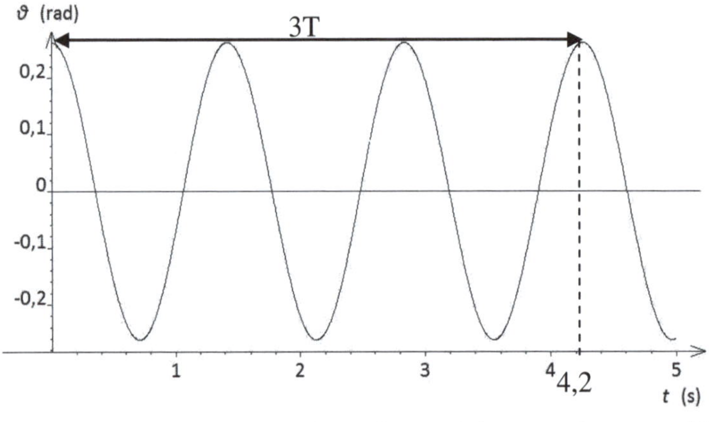

Graphiquement, on trouve 3T = 4,2 soit T = 1,4 s ce qui compatible avec la valeur théorique.

2. On sait qu'à l'instant initial, la boule possède une vitesse nulle. Son énergie cinétique est donc également nulle, la courbe correspondante est donc la courbe 1. Par conséquent la courbe 2 représente l'énergie potentielle de pesanteur.

Corrigés

3. La vitesse maximale de la boule correspond à l'énergie cinétique maximale. Graphiquement, on a E_{cmax} = 33,5 mJ. D'après l'expression de l'énergie cinétique :

$$E_C = \frac{1}{2} \times m \times V^2$$

$$V^2 = \frac{2 \times E_C}{m}$$

$$V = \sqrt{\frac{2 \times E_C}{m}}$$

$$V_{max} = \sqrt{\frac{2 \times 33{,}5 \cdot 10^{-3}}{0{,}200}} = 0{,}579 \text{ m} \cdot \text{s}^{-1}$$

La vitesse maximale de la boule est de 0,579 $m \cdot s^{-1}$.

4. Lorsque la boule est à l'arrêt, l'énergie potentielle de pesanteur vaut E_{ppmax} = 33,5 mJ.

On utilise l'expression de l'énergie potentielle de pesanteur donnée :

$$E_{pp} = m \times g \times (1 - \cos\theta)$$

$$1 - \cos\theta = \frac{E_{pp}}{m \times g}$$

$$\cos\theta = 1 - \frac{E_{pp}}{m \times g}$$

$$\cos\theta_{max} = 1 - \frac{33{,}5 \cdot 10^{-3}}{0{,}200 \times 9{,}81} = 0{,}983$$

$$\theta_{max} = \cos^{-1}(0{,}983) = 10{,}6°$$

L'angle entre la boule et la position d'équilibre atteint au maximum 10,6°.

5. L'énergie mécanique est la somme de l'énergie cinétique et de l'énergie potentielle de pesanteur. Les deux énergies ont toujours les mêmes maximums mais elles sont décalées de telle sorte que le maximum de l'une correspond au minimum de l'autre. On en déduit que :

$$E_m = E_C + E_{pp} = 33{,}5 \text{ mJ.}$$

Puisque l'énergie mécanique reste constante, c'est que les forces qui s'exercent sur la boule sont conservatives.

Corrigés contrôle

Exercice 1

1. L'énergie cinétique se détermine par la relation $E_C = \frac{1}{2} \times m \times V^2$.

   Or la vitesse du chariot est nulle au point A comme au point B. Les deux énergies cinétiques sont donc nulles.

2. Le dispositif d'entraînement du manège au chariot permet de passer d'une hauteur de 0 à 40 m. Le chariot va donc stocker de l'énergie sous forme potentielle. On a donc :

$$E_{moteur} = E_{pp}(B) - E_{pp}(A)$$

$$E_{moteur} = m \times g \times z_B - m \times g \times z_A$$

$$E_{moteur} = m \times g \times (z_B - z_A)$$

$$E_{moteur} = m \times g \times h$$

$$E_{moteur} = 400 \times 9{,}81 \times 40$$

$$E_{moteur} = 157 \cdot 10^3 \text{ J}$$

   Le moteur doit fournir au chariot une énergie de 157 kJ.

3. On détermine la puissance du moteur par :

$$E = P \times \Delta t$$

$$P = \frac{E}{\Delta t}$$

$$P_{moteur} = \frac{E_{moteur}}{\Delta t}$$

$$P_{moteur} = \frac{157 \cdot 10^3}{20} = 7{,}85 \cdot 10^3 \text{ W}$$

   La puissance du moteur d'entraînement est de 7,85 kW.

4. Le rendement du moteur est de 85 % donc :

$$\eta = \frac{P_{moteur}}{P_{élec}}$$

$$P_{élec} = \frac{P_{moteur}}{\eta}$$

$$P_{élec} = \frac{7{,}85 \cdot 10^3}{0{,}85} = 9{,}2 \cdot 10^3 \text{ W}$$

Corrigés

La puissance électrique consommée par le moteur est de 9,2 kW. Or la puissance électrique se détermine par $P = U \times I$, donc :

$$I = \frac{P}{U}$$

$$I = \frac{9,2 \cdot 10^3}{230} = 40 \text{ A}$$

L'intensité qui circule dans le moteur d'entraînement du manège est de 40A.

5. Schéma modélisant l'expérience.

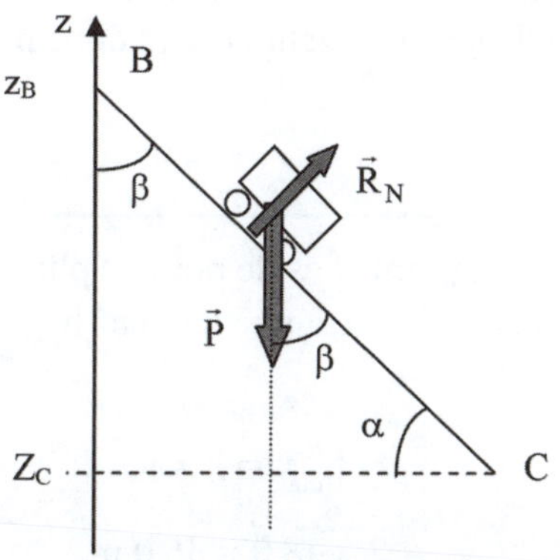

6. D'après le théorème de l'énergie cinétique, on a :

$$\Delta E_C = \sum W_{BC}\left(\vec{F}_{\text{exercée}}\right)$$

Or il n'y a que deux forces qui s'exercent sur le chariot. Le poids et la réaction du support. De plus en B la vitesse du chariot est nulle donc $E_C(B) = 0$.

$$E_C(C) - E_C(B) = W_{BC}\left(\vec{P}\right) + W_{BC}\left(\vec{R}_N\right)$$

$$E_C(C) = \vec{P} \cdot \overrightarrow{BC} + \vec{R}_N \cdot \overrightarrow{BC}$$

Cependant, la réaction du support est perpendiculaire au déplacement BC donc le travail correspondant est nul.

$$E_C(C) = \vec{P} \cdot \overrightarrow{BC}$$

$$E_C(C) = \left\|\vec{P}\right\| \cdot \left\|\overrightarrow{BC}\right\| \times \cos\left(\vec{P};\overrightarrow{BC}\right)$$

$$E_C(C) = P \times BC \times \cos(\beta)$$

Le poids se détermine par la relation $P = m \times g$. L'angle β vaut 45° en application de la somme des angles d'un triangle qui vaut 180°.

$$E_C(C) = m \times g \times BC \times \cos(\beta)$$

$$E_C(C) = 400 \times 9,81 \times 55 \times \cos(45)$$

$$E_C(C) = 153 \cdot 10^3 \text{ J}$$

Corrigés

L'énergie cinétique en C s'écrit : $E_C(C) = \frac{1}{2} \times m \times V_C^2$

$$V_C = \sqrt{\frac{2 \times E_C(C)}{m}}$$

$$V_C = \sqrt{\frac{2 \times 153 \cdot 10^3}{400}} = 27,6 \text{ m} \cdot \text{s}^{-1}$$

En C, le chariot aura une vitesse de 27,6 $m \cdot s^{-1}$ soit 99 $km \cdot h^{-1}$.

7. Si les frottements ne sont pas négligeables, il faut tenir compte d'un travail résistant. La variation d'énergie cinétique sera donc plus faible et la vitesse en C également.

Exercice 2

1. La piste est circulaire et le point D est le point le plus bas. Le point E est donc diamétralement opposé et se situe à une hauteur $h_{max} = 2 \times R$.

On a donc :

$$z_E = h_{max} = 2 \times R$$

$$z_E = 2 \times 18,0 = 36,0 \text{ m}$$

Le point E est donc situé à 36,0 m au dessus de D.

2. Le trajet suivi par le chariot est un demi-périmètre du cercle donc la distance parcourue sera de :

$$L = \pi \times R$$

$$L = \pi \times 18,0 = 56,5 \text{ m}$$

L'énergie dissipée est de 200 $J.m^{-1}$ donc sur l'ensemble de la phase ascendante :

$$E_{dis} = 200 \times 56,5$$

$$E_{dis} = 11,3 \cdot 10^3 \text{ J.}$$

Sur le parcours suivi par le chariot, on a bien dissipé une énergie de 11,3 kJ.

3. L'énergie mécanique en D vaut :

$$E_m(D) = E_C(D) + E_{pp}(D)$$

$$E_m(D) = \frac{1}{2} \times m \times V_D^2 + m \times g \times z_D$$

$$E_m(D) = \frac{1}{2} \times 400 \times 25^2 + 400 \times 9,81 \times 0$$

Corrigés

$$E_m(D) = 125 \cdot 10^3 \text{ J.}$$

L'énergie mécanique en D est de 125 kJ.

4. Si le chariot subissait des forces conservatives, on aurait $E_m(E) = E_m(D)$. Mais on doit tenir compte de l'énergie dissipée pour aller de D à E donc :

$$E_m(E) = E_m(D) - E_{dis}$$
$$E_m(E) = 125 - 11{,}3$$
$$E_m(E) = 113{,}7 \text{ kJ.}$$

L'énergie mécanique en E n'est que de 113,7 kJ.

5. L'énergie mécanique en E se répartit en énergie cinétique et en énergie potentielle de pesanteur. Pour accéder à la vitesse en E, il faut déterminer l'énergie cinétique donc :

$$E_m(E) = E_C(E) + E_{pp}(E)$$
$$E_C(E) = E_m(E) - E_{pp}(E)$$
$$E_C(E) = E_m(E) - m \times g \times z_E$$
$$E_C(E) = 113{,}7 \cdot 10^3 - 400 \times 9{,}81 \times 36{,}0$$
$$E_C(E) = -27{,}6 \cdot 10^3 \text{ J}$$

L'énergie cinétique en E sera de –27,6 kJ. Or l'énergie cinétique se détermine par $E_C = \frac{1}{2} \times m \times V^2$, donc c'est une valeur toujours positive.

On en conclut que le chariot n'arrivera pas en E et ne pourra pas effectuer de looping.

Corrigés

15 Ondes mécaniques

1. Ondes mécaniques progressives

Exemples d'onde mécanique progressive

Source : Wikipedia commons : 2006-01-14_Surface_waves

Lorsqu'un objet tombe dans l'eau, on peut observer à la surface de celle-ci une série de cercles concentriques qui se déplacent vers l'extérieur. On dit qu'il s'est formé une onde mécanique progressive.

Définition :

Une onde mécanique progressive est la propagation d'une perturbation dans un milieu matériel. Il n'y a pas de transport global de matière mais il y a transport d'énergie.

Principe de la propagation d'une onde.

Le milieu matériel doit posséder une caractéristique, il doit être élastique c'est-à-dire qu'il est capable de reprendre sa forme après une déformation.

Lorsqu'on crée une perturbation, on modifie les caractéristiques du milieu localement. L'élasticité du milieu implique deux phénomènes :

- retour à l'état initial pour la zone perturbée,
- déformation du milieu à proximité immédiate,

et ainsi de suite.

Cette nouvelle déformation est une réplique de la perturbation mais elle se déplace de proche en proche ce qui correspond à la propagation de l'onde.

Ces phénomènes se déroulent à la fois dans l'espace mais également dans le temps.

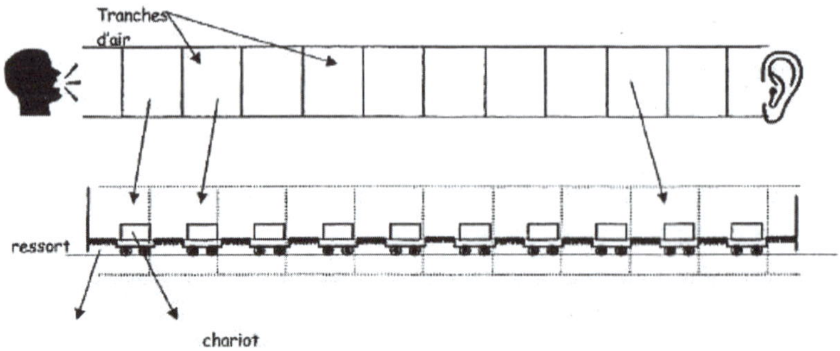

Source : Sujet Bac S Liban 2015 - exercice 1

Célérité d'une onde et retard

Si on considère la propagation d'une onde le long d'une corde, l'onde ne peut pas être simultanément en tout point de la corde

On peut déterminer la durée Δt nécessaire pour parcourir une distance d. On définit alors la célérité de l'onde par la relation :

$$v = \frac{d}{\Delta t}$$

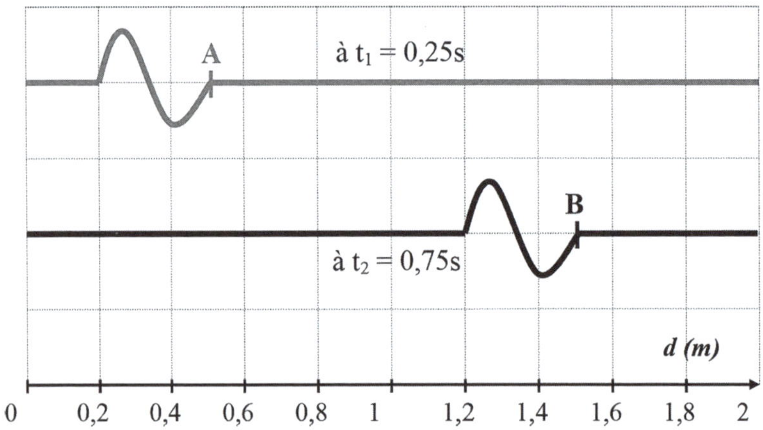

L'onde qui atteint le point B, identique à celle qui atteint le point A, est décalée dans le temps. La durée nécessaire pour que l'onde parcourt la distance AB est appelé retard et est notée τ.

Remarque :

Le retard est lié à la célérité de l'onde par la relation $v = \frac{AB}{\tau}$

Dans le cas présenté on le retard vaut :

$$\tau = t2 - t1$$

$$\tau = 0{,}75 - 0{,}25$$

$$\tau = 0{,}50 \text{ s}$$

On peut calculer la célérité de l'onde par deux méthodes :

- On utilise le document directement et on en déduit que $v = \frac{d_B}{t_2} = \frac{1{,}5}{0{,}75} = 2{,}0 \text{ m} \cdot \text{s}^{-1}$.
- On utilise le retard et on obtient $v = \frac{AB}{\tau} = \frac{1}{0{,}50} = 2{,}0 \text{ m} \cdot \text{s}^{-1}$.

2. Ondes mécaniques périodiques

Modèle des ondes sinusoïdales

Les ondes ont parfois des durées de vie très courtes liées à la production de la perturbation comme le bruit obtenu lors d'un choc, une secousse sismique…

Il existe des ondes dont la durée de vie est plus importante et dont la perturbation se répète à intervalle de temps régulier. On dit dans ce cas que l'onde est périodique. C'est le cas par exemple du son émis par un diapason.

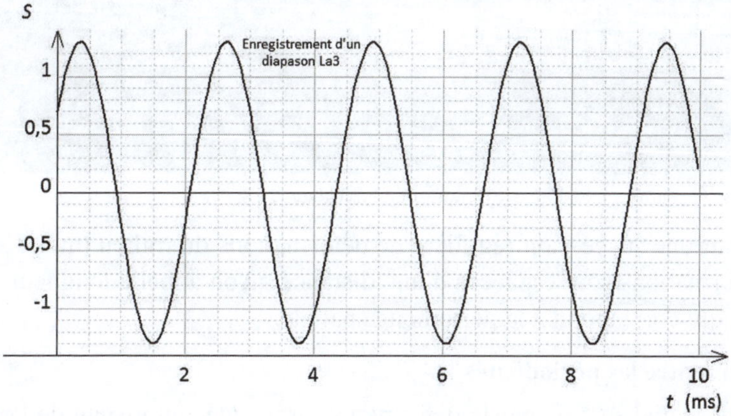

La perturbation est une succession de motifs sinusoïdaux identiques.

Périodicité

Il est possible d'étudier une onde périodique sous deux aspects :

- Un aspect temporel qui traduit l'évolution de la grandeur physique liée à la perturbation en un point donné.
- Un aspect spatial qui traduit l'état du milieu soumis à la perturbation en un instant donné.

Résumés de cours

Périodicité temporelle

La périodicité temporelle notée T représente la durée du motif élémentaire du signal (plus petit élément reproduit).

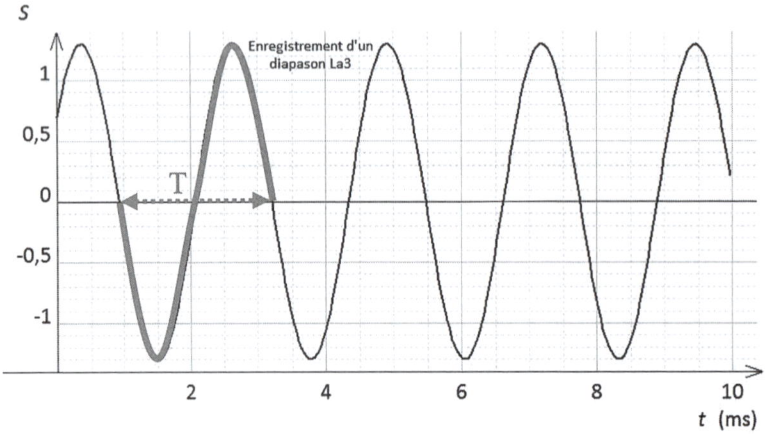

Périodicité spatiale

On observe l'état du milieu de propagation, soumis à une onde périodique progressive, à un instant t.

Source : Pixabay

Il apparaît une succession régulière de déformations du milieu (motif spatial). Ces déformations sont espacées d'une distance qu'on appelle longueur d'onde, notée λ, qui correspond à la périodicité spatiale.

Relations entre les périodicités

Le motif spatial se crée par la déformation provoquée au niveau de la source. Celle-ci nécessite une durée de création qui correspond à la période temporelle T. Cependant, l'onde produite à la source va se propager dans le milieu avec une célérité v.

La distance parcourue par le front de l'onde (début du motif temporelle) pendant la période T sera égale à la longueur d'onde λ. On a donc la relation :

$$\lambda = v \times T$$

Énoncés des exercices

* Exercice 1 — 20 min

Mesure de la célérité du son

Afin de mesurer la célérité du son, les savants français François Arago, Louis Joseph Gay-Lussac et Gaspard de Prony ont supervisé une expérience en 1 822.

Ils ont placé à Montlhéry et à Villejeuif (deux communes près de Paris) deux canons sur des hauteurs afin d'être visible l'un de l'autre. La distance entre ces deux sites était de 9 550 toises.

L'expérience consistait à tirer une charge de poudre sur un site. Un observateur situé sur l'autre site chronométrait la durée entre l'apparition de la lumière de l'explosion et la perception du son correspondant.

Une mesure dans le sens Monthléry-Villejuif donnait une durée de 55,3 s et dans le sens Villejuif-Montlhéry une durée de 53,9 s. Ces deux mesures ont été effectuées le même jour par une température de 15,9 °C.

1. Pourquoi les deux mesures de durées sont-elles différentes ? Quelle valeur de durée de propagation faut-il conserver ?
2. Une toise correspond à 1,949 m. Quelle distance sépare les deux sites d'expérience ?
3. Déterminer la célérité expérimentale V_{exp} du son le jour de l'expérience.
4. Comparer cette valeur avec la valeur théorique de $V_{th} = 332,5\ m{\cdot}s^{-1}$ dans les conditions de l'expérience. Commenter.

* Exercice 2 — 15 min

Écholocation

Pour se repérer, de nombreux animaux utilisent l'écholocation. L'animal produit un son (ou un ultrason) qui se propage, rencontre un obstacle où il rebondit pour revenir vers l'animal.

Parmi les animaux marins qui se repèrent par cette méthode, on peut citer le dauphin.

La célérité du son dans l'eau de mer peut se déterminer à partir de la courbe ci-après.

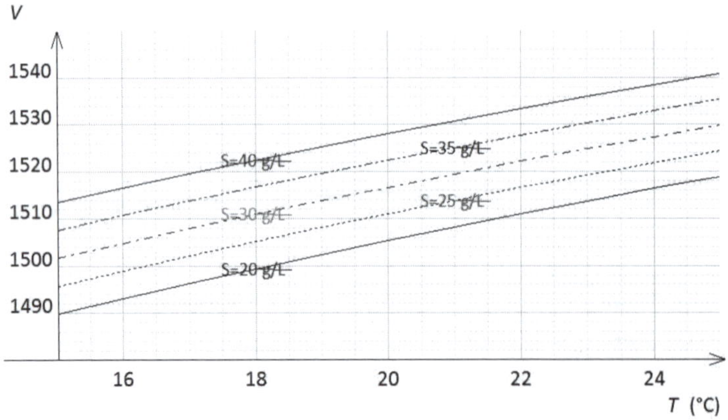

Célérité du son dans l'eau de mer en fonction de la température
et de la salinité à une profondeur de 50 m

1. Quelle est la célérité du son dans l'eau de l'océan Pacifique sachant que la salinité et la température relevées sont respectivement de 35 g/L de 22 °C.
2. Un dauphin émet une onde ultrasonore dans cette partie de l'océan. Un autre dauphin distant de 350 m perçoit cette onde. Combien de temps s'est écoulé entre l'émission par le premier dauphin et la réception par le second ?
3. Pour chasser des poissons, le dauphin utilise son dispositif d'écholocation. Un banc de poissons situé devant lui est détecté et le dauphin perçoit une durée de 0,60 s entre l'émission et la réception de son cri. À quelle distance se situe le banc de poisson du dauphin ?

* Exercice 3 — 20 min

Ondes périodiques

On réalise l'enregistrement d'une note de piano à l'aide du logiciel libre Audacity. L'acquisition s'effectue à raison de 44 100 échantillons par seconde.

La courbe ci-dessous présente une sélection du son enregistré.

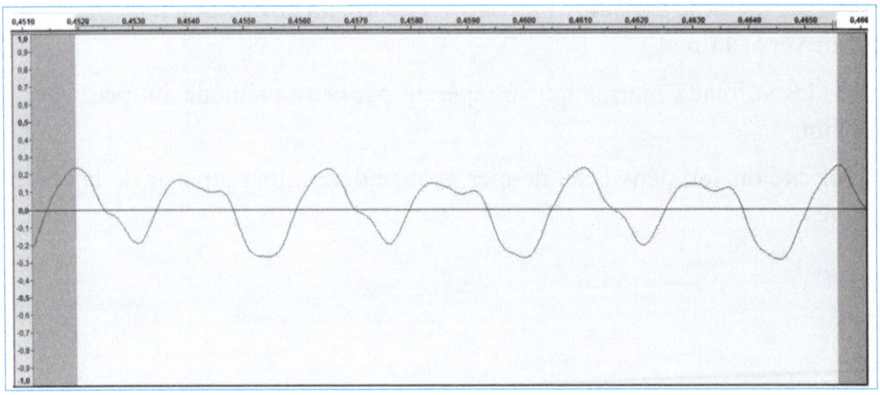

1. Pourquoi peut-on dire que le son produit par le piano est périodique ?

La zone sélectionnée correspond à une plage d'échantillons allant de 19 974 à 20 577.

2. Quelle est la durée de la zone sélectionnée sur le logiciel ?
3. En déduire la période du son enregistré.
4. Quelle note est jouée par ce piano ? Est-il correctement accordé ?

Note\octave	1	2	3	4	5	6
do#	15,289	7,645	3,822	1,911	0,956	0,478
do#	14,431	7,215	3,608	1,804	0,902	0,451
ré	13,621	6,810	3,405	1,703	0,851	0,426
ré#	12,856	6,428	3,214	1,607	0,804	0,402
mi	12,135	6,067	3,034	1,517	0,758	0,379
fa	11,454	5,727	2,863	1,432	0,716	0,358
fa#	10,811	5,405	2,703	1,351	0,676	0,338
sol	10,204	5,102	2,551	1,276	0,638	0,319
sol#	9,631	4,816	2,408	1,204	0,602	0,301
la	9,091	4,545	2,273	1,136	0,568	0,284
la#	8,581	4,290	2,145	1,073	0,536	0,268
si	8,099	4,050	2,025	1,012	0,506	0,253

Correspondance des périodes en ms et des notes

** Exercice 4 — 20 min

Périodicités d'une onde

Pour visualiser la propagation d'une onde, on peut utiliser une cuve à ondes. L'utilisation d'un stroboscope permet de « figer » les ondes. En effet lorsque la fréquence des éclairs est un multiple de la fréquence de l'onde à la surface de l'eau on observe une immobilité apparente du milieu de propagation.

On observe la figure suivante :

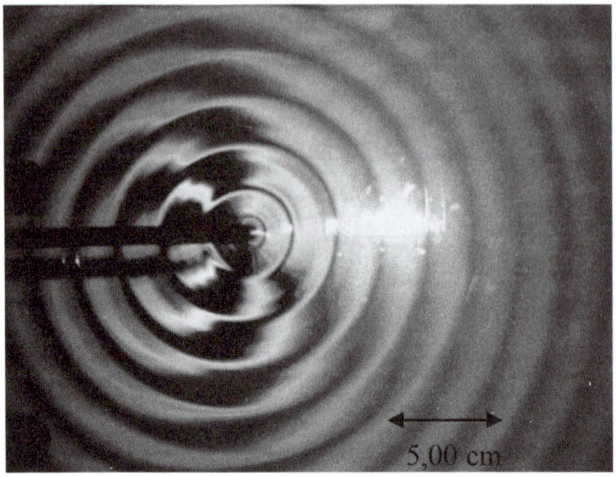

Photographie réalisée avec un stroboscope réglé à F = 14 Hz

1. Déterminer la longueur d'onde λ des ondes émises avec un maximum de précision.
2. Sachant que la fréquence F est l'inverse de la période T, déterminer la période des éclairs lumineux ayant permis d'obtenir le cliché.

   On peut observer une immobilité des ondes produites pour les fréquences 14, 21 et 28 Hz.
3. Quelle est la période des ondes à la surface de l'eau ?
4. En déduire la célérité de ces ondes à la surface de l'eau.

Contrôle

Contrôle

1 h 30 · 15 points

Exercice 1

45 minutes · 8 points

Séisme

Un séisme est la conséquence d'un mouvement de la croûte terrestre. Au moment où le séisme se déroule un train d'ondes complexe se propage dans toutes les directions. Cependant elles ne se propagent pas toutes avec la même célérité. On distingue les ondes P (premières) et les ondes S (secondes).

La détermination de l'épicentre, point situé à la surface de la Terre à l'aplomb du point réel du séisme, peut s'effectuer par triangulation.

La sensibilité des instruments utilisés permet de détecter les séismes mais aussi les tirs de carrières, les explosions…

On s'intéresse à un enregistrement sismographique effectué le 24/02/2019

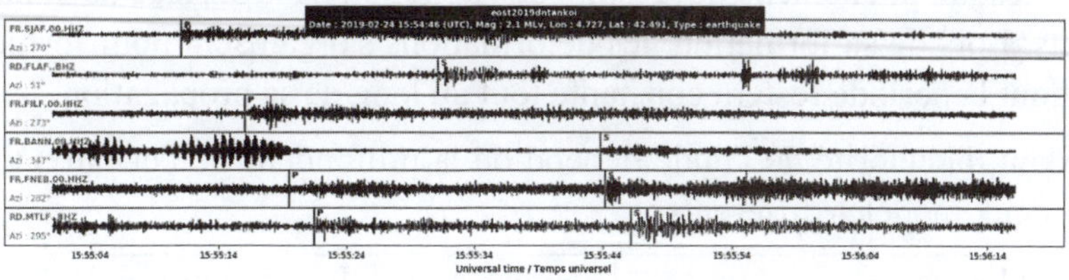

Source: Image du réseau RéNass

La table de Jeffrey Bullen permet de déterminer la distance entre la station de mesures et l'épicentre du séisme par la relation D = 10,1 × τ, où D est en km et τ le retard entre les ondes S et les ondes P en s.

L'analyse des données enregistrées par deux stations sont données dans le tableau ci-dessous.

Station	Heure détection ondes P	Heure détection ondes S
Nébias	15 h 55 min 19,6s	15 h 55 min 44,1s
Montolieu	15 h 55 min 21,5s	15 h 55 min 46,3s

1. Déterminer la distance D_1 qui sépare Nébias de l'épicentre du séisme.
2. Sachant que la distance D_2 qui sépare Montolieu de l'épicentre du séisme est de 250 km, déterminer la position de l'épicentre du séisme en utilisant la carte ci-dessous.

3. Justifier l'intérêt de disposer d'au moins trois stations de détection pour obtenir la position de l'épicentre.

   Le déclenchement d'une explosion permet de déterminer la célérité des ondes sismiques. Un capteur placé à une distance de 25,0 km de l'explosion détecte une onde P après 3,34 s.

4. Calculer la célérité des ondes P.
5. En expliquant votre démarche, montrer que la célérité des ondes S est de l'ordre de 4,3 km·s^{-1}.

Contrôle

Exercice 2

45 min • 7 points

Houle

La houle est un phénomène qui résulte de l'agitation de la surface de la mer par les vents. Lors de sa formation, les déformations s'organisent pour former des ondes dont la période restera constante tout au long de sa propagation.

Cependant, la célérité de l'onde dépend de la profondeur de l'océan. On peut utiliser deux modèles différents :

Modèle	Eau profonde	Eau peu profonde
Expression de la célérité	$V = \sqrt{\frac{g \times \lambda}{2\pi}}$	$V = \sqrt{g \times h}$

Une photographie satellite montre qu'une houle de longueur d'onde $\lambda_H = 80$ m s'est formée dans une zone où la profondeur de l'océan atteint 2500 m.

La cambrure C_A d'une vague correspond au rapport de la hauteur h du creux de la vague à son sommet par la longueur d'onde λ soit : $C_A = \frac{h}{\lambda}$

On prend cette cambrure égale à 1/7 pendant toute l'étude.

Donnée :

Constante de pesanteur terrestre : $g = 9{,}81\ m{\cdot}s^{-2}$

1. Calculer la célérité V_H de cette houle.
2. En déduire la période T_H de cette houle.
3. Calculer la hauteur h de la houle repérée par le satellite.

   À l'approche des côtes, la profondeur modifie le mouvement de l'eau et donc la célérité de propagation de la houle.
4. Calculer la célérité V_V de la houle lorsqu'elle arrive sur une zone où la hauteur d'eau est de 3,0 m. Que peut-on dire de l'évolution de la célérité de la houle lorsqu'on se rapproche des côtes ?
5. Rédiger un argumentaire de quelques lignes indiquant si la hauteur de la houle à l'approche des côtes sera plus ou moins élevée qu'en plein océan.

Corrigés exercices

Exercice 1

1. Sur une grande distance, le vent peut modifier la vitesse de propagation. En effectuant une mesure dans chaque sens, on peut annuler cette modification en effectuant une moyenne.

On retient donc comme valeur de durée de l'expérience :

$$\Delta t = \frac{53,9 + 55,3}{2}$$

$$\Delta t = 54,6 \text{ s}$$

2. Les deux sites d'expérience sont séparés de 9550 toises. La distance entre les deux sites, sachant que une toise = 1,949 m, est donc de :

$$D = 9550 \times 1,949$$

$$D = 18,61 \cdot 10^3 \text{ m}$$

$$D = 18,61 \text{ km}$$

3. La célérité expérimentale du son le jour de l'expérience se détermine par :

$$V_{exp} = \frac{D}{\Delta t}$$

$$V_{exp} = \frac{18,61 \cdot 10^3}{54,6} = 340,9 \text{ m} \cdot \text{s}^{-1}$$

4. Si on compare avec la valeur théorique, on peut utiliser :

$$e = \frac{\left|V_{th} - V_{exp}\right|}{V_{th}}$$

$$e = \frac{|332,5 - 340,9|}{332,5} = 2 \cdot 10^{-2}$$

On remarque un écart de 2 % ce qui est peu compte tenu de la précision des mesures effectuées au début du XIXe siècle.

Exercice 2

1. D'après le graphe, la vitesse du son dans l'eau de mer est de $V = 1528\ m \cdot s^{-1}$.

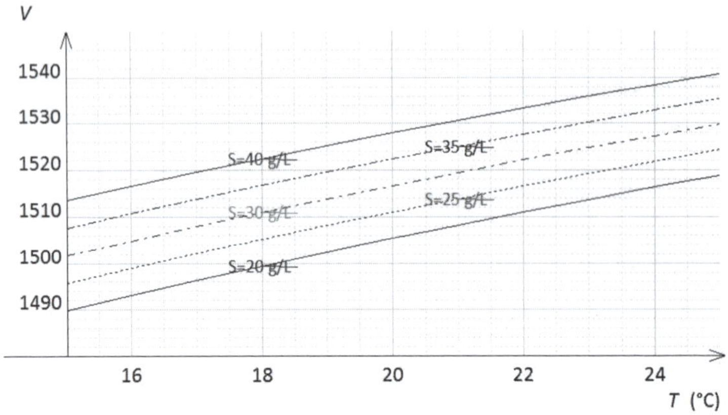

2. La durée entre l'émission et la réception d'une onde est appelée retard et on la détermine par :

$$\tau = \frac{d}{V}$$

$$\tau = \frac{350}{1528} = 229 \cdot 10^{-3}\ s$$

Un dauphin situé à 350 m du dauphin qui émet une onde ultrasonore percevra ce son 229 ms après son émission.

3. Le retard perçu par le dauphin est de 0,60 s ce qui correspond à une distance d égale à :

$$d = V \times \tau$$

$$d = 1528 \times 0{,}60$$

$$d = 9{,}2 \cdot 10^{2}\ m.$$

Cependant cette distance représente un aller-retour entre le dauphin et le banc de poisson. La distance qui sépare donc le dauphin du banc de poissons est de $4{,}6 \cdot 10^{2}$ m soit environ 460 m.

Corrigés

Exercice 3

1. Le signal observé se répète donc il est périodique.

2. La zone sélectionnée correspond à un nombre d'échantillons de :

$$20577 - 19\,974 = 603$$

Le logiciel effectue 44100 échantillons par seconde donc un échantillon représente une durée Δt de :

$$\Delta t = \frac{1}{44100}\ \text{s}$$

La durée de la zone sélectionnée est de :

$$\tau = 603 \times \frac{1}{44100} = 13,7 \cdot 10^{-3}\ \text{s}$$

3. Sur l'enregistrement, on peut distinguer trois périodes.

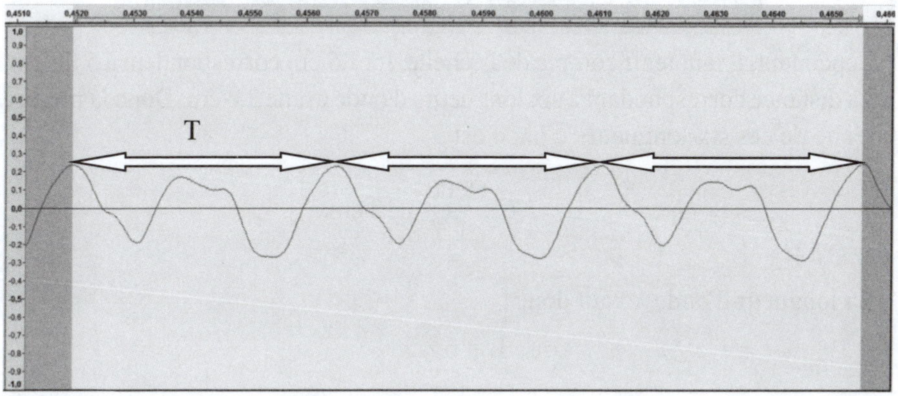

La durée T de la période du son enregistré est donc de :

$$\tau = 3 \times T$$

$$T = \frac{\tau}{3}$$

$$T = \frac{13,7 \cdot 10^{-3}}{3} = 4,57 \cdot 10^{-3}\ \text{s} = 4,57\ \text{ms}$$

4. D'après le tableau des périodes des notes, la note la plus probable est un la de la 2e octave. Cependant, même en tenant compte de la précision du logiciel, l'écart indique que le piano n'est pas correctement accordé.

Corrigés

Exercice 4

1. Pour obtenir un maximum de précision, on repère plusieurs longueurs d'ondes et on divisera le résultat par ce nombre de longueurs d'onde.

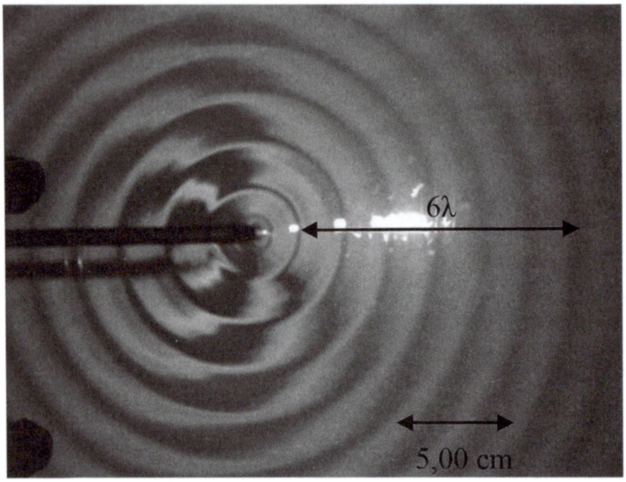

Cependant, il faut tenir compte de l'échelle. Ici 1,5 cm correspondent à 5,00 cm. La distance correspondant à six longueurs d'onde est de 3,6 cm. Donc la mesure réelle de ces six longueurs d'onde est :

$$L = 3{,}6 \times \frac{5{,}00}{1{,}5} = 12 \text{ cm.}$$

La longueur d'onde λ vaut donc :

$$L = 6 \times \lambda$$

$$\lambda = \frac{L}{6}$$

$$\lambda = \frac{12}{6} = 2{,}0 \text{ cm}$$

2. Sachant que la fréquence F est l'inverse de la période T, déterminer la période des éclairs lumineux. On sait que la fréquence des éclairs est :

$$F = \frac{1}{T}$$

$$T = \frac{1}{F}$$

$$T = \frac{1}{14} = 71 \cdot 10^{-3} \text{ s}$$

Le cliché a été obtenu avec une période des éclairs lumineux de 71 ms.

Corrigés

3. Il y a immobilité des ondes pour des fréquences d'éclairs multiples de la fréquence des ondes à la surface de l'eau. Ici les fréquences permettant l'immobilité apparente sont de 14, 21 et 28 Hz. Ces trois valeurs sont multiples de 7. La fréquence de l'onde à la surface de l'eau est donc de 7,0 Hz.

La période de ces ondes à la surface de l'eau vaut donc

$$T = \frac{1}{7,0} = 0,14 \text{ s}$$

4. En déduire la célérité de ces ondes à la surface de l'eau. La longueur d'onde λ et la période T sont liées par la relation $\lambda = V \times T$ donc :

$$V = \frac{\lambda}{T}$$

$$V = \frac{2,0 \cdot 10^{-2}}{0,14} = 0,14 \text{ m} \cdot \text{s}^{-1}$$

La célérité des ondes à la surface de l'eau pendant l'expérience était de 14 $cm \cdot s^{-1}$.

Corrigés contrôle

Exercice 1

1. Le retard entre les deux ondes à Nébias est de :

$$\tau_1 = 15 \text{ h } 55 \text{ min } 44,1 \text{ s} - 15 \text{ h } 55 \text{ min } 19,6 \text{ s}$$

$$\tau_1 = 24,5 \text{ s.}$$

D'après la relation issue de la table de Jeffrey Bullen, on a :

$$D_1 = 10,1 \times \tau_1$$

$$D_1 = 10,1 \times 24,5$$

$$D_1 = 248 \text{ km}$$

La distance entre Nébias et l'épicentre du séisme est de 248 km.

2. L'épicentre du séisme se trouve à une distance D d'un centre de mesures. Il est donc sur un cercle de rayon D. On trace les cercles correspondant à chaque centre de mesures. L'épicentre se situe au point d'intersection de ces cercles.

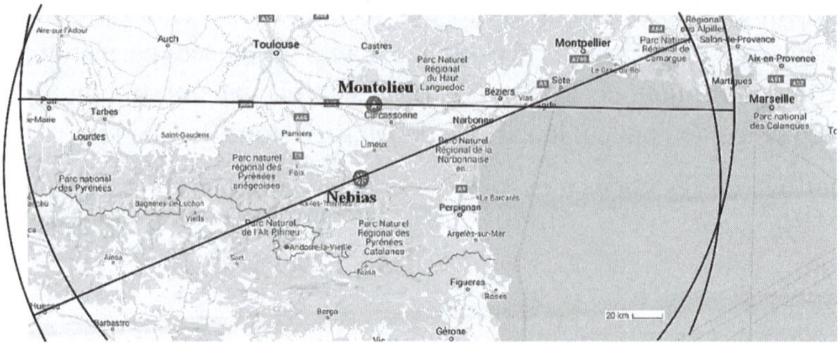

On obtient deux positions possibles, une en Méditerranée au large de Marseille ou à proximité de Pau.

3. Pour permettre de déterminer la position de l'épicentre, une troisième station permettrait d'obtenir un troisième cercle. L'épicentre serait au point d'intersection des trois cercles donc il n'y aurait qu'une seule possibilité.

4. Calculer la célérité des ondes P. La célérité d'une onde vaut :

$$V_P = \frac{D}{\Delta t}$$

$$V_P = \frac{25,0}{3,34} = 7,49 \text{ km} \cdot \text{s}^{-1}$$

Les ondes P possèdent une célérité de 7,49 km·s^{-1}.

5. On sait que la célérité des ondes P est de 7,49 km·s^{-1}. On peut donc déterminer l'heure du séisme. Montolieu est à 250 km de l'épicentre, donc les ondes P y ont été perçues avec un retard de :

$$\tau_P = \frac{D}{V_P}$$

$$\tau_P = \frac{250}{7,49} = 33,4 \text{ s}$$

Or à Montolieu les ondes S arrivent avec un décalage de 24,8s. Donc les ondes S sont perçues avec un retard de 58,2 s.

La vitesse des ondes S pour parcourir les 250 km est donc de :

$$V_S = \frac{250}{58,2} = 4,29 \text{ km} \cdot \text{s}^{-1}$$

On retrouve bien une célérité de l'ordre de 4,3 km·s^{-1}.

Exercice 2

1. Lors de sa détection, la profondeur de l'océan est de 2500 m. On utilise le modèle d'eau profonde.

$$V_H = \sqrt{\frac{g \times \lambda_H}{2\pi}}$$

$$V_H = \sqrt{\frac{9,81 \times 80}{2\pi}} = 11\ \text{m} \cdot \text{s}^{-1}$$

La houle se propage donc avec une célérité de 11 $\text{m} \cdot \text{s}^{-1}$.

2. La longueur d'onde de la houle dépend de sa période et de sa célérité.

$$\lambda = V_H \times T_H$$

$$T_H = \frac{\lambda}{V_H}$$

$$T_H = \frac{80}{11} = 7,2\ \text{s}$$

La période de la houle est donc de 7,2 s.

3. D'après la notion de cambrure, on a :

$$C_A = \frac{h}{\lambda}$$

$$h = \lambda \times C_A$$

$$h = 80 \times \frac{1}{7} = 11\ \text{m}$$

La hauteur du creux de la houle à son sommet est de 11 m.

4. Lorsque la houle se rapproche des côtes, la célérité se détermine par le modèle des eaux peu profondes.

$$V_V = \sqrt{g \times h}$$

$$V_V = \sqrt{9,81 \times 3,0} = 5,4\ \text{m} \cdot \text{s}^{-1}$$

La célérité de la houle n'est plus que de 5,4 $\text{m} \cdot \text{s}^{-1}$ donc plus on se rapproche des côtes, plus la houle ralentit.

5. On sait que la hauteur de la houle est le septième de la longueur d'onde. Or celle-ci se détermine par $\lambda = V \times T$ où T est une constante. La vitesse de la houle diminue à l'approche des côtes donc la longueur d'onde λ également. Par conséquent, la hauteur de la houle diminue à l'approche des côtes.

16 Images et couleurs

1. Obtenir une image à travers une lentille

Principe de fonctionnement d'un appareil photographique numérique

La capture d'une image par un appareil photographique numérique (APN) est schématiquement simple.

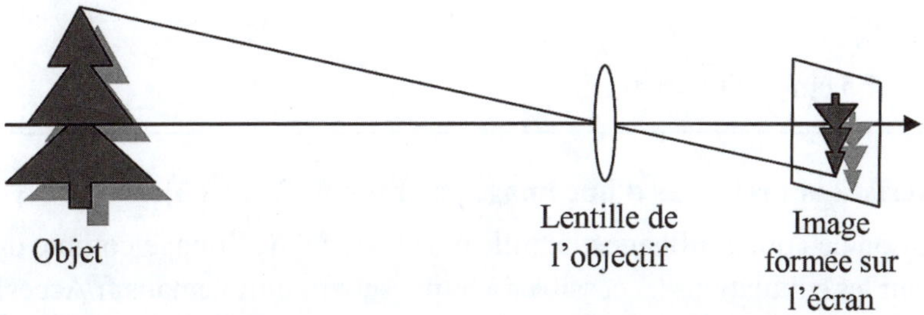

Caractéristiques d'une image formée à travers une lentille convergente

Utilisation des mesures algébriques

L'image formée à travers une lentille convergente peut se déterminer graphiquement en utilisant les propriétés des rayons lumineux.

L'objet lumineux AB utilisé sera modélisé par un objet plan perpendiculaire à l'axe optique.

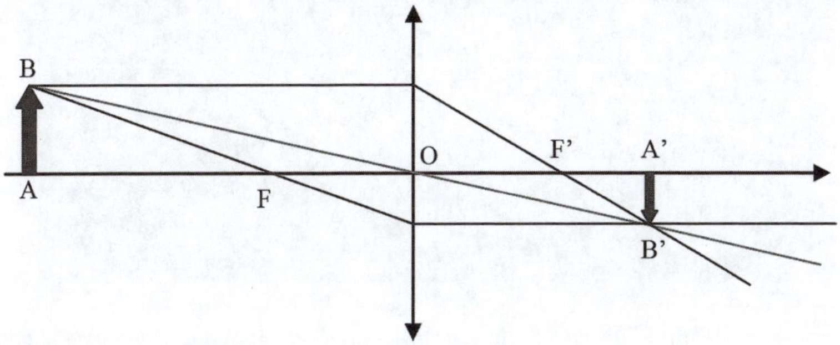

Il est nécessaire de fournir deux indications pour décrire un objet ou une image :

- Une position donnée en référence au centre optique O de la lentille.
- Une hauteur donnée par rapport à l'axe optique.

Les mesures algébriques

Afin de préciser davantage les informations, on utilise deux sens de référence, le sens de l'axe optique et un sens perpendiculaire à celui-ci (généralement vers le haut).

La mesure algébrique $\overline{AB}$ représente la distance parcourue lorsqu'on se déplace de A vers B. Si ce déplacement s'effectue conformément à un des sens de référence, on compte la mesure positivement sinon on la compte négativement.

Exemple :

$\overline{AB} = +1,5$ cm $\quad \overline{OA} = -6$ cm

Caractéristiques relatives d'une image par rapport à son objet

La position de l'objet influence la taille et la position de l'image comme on peut le voir sur les simulations (accessibles à http ://subaru.univ-lemans.fr/AccesLibre/UM/Pedago/physique/02/optigeo/lentillemince.html)

Dans le premier cas, l'image obtenue possède :

- Un sens opposé à celui de l'objet, on dit que l'image est **renversée**.
- Une hauteur plus petite que celle de l'objet, l'image est **réduite**.

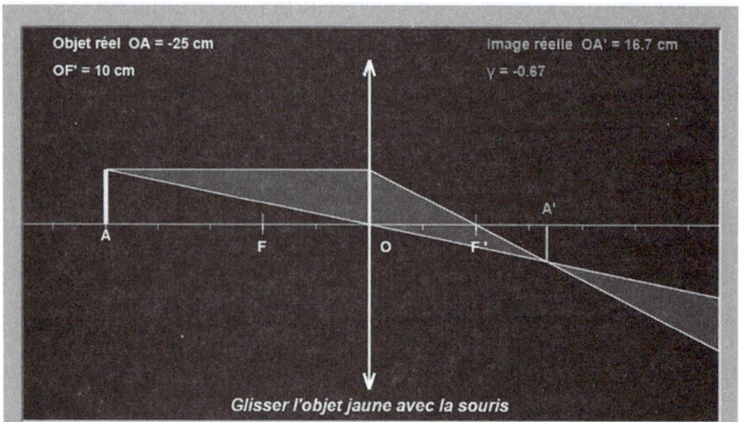

Source: Screenshot http ://subaru.univ-lemans.fr/AccesLibre/UM/Pedago/physique/02/optigeo/lentillemince.html

Résumés de cours

Dans le second cas, on a :

- Un sens opposé à celui de l'objet, on dit que l'image est **renversée**.
- Une hauteur plus grande que celle de l'objet, l'image est **agrandie**.

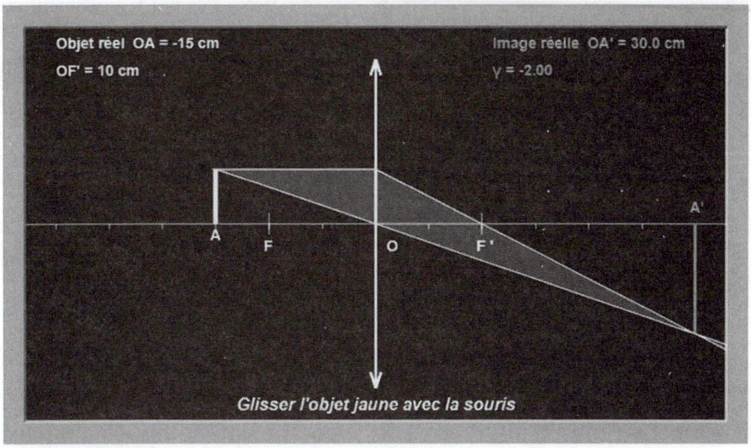

Dans le troisième cas, on a :

- Un sens identique à celui de l'objet, on dit que l'image est **droite**.
- Une hauteur plus grande que celle de l'objet, l'image est **agrandie**.

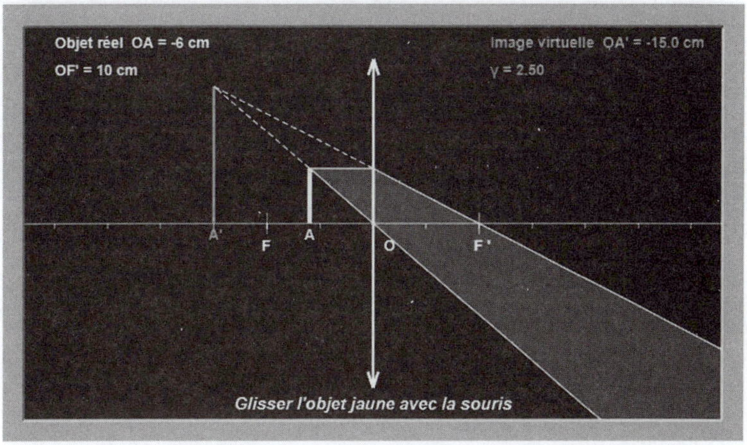

On peut remarquer dans les deux premiers cas, la position de l'image se détermine à partir du point d'intersection réel des rayons lumineux issus de l'objet et ayant traversé la lentille. On dit que l'image obtenue est **réelle**.

Pour le dernier cas, la position de l'image se détermine à partir du point d'intersection correspondant au prolongement des rayons lumineux émergents de la lentille. Il n'y a donc pas d'intersection réelle des ces rayons lumineux.

On dit que l'image est **virtuelle**.

Relations mathématiques et image formée

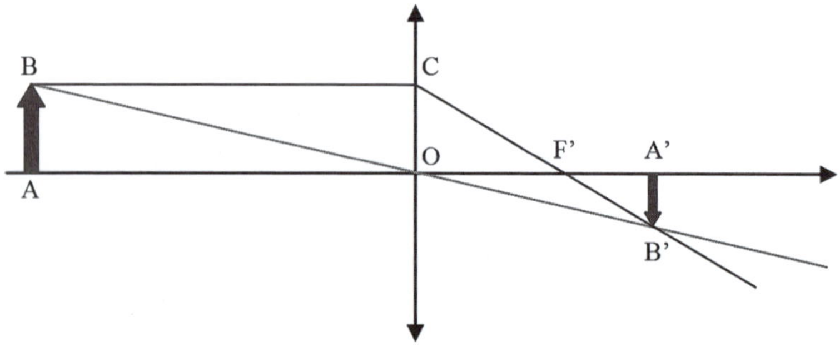

On reprend la construction classique d'une image à partir de deux de ses rayons principaux. On fait apparaître le point C et on peut écrire la relation :

$$\overline{AB} = \overline{OC}$$

Grandissement transversal

Le grandissement transversal γ représente le coefficient multiplicateur permettant de calculer la dimension d'une image à partir de celle de l'objet :

$$\overline{A'B'} = \gamma \times \overline{AB}$$

On peut donc déterminer la valeur du grandissement transversal γ par :

$$\gamma = \frac{\overline{A'B'}}{\overline{AB}}$$

En utilisant le théorème de Thalès dans la figure ABOB'A', on peut écrire :

$$\frac{\overline{OA'}}{\overline{OA}} = \frac{\overline{OB'}}{\overline{OB}} = \frac{\overline{A'B'}}{\overline{AB}}$$

Finalement, on a la relation de définition du grandissement transversal γ :

$$\gamma = \frac{\overline{A'B'}}{\overline{AB}} = \frac{\overline{OA'}}{\overline{OA}}$$

La relation de conjugaison de Descartes

La relation de conjugaison de Descartes permet de relier les positions de l'objet et de l'image à la grandeur caractéristique de la lentille, sa distance focale f'.

Par définition, la distance focale f' d'une lentille vaut :

$$f' = \overline{OF'}$$

On utilise le théorème de Thalès dans la figure OCF'B'A' :

$$\frac{\overline{F'A'}}{\overline{F'O}}=\frac{\overline{F'B'}}{\overline{F'C}}=\frac{\overline{A'B'}}{\overline{OC}}$$

cependant $\overline{AB}=\overline{OC}$,

$$\frac{\overline{F'A'}}{\overline{F'O}}=\frac{\overline{A'B'}}{\overline{AB}}$$

mais $\gamma=\frac{\overline{A'B'}}{\overline{AB}}=\frac{\overline{OA'}}{\overline{OA}}$ donc,

$$\frac{\overline{F'A'}}{\overline{F'O}}=\frac{\overline{OA'}}{\overline{OA}}$$

On peut écrire également que $\overline{F'A'}=\overline{F'O}+\overline{OA'}$ puis que $\overline{F'O}=-\overline{OF'}$ d'où

$$\frac{\overline{F'O}+\overline{OA'}}{\overline{F'O}}=\frac{\overline{OA'}}{\overline{OA}}$$

$$\frac{\overline{F'O}}{\overline{F'O}}+\frac{\overline{OA'}}{\overline{F'O}}=\frac{\overline{OA'}}{\overline{OA}}$$

$$1+\frac{\overline{OA'}}{\overline{F'O}}=\frac{\overline{OA'}}{\overline{OA}}$$

$$1-\frac{\overline{OA'}}{\overline{OF'}}=\frac{\overline{OA'}}{\overline{OA}}$$

On multiplie alors toute l'expression par $\frac{1}{\overline{OA'}}$:

$$\frac{1}{\overline{OA'}}-\frac{1}{\overline{OF'}}=\frac{1}{\overline{OA}}$$

$$\frac{1}{\overline{OA'}}-\frac{1}{\overline{OA}}=\frac{1}{\overline{OF'}}$$

Résumés de cours

2. Restitution d'une image

Vision trichromatique des couleurs

La rétine d'un être humain normal possède certains photorécepteurs appelés cônes dont il existe trois types, c'est le principe de la vision trichromatique.

Chaque type de cônes est sensible à une plage plus ou moins restreinte de longueur d'onde du spectre lumineux visible.

Physiologiquement, les cônes sont sensibles à trois couleurs principales appelées couleurs primaires : le bleu, le vert et le rouge.

Couleur d'un objet

La couleur perçue d'un objet résulte d'un processus complexe mettant en jeu une chaîne optique :

- nature de la source lumineuse primaire ;
- nature de l'objet éclairé ;
- perception des photororécepteurs de la rétine ;
- analyse cérébrale.

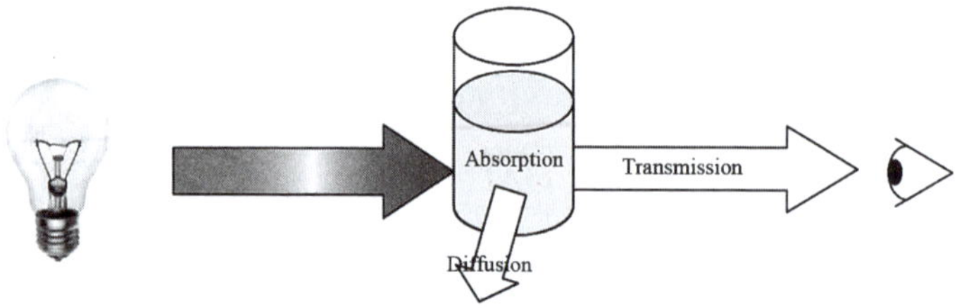

- Une longueur d'onde qui n'est pas émise par la source primaire ne pourra pas être perçue.
- Une longueur d'onde absorbée par l'objet éclairé ne pourra également pas être perçue.

Exemple

Supposons qu'on utilise une source lumineuse émettant du vert et du rouge. Si celle-ci permet d'éclairer un objet qui absorbe du bleu et du rouge. La couleur perçue de l'objet sera alors :

Couleur perçue = Couleurs émises – couleurs absorbées

Couleur perçue = (V + R) – (B + R)

Le bleu n'étant pas émis, il ne peut réellement être absorbé donc :

Couleur perçue = (V + R) – R = V

L'objet sera perçu comme étant de couleur **verte**.

Restitution des couleurs par le système de couleur RVB

Il est possible de restituer la couleur d'un objet en utilisant le système trichomatique RVB (pour Rouge Vert Bleu).

En effet, l'œil humain possède des limites facilement identifiables :

- la persistance rétinienne qui est le temps de réponse d'un œil face à une modification rapide d'une image. Un exemple connu est le disque de Newton qui est coloré en utilisant les « sept couleurs » de l'arc-en-ciel. À l'arrêt, il est possible de visualiser séparément les différentes couleurs, mais en rotation on ne perçoit plus qu'une teinte blanchâtre.

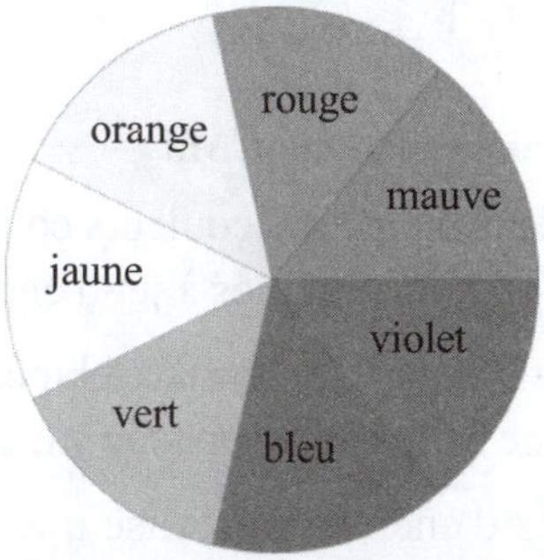

Source : Wikipedia commons

- le pouvoir de résolution optique de l'œil, c'est-à-dire sa capacité à distinguer nettement deux objets de petites dimensions proches l'un de l'autre.

Source : Wikipedia commons

Si deux objets sont très proches l'un de l'autre, l'œil peut n'en percevoir qu'un bien qu'il reçoive les informations lumineuses issues des deux sources.

La perception des couleurs dépend alors d'une synthèse additive des couleurs basées sur les trois couleurs primaires :

- On obtient alors dans un premier temps les couleurs secondaires en mélangeant en quantité égale deux couleurs primaires.
- Les couleurs intermédiaires sont obtenues en mélangeant deux couleurs primaires en quantité variables.
- La superposition des trois couleurs primaires formant du blanc.

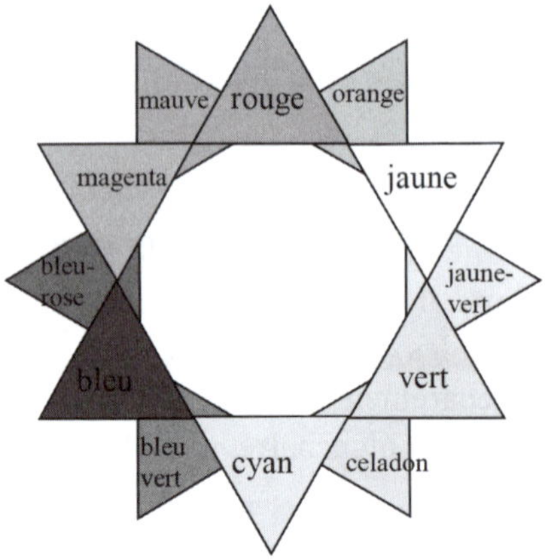

Restitution des couleurs par le système CMJ

On peut également utiliser le principe des couleurs complémentaires. Ce principe est utilisé par exemple par les imprimantes à jet d'encre.

La couleur d'une encre éclairée par une lumière blanche correspond à la couleur transmise. Elle absorbe donc la couleur opposée sur le cercle chromatique.

En superposant les couches d'encres, on réalise une synthèse soustractive des couleurs. Chaque couche absorbant une couleur particulière.

On utilise des encres de couleurs secondaires afin d'absorber la couleur primaire complémentaire :

- encre cyan : absorbe le rouge ;
- encre magenta : absorbe le vert
- encre jaune : absorbe le bleu.

Ainsi la superposition d'une couche cyan et d'une couche magenta éclairée en lumière blanche sera :

$$\text{Couleur perçue} = \text{lumière blanche} - \text{couleurs absorbées par les encres}$$

$$\text{Couleur perçue} = (R + V + B) - (\text{comp(cyan)} + \text{comp(magenta)})$$

$$\text{Couleur perçue} = (R + V + B) - (R + V)$$

$$\text{Couleur perçue} = B$$

La couleur perçue sera le bleu.

Énoncés des exercices

* Exercice 1 — 10 min

Mesures algébriques

On place un point O, pris comme origine, au centre d'un axe gradué. On place un point A situé à l'abscisse +4, un point B à l'abscisse +5, un point C à l'abscisse −2 et un point D à l'abscisse −3.

Une valeur algébrique $\overline{AC} = x_C - x_A$.

1. Déterminer les valeurs algébriques suivantes : $\overline{OA}$; $\overline{AB}$; $\overline{BD}$ et $\overline{DO}$.
2. À partir des valeurs précédentes, calculer : $\overline{OB}$ et $\overline{DA}$.
3. Quelle est l'abscisse d'un point E tel que $\overline{ED} = -8$?

** Exercice 2 — 15 min

Position et taille d'une image projetée

On dispose d'une diapositive représentant un objet de 10 mm de hauteur. Grâce à une lentille de distance focale f' = 25,0 mm, On place la diapositive à une distance $\overline{OA} = -25{,}2$ mm du centre de la lentille.

1. En utilisant la relation de conjugaison, déterminer la distance $\overline{OA'}$ à laquelle il faut placer l'écran pour observer une image nette.
2. Déterminer le grandissement transversal γ du dispositif optique.
3. En déduire les caractéristiques de l'image observée.

* Exercice 3 — 20 min

La loupe

Une loupe de philatéliste est constituée d'une lentille de distance f placée dans un support qui permet de maintenir une distance constante de 4,00 cm entre les timbres et le centre de la lentille. L'image obtenue est droite et virtuelle. Elle semble cinq fois plus grande que l'original.

1. Déterminer la position $\overline{OA'}$ de l'image d'un timbre.
2. Justifier le caractère virtuel de cette image.
3. Déterminer la distance focale f' de la lentille convergente utilisée pour construire cette loupe.

* Exercice 4 — 20 min

Écran de télévision

Il existe de nombreuses technologies permettant de créer une image sur un écran. En ce qui concerne les téléviseurs, on a les écrans cathodiques, les écrans LCD et les écrans LED.

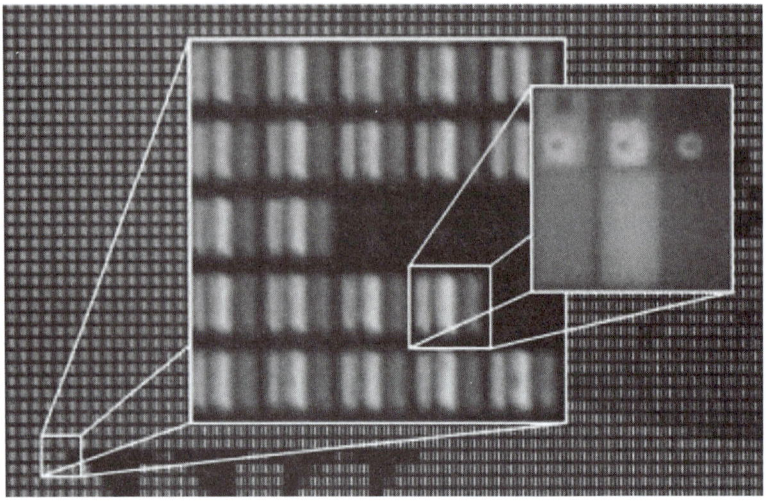

Principe d'un écran LCD
Source : Wikipedia commons

Donnée : tableau de correspondance entre longueur d'onde et couleur spectrale

Couleur	Violet	Bleu	Vert	Jaune	Orange	Rouge
λ en nm	400 à 450	450 à 490	490 à 570	570 à 585	585 à 620	620 à 750

Dans une image numérique, le plus petit élément est appelé pixels. Il est composé de cellules colorées. En utilisant un spectrophotomètre, on détecte les longueurs d'onde principales émises par ces trois cellules notées A, B et C. On obtient respectivement 470 nm, 540 nm et 630 nm.

Sur un écran de type TN, chaque cellule peut émettre avec une intensité variable (de 0 à 63).

1. Quelles sont les couleurs de bases des cellules d'un pixel ? Comment les appelle-t-on ?
2. Si les cellules A et C sont activées, quelle couleur sera perçue ?
3. Pourquoi ne peut-on pas voir les deux couleurs émises par deux cellules placées côte à côte ?
4. Quelles cellules faut-il activer pour obtenir du jaune ?
5. Combien de couleurs différentes peut-on obtenir par pixel pour un écran TN ?

* Exercice 5 — 20 min

Problème d'impression

Les imprimantes couleurs à jet d'encre utilisent plusieurs cartouches pour reproduire les différentes teintes. Généralement, on trouve une cartouche contenant des encres cyan, magenta et jaune.

Pour obtenir une image colorée, la tête d'impression dépose de très fines gouttelettes superposées des différentes encres.

1. Quel principe physique utilise ces imprimantes pour créer une couleur ? Justifier.
2. Pourquoi utilise-t-on le cyan, le magenta et le jaune plutôt que le rouge, le vert et le bleu ?

   Souvent une des encres est consommée plus rapidement que les autres. Il en résulte un mauvais rendu des couleurs. On s'intéresse à une imprimante dont l'encre cyan est épuisée.
3. On demande l'impression du drapeau français. Quel sera le résultat obtenu ?

Contrôle

2 h · 20 points

Exercice 1 — 1 h · 10 points

Capture d'une image par un télescope optique

L'astronomie a été révolutionnée par la technologie. Les astronomes n'ont plus l'œil collé au télescope mais sur des écrans. Les images observées sont des captures par des appareils numériques placés à la sortie d'un télescope optique classique.

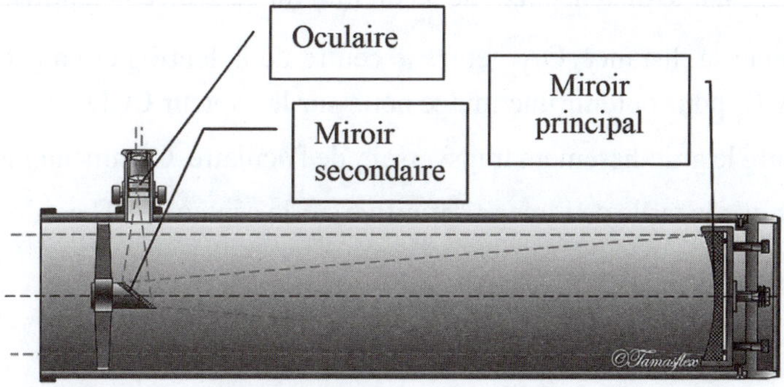

Source : Wikepedia commons

Le miroir principal sphérique forme une image d'un objet astronomique qui est envoyée vers l'oculaire grâce à un miroir plan. On dispose alors d'un objet lumineux intermédiaire qu'on appelle A_1B_1 dont la hauteur est de 16,76 mm.

L'oculaire est constitué par une lentille convergente de distance focale f' = 10,00 mm.

En observation optique, on visualise une image définitive envoyée à l'infini pour que l'observateur ne soit pas obligé d'accommoder. Pour cela, on déplace la lentille de l'oculaire pour que l'objet A_1B_1 se situe dans le plan focal de la lentille (soit $A_1 = F$).

1. Compléter le schéma descriptif de l'oculaire (échelle horizontale : 1 cm pour 2 mm ; échelle verticale : 1 cm pour 1 cm).

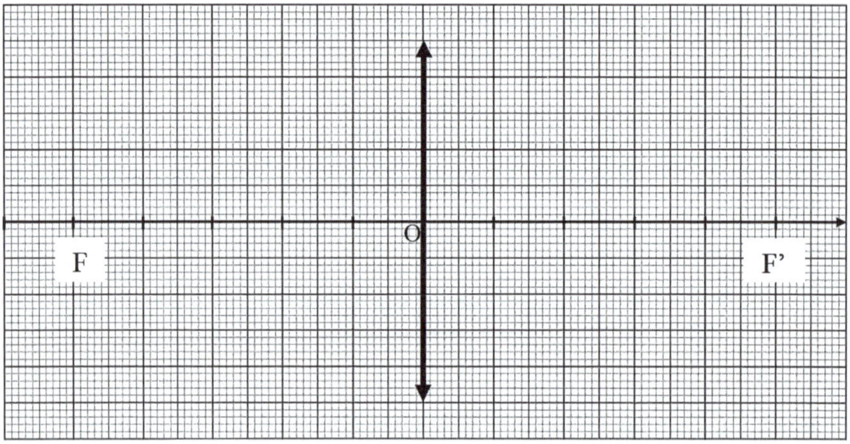

2. Tracer les rayons principaux. Vérifier qu'ils émergent de la lentille parallèles entre eux.

3. Vérifier que la relation de conjugaison est vérifiée dans ce cas. (On admettra que l'inverse de l'infini vaut 0).

   En observation numérique, on focalise l'image définitive A_2B_2 sur un capteur CCD placé à une distance fixe de 55,00 mm du centre de la lentille.

4. Déterminer la distance $\overline{OA_1}$ entre le centre de la lentille et l'objet intermédiaire A_1B_1 pour obtenir une image nette sur le capteur CCD.

5. En déduire le grandissement transversal γ de l'oculaire. Commenter le résultat.

6. Montrer que la taille de l'image définitive sur le capteur CCD est de 75.4 mm.

Contrôle

Exercice 2

1 h · 10 points

Restitution des images

L'analyse spectrale des étoiles est généralement effectuée par des spectromètres utilisant des capteurs noir et blanc plus précis que les capteurs couleurs. Cependant, on présente les résultats sous forme d'images colorées plus « parlantes ».

Voici le résultat de l'analyse du spectre d'émission de l'étoile HD 192163

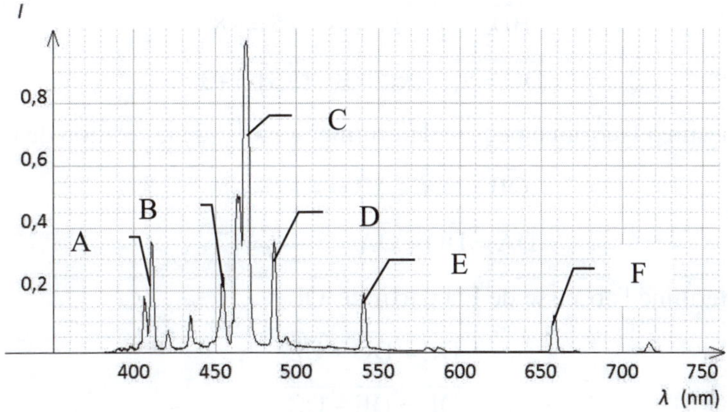

Donnée :

Tableau de correspondance entre longueur d'onde et couleur spectrale

Couleur	Violet	Bleu	Vert	Jaune	Orange	Rouge
λ en nm	400 à 450	450 à 490	490 à 570	570 à 585	585 à 620	620 à 750

On désire représenter un spectre d'émission coloré à partir des données fournies par le spectre précédent.

1. Attribuer aux pics d'émission A à F les couleurs correspondantes.

   On utilise un écran d'ordinateur utilisant un système de restitution des couleurs basé sur la synthèse additive des couleurs primaires.

2. Quelles sont les couleurs primaires ?
3. Quelle(s) couleur(s) sera(seront) utilisée(s) pour afficher les raies A et E ?

   Afin d'alimenter un document de presse, le spectre d'émission sera effectué par une imprimante utilisant le système de restitution des couleurs CMJ (pour cyan, magenta et jaune).

4. Comment appelle-t-on le phénomène physique basé sur le système CMJ ?
5. Quelle sont les effets des encres sur la lumière blanche ?
6. Quelle(s) encre(s) sera(seront) utilisée(s) pour imprimer les raies A et E ?

Contrôle

Corrigés exercices

Exercice 1

1. On a :

$$\overline{OA} = x_A - x_O = 4 - 0 = +4$$

$$\overline{AB} = x_B - x_A = 5 - 4 = +1$$

$$\overline{BD} = x_D - x_B = -3 - 5 = -8$$

$$\overline{DO} = x_O - x_D = 0 - (-3) = +3$$

2. Une mesure algébrique peut se déterminer à partir de la relation de Chasles.

$$\overline{OB} = \overline{OA} + \overline{AB} = 4 + 1 = +5$$

$$\overline{DA} = \overline{DO} + \overline{OA} = 3 + 4 = +7\,.$$

3. On détermine l'abscisse de E à partir de $\overline{OE}$.

$$\overline{DE} = \overline{DO} + \overline{OE}$$

$$\overline{OE} = \overline{DE} - \overline{DO}$$

$$\overline{OE} = -\overline{ED} - \overline{DO}$$

$$\overline{OE} = -(-8) - 3 = -11$$

Or $\overline{OE} = x_E - x_O = x_E$, donc l'abscisse de E est $x_E = -11$.

Exercice 2

1. En utilisant la relation de conjugaison, déterminer la distance $\overline{OA'}$ à laquelle il faut placer l'écran pour observer une image nette. La relation de conjugaison permet d'écrire :

$$\frac{1}{\overline{OA'}} - \frac{1}{\overline{OA}} = \frac{1}{\overline{OF'}}$$

Or $\overline{OF'} = f'$.

$$\frac{1}{\overline{OA'}} = \frac{1}{f'} + \frac{1}{\overline{OA}}$$

$$\frac{1}{\overline{OA'}} = \frac{1 \times \overline{OA}}{f' \times \overline{OA}} + \frac{1 \times f'}{\overline{OA} \times f'}$$

$$\frac{1}{\overline{OA'}} = \frac{\overline{OA} + f'}{f' \times \overline{OA}}$$

Corrigés

$$\overline{OA'} = \frac{f' \times \overline{OA}}{\overline{OA} + f'}$$

Pour effectuer le calcul, il faut que toutes les mesures soient dans la même unité.

$$\overline{OA'} = \frac{25{,}0 \times (-25{,}2)}{(-25{,}2) + 25{,}0} = +3{,}15 \cdot 10^3 \text{ mm}$$

Il faudra placer l'écran à 3,15 m du centre de la lentille pour obtenir une image nette.

2. Le grandissement transversal γ du dispositif optique peut se déterminer à partir des positions de l'objet et de son image :

$$\gamma = \frac{\overline{OA'}}{\overline{OA}}$$

$$\gamma = \frac{3{,}15 \cdot 10^3}{-25{,}2} = -125$$

3. Le grandissement transversal γ est négatif donc l'image sera renversée. La valeur du grandissement transversal est de 125 donc l'image est 125 fois plus grande que l'objet. Ce dernier mesure 10 mm donc sur l'écran, il mesurera 1250 mm soit 1,25 m.

Exercice 3

1. Déterminer la position $\overline{OA'}$ de l'image d'un timbre. On sait que l'image est droite et cinq fois plus grande que l'original. On a donc $\gamma = +5$.

Par définition du grandissement transversal, on a :

$$\gamma = \frac{\overline{OA'}}{\overline{OA}}$$

$$\overline{OA'} = \gamma \times \overline{OA}$$

$$\overline{OA'} = 5 \times (-4{,}00) = -20{,}0 \text{ cm}$$

L'image se situe à une distance de –20,0 cm.

2. La valeur de $\overline{OA'}$ est négative donc l'image se situe du même côté de la lentille que l'objet. L'image est donc bien virtuelle.

Corrigés

3. Pour déterminer la distance focale f' de la lentille convergente, on utilise la relation de conjugaison :

$$\frac{1}{\overline{OA'}} - \frac{1}{\overline{OA}} = \frac{1}{f'}$$

$$\frac{1}{f'} = \frac{1 \times \overline{OA}}{\overline{OA'} \times \overline{OA}} - \frac{1 \times \overline{OA'}}{\overline{OA} \times \overline{OA'}}$$

$$\frac{1}{f'} = \frac{\overline{OA} - \overline{OA'}}{\overline{OA} \times \overline{OA'}}$$

$$f' = \frac{\overline{OA} \times \overline{OA'}}{\overline{OA} - \overline{OA'}}$$

$$f' = \frac{(-4{,}00) \times (-20{,}0)}{(-4{,}00) - (-20{,}0)} = 5{,}00 \text{ cm}$$

La lentille utilisée possède une distance focale de 5,00 cm.

Exercice 4

1. D'après le tableau de correspondance, on a :
   - cellule A : λ = 470 nm donc bleu
   - cellule B : λ = 540 nm donc vert
   - cellule C : λ = 630 nm donc rouge.

   Les couleurs de base d'un pixel sont les couleurs primaires.
2. La technologie utilise la synthèse additive des couleurs. Si les cellules A et C sont activées, il y émission de bleu et de rouge. La couleur perçue sera le magenta.
3. Un pixel est une unité de petite taille. À la distance de visualisation d'un écran, le pouvoir de résolution de l'œil n'est pas suffisant pour distinguer les deux cellules. On ne perçoit qu'une seule source lumineuse.
4. Le jaune est une couleur secondaire obtenue à partir de rouge et de vert. Il faut donc activer les cellules B et C.
5. Combien de couleurs différentes peut-on obtenir par pixel pour un écran TN ? Une cellule peut émettre une lumière dont l'intensité varie de 0 à 63. Il y a donc 64 niveaux de couleurs par cellule. La couleur perçue dépend de l'émission des trois cellules. On a donc un nombre de couleurs possibles de :

$$64 \times 64 \times 64 = 262\ 144.$$

Corrigés

Exercice 5

1. Puisqu'on superpose les encres, on utilisera le principe de synthèse soustractive des couleurs.

2. En synthèse soustractive, on utilise l'absorption des couleurs par les encres. La couleur perçue est la couleur complémentaire de la couleur absorbée. Ainsi l'encre cyan absorbe le rouge. Donc en utilisant les couleurs secondaires, on enlève les couleurs primaires.

3. On demande l'impression du drapeau français. Quel sera le résultat obtenu ? On dispose de trois encres qui enlèvent une couleur primaire.

- Cyan : enlève le rouge, diffuse le bleu et le vert
- Magenta : enlève le vert, diffuse le bleu et le rouge
- Jaune : enlève le bleu, diffuse le rouge et le vert.

Pour obtenir une couleur, on choisit les encres qui diffusent cette couleur et pas celles qui l'absorbent par rapport à la lumière blanche (R + V + B)

Pour obtenir du bleu, on utilise du cyan et du magenta mais pas de jaune :

Couleur voulue	**Bleu**	**Blanc**	**Rouge**
Encres nécessaires	C + M	Aucune	M + J
Démonstration			
Lumière blanche	R + V + B	R + V + B	R + V + B
Couleur absorbée	–R – V		–V –B
Résultat	B	R + V + B	R

Cependant si l'encre cyan est épuisée, on a :

Couleur voulue	**Bleu**	**Blanc**	**Rouge**
Encres nécessaires	~~C~~ + M	Aucune	M + J
Démonstration			
Lumière blanche	R + V + B	R + V + B	R + V + B
Couleur absorbée	–~~R~~ – V		–V –B
Résultat	R + B	R + V + B	R

On s'aperçoit que la couleur bleue n'est pas représentée correctement, on obtient une teinte R + B c'est-à-dire du magenta.

Corrigés contrôle

Exercice 1

1. Schéma descriptif de l'oculaire.

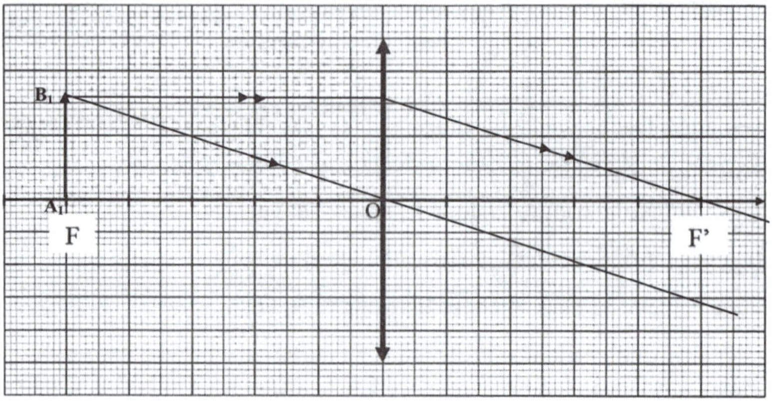

2. On voit bien que les rayons émergents sont parallèles entre eux.

3. La relation de conjugaison permet d'écrire :

$$\frac{1}{\overline{OA_2}} - \frac{1}{\overline{OA_1}} = \frac{1}{f'}$$

$$\frac{1}{\overline{OA_2}} = \frac{1}{f'} + \frac{1}{\overline{OA_1}}$$

Or $\overline{OA_1} = -f'$.

$$\frac{1}{\overline{OA_2}} = \frac{1}{f'} - \frac{1}{f'} = 0$$

On en déduit que l'image définitive A_2B_2 est bien à l'infini. La relation de conjugaison est bien vérifiée dans ce cas.

4. On désire obtenir une image nette sur le capteur situé à 35,00 mm du centre de la lentille donc on a $\overline{OA_2} = 55{,}00$ mm.

On applique la relation de conjugaison pour déterminer la valeur de $\overline{OA_1}$.

$$\frac{1}{\overline{OA_2}} - \frac{1}{\overline{OA_1}} = \frac{1}{f'}$$

$$\frac{1}{\overline{OA_1}} = \frac{1}{\overline{OA_2}} - \frac{1}{f'}$$

$$\frac{1}{\overline{OA_1}} = \frac{f' - \overline{OA_2}}{\overline{OA_2} \times f'}$$

Corrigés

$$\overline{OA_1} = \frac{\overline{OA_2} \times f'}{f' - \overline{OA_2}}$$

$$\overline{OA_1} = \frac{55,00 \times 10,00}{10,00 - 55,00} = -12,22 \text{ mm}$$

On doit déplacer l'ensemble lentille capteur de telle sorte que la lentille se situe à 12,22 mm de l'objet intermédiaire A_1B_1.

5. Le grandissement transversal γ de l'oculaire se détermine par :

$$\gamma = \frac{\overline{OA_2}}{\overline{OA_1}}$$

$$\gamma = \frac{55,00}{-12,22} = -4,51$$

L'image est donc renversée car γ est négative et agrandie car $|\gamma| > 1$.

6. Le grandissement transversal est également lié aux dimensions de l'objet et de l'image obtenue à travers la lentille. On a :

$$\overline{A_2B_2} = \gamma \times \overline{A_1B_1}$$

$$\overline{A_2B_2} = -4,51 \times 16,76 = 75,4 \text{ mm}$$

On retrouve bien la valeur indiquée dans l'énoncé.

Exercice 2

1. D'après le tableau de correspondance des longueurs d'onde et des couleurs, on a :

Pic	A	B	C	D	E	F
$\lambda_{spectre}$ en nm	412	455	469	487	541	658
Couleur	Violet	Bleu	Bleu	Bleu	Vert	Rouge

2. Les couleurs primaires sont les couleurs auxquelles l'œil est sensible. Il s'agit du rouge, du vert et du bleu.

3. En synthèse additive, on utilise les couleurs primaires pour obtenir les couleurs secondaires.

On a donc la restitution suivante :

Pic	Couleur à restituer	Couleur(s) primaire(s) à utiliser
A	Violet	B + R
E	Rouge	R

Corrigés

4. Le cyan, le magenta et le jaune sont des couleurs secondaires. On utilise la synthèse soustractive des couleurs.

5. L'encre a pour effet de supprimer la couleur complémentaire de celle de l'encre dans le spectre diffusé de la lumière blanche.

   L'encre cyan supprime la couleur rouge ;

   - L'encre jaune supprime la couleur bleue ;
   - L'encre magenta supprime la couleur verte.

6. Pour imprimer les raies A et E, il faut déterminer les couleurs à conserver dans la lumière blanche (R + V + B).

   On a donc la restitution suivante :

Pic	**Couleur à restituer**	**Couleur à conserver dans le spectre de la lumière blanche**	**Couleur à éliminer**	**Encre à utiliser**
A	Violet	B + R	–V	M
E	Rouge	R	–B – V	J + M

Corrigés

17 Modèle ondulatoire de la lumière

1. Ondes électromagnétiques

Différence entre une onde mécanique et une onde électromagnétique

Une onde mécanique résulte de la perturbation d'un milieu de propagation réel (déplacement local de matière).

Une onde électromagnétique est caractérisée par une perturbation du champ électrique et du champ magnétique.

Le milieu matériel n'est alors pas nécessaire. C'est une onde non mécanique.

Relation entre les grandeurs associées à une onde électromagnétique

La période T d'une onde est une grandeur indépendante de l'indice de réfraction n du milieu de propagation. On peut lui associer une autre grandeur indépendante qui est la fréquence ν selon la relation :

$$\nu = \frac{1}{T}$$

La longueur d'onde λ d'une onde dépend de la célérité de l'onde dans le milieu. Or cette célérité dépend de l'indice de réfraction n. La longueur dépend donc de la nature du milieu traversé.

On sait que $\lambda = v \times T$ pour une onde mécanique donc pour une onde électromagnétique se déplaçant dans le vide, donc à la célérité c, on a :

$$\lambda = c \times T$$

$$\lambda = \frac{c}{\nu}$$

Domaines spectraux

Les ondes électromagnétiques sont classées en plusieurs catégories selon leurs fréquences et/ou leurs longueurs d'onde.

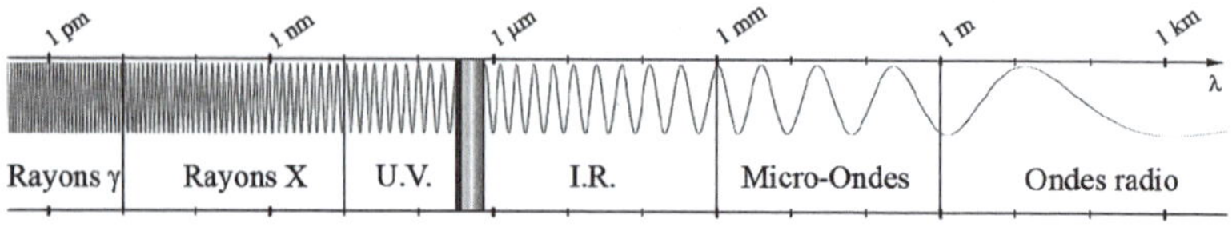

Source : Wikipedia commons : Spectre_electromagnétique

Plus la longueur d'onde est faible, plus la fréquence est élevée. L'énergie transportée par une onde de fréquence élevée est plus importante que pour une onde de fréquence plus faible.

Cette variabilité de l'énergie mise en jeu permet diverses utilisations des ondes électromagnétiques

Gamme de fréquence ν en Hz	**Gamme de longueur d'onde λ**	**Nom du domaine spectral**	**Domaine d'application**
$> 3 \cdot 10^{19}$	< 10 pm	Rayon γ	Traitement des tumeurs
$3 \cdot 10^{16}$ à $3 \cdot 10^{19}$	10 pm à 10 nm	Rayon X	Radiographies Recherche pour l'étude de la matière
$7{,}5 \cdot 10^{14}$ à $3 \cdot 10^{16}$	10 à 400 nm	Ultraviolet	Traitement ionisant pour la conservation des aliments
$4 \cdot 10^{14}$ à $7{,}5 \cdot 10^{14}$	400 à 750 nm	Visible	Observation optique
$3 \cdot 10^{11}$ à $4 \cdot 10^{14}$	750 nm à 1 mm	Infrarouge	Télédétection thermique
$1 \cdot 10^{9}$ à $300 \cdot 10^{9}$	1 mm à 30 cm	Micro-onde	Téléphonie, Wifi Radar Cuisson
$< 1 \cdot 10^{9}$		Ondes radio	Télécommunication

2. Photon et énergie

Interaction lumière-matière

La lumière et la matière interagissent les uns avec les autres. Il est possible d'illustrer cette interaction par les phénomènes d'absorption et d'émission.

Il est possible de modéliser la lumière par une particule sans masse, transportant un quantum d'énergie, se déplaçant à la célérité de la lumière dans le vide : le photon.

Cette particule est également associée à une onde électromagnétique, c'est la dualité onde-particule, de longueur d'onde dans le vide λ.

Énergie d'un photon

L'énergie d'un photon se détermine par la relation de Planck-Einstein :

$$E = h \times \dot{\nu}$$

où h est la constante de Planck : $h = 6{,}626 \cdot 10^{-34}$ J·s

Cette énergie peut s'exprimer également en utilisant la célérité c de la lumière dans le vide et la longueur d'onde λ associée à la particule.

$$E = h \times \nu$$

or $\lambda = \dfrac{c}{\nu}$ donc $\nu = \dfrac{c}{\lambda}$ et finalement

$$E = \frac{h \times c}{\lambda}$$

Quantification des niveaux d'énergie des atomes

Source : Wikipedia commons

Le spectre d'émission de l'hydrogène présente une série de raies discontinues. À chaque raie correspond une longueur d'onde λ et donc une énergie.

Chaque atome possède une configuration électronique particulière. Les niveaux énergétiques sont définis par le nombre quantique principal n.

Ainsi, l'hydrogène dont la configuration électronique est $1s^1$, correspondant à l'état fondamental, n'utilise que le nombre quantique n = 1. Cependant les états énergétiques supérieurs, appelés états excités, sont accessibles.

Résumés de cours

Les transitions énergétiques d'un niveau à un autre nécessitent soit :

- un apport d'énergie pour passer d'un niveau n = 2 à un niveau n = 3 par exemple ; cette énergie mise en jeu correspond au phénomène d'absorption.
- une libération d'énergie vers le milieu extérieur, pour passer d'un niveau n = 3 à un niveau n = 2 par exemple ; cette énergie correspond au phénomène d'émission spontanée.

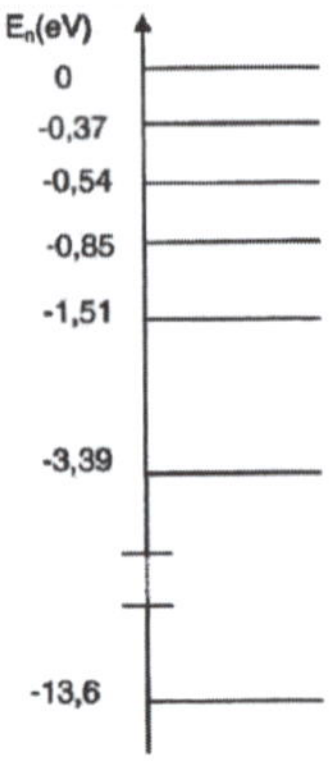

Source : Bac TS 2009 Centre étranger exercice 3

L'étude du diagramme énergétique de l'hydrogène permet de retrouver les raies observées sur le spectre d'émission (appelée série de Balmer). Cette série correspond aux transitions des niveaux excités caractérisés par n > 2 vers le niveau n = 2.

Remarque : 1 eV = $1{,}602 \cdot 10^{-19}$ J

État initial	**Variation d'énergie ΔE mise en jeu en eV**	**Variation d'énergie ΔE mise en jeu en J**	**Longueur d'onde λ de la raie émise en nm selon** $\lambda = \frac{h \times c}{\Delta E}$
3	1,89	$3{,}03 \cdot 10^{-19}$	657
4	2,55	$4{,}09 \cdot 10^{-19}$	487
5	2,86	$4{,}58 \cdot 10^{-19}$	433

Énoncés des exercices

* Exercice 1

⏱ 10 min

Domaine spectral

Nous utilisons de nombreux instruments technologiques émettant ou recevant des ondes électromagnétiques.

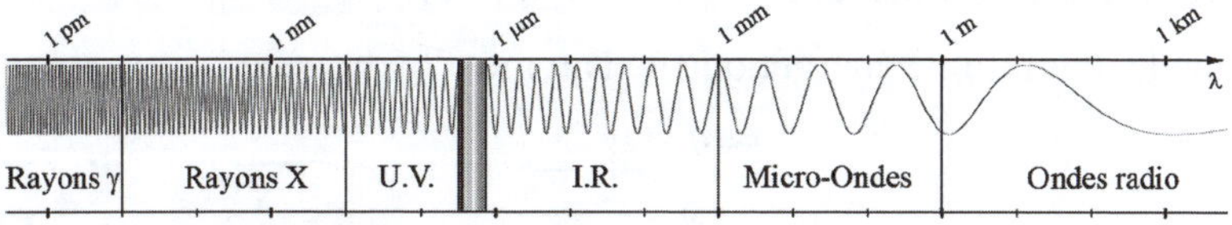

Source : Wikipedia commons : Spectre_electromagnétique

Donnée : célérité de la lumière dans le vide c = $3{,}00 \cdot 10^{8}$ m·s^{-1}.

1. Donner la période d'une onde émise par une clé wifi dont la fréquence est de 2,4 GHz.
2. Calculer la longueur d'onde correspondand à une onde de fréquence $\nu = 30 \cdot 10^{12}$ Hz. À quel domaine appartient cette onde ?
3. Donner la fréquence et la période d'un ultraviolet moyen.

** Exercice 2

⏱ 20 min

Énergie d'une radiation

La radiographie nécessite la production d'ondes par un dispositif spécialisé. En première approximation, la longueur d'onde λ en nm de l'onde émise dépend de la tension U en kV selon :

$$\lambda = \frac{1{,}24}{U}$$

Données :

Célérité de la lumière dans le vide : $c = 3{,}00 \cdot 10^{8}$ m·s^{-1}.

Constante de Planck : $h = 6{,}62 \cdot 10^{-34}$ J·s.

1. Déterminer la longueur d'onde associée à un dispositif fonctionnant sous une tension U = 65 kV.
2. À quel domaine spectral appartient cette onde.
3. Calculer l'énergie E_1 associée à cette onde.
4. Comparer avec la valeur de l'énergie moyenne apportée par une radiation solaire de fréquence 508 THz.

Exercices

** Exercice 3 20 min

Série de Lyman

Les transitions électroniques de l'atome d'hydrogène sont caractérisées par des séries de raies. La plus connue est la série de Balmer car elle correspond à une série de raies dans le domaine du visible.

Il existe cependant d'autres séries comme la série de Lyman qui correspond au retour au niveau fondamental E_1 d'énergie –13,6 eV.

On donne le diagramme énergétique de l'atome d'hydrogène.

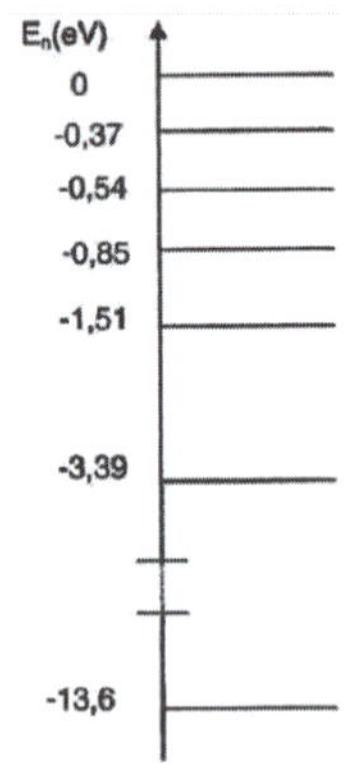

Source: Bac TS 2009 Centre étranger exercice 3

Données :

Célérité de la lumière dans le vide : $c = 3{,}00 \cdot 10^{8}$ m·s^{-1}

Constante de Planck : $h = 6{,}62 \cdot 10^{-34}$ J·s

$1\text{eV} = 1{,}602 \cdot 10^{-19}$ J

1. La série de Lyman correspond-elle à une série de raies d'émission ou d'absorption ? Justifier.
2. Calculer la longueur d'onde de la transition E_4 vers E_1.
3. À quelle transition de la série de Lyman correspond la radiation de longueur d'onde $\lambda = 103$ nm ? Proposer une explication aux différences éventuelles.

** Exercice 4 — 20 min

Le doublet du Sodium

Le spectre d'absorption du sodium et son diagramme énergétique sont donnés ci-dessous.

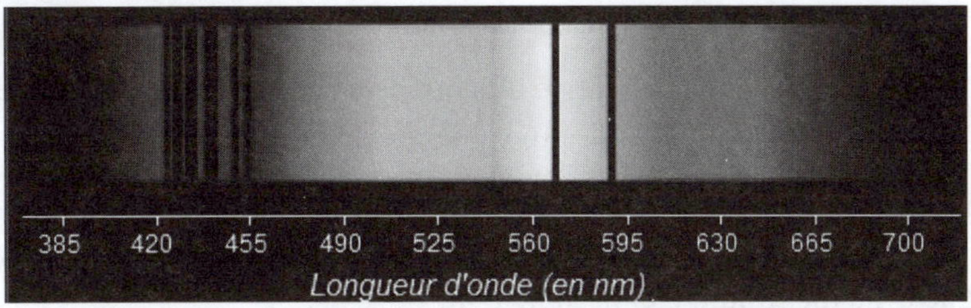

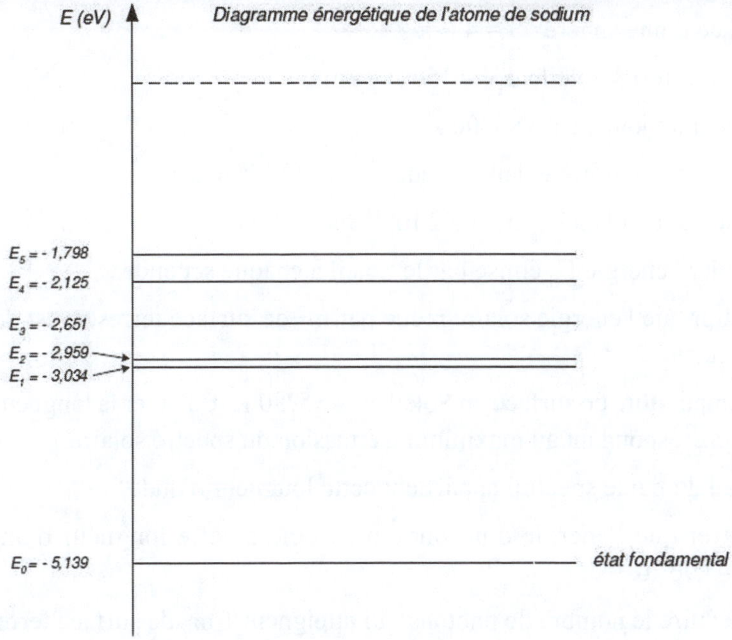

Données :

Célérité de la lumière dans le vide : $c = 3{,}00\cdot10^{8}\ \text{m}\cdot\text{s}^{-1}$

Constante de Planck : $h = 6{,}62\cdot10^{-34}\ \text{J}\cdot\text{s}$

$1\text{eV} = 1{,}602\cdot10^{-19}\ \text{J}$

1. L'atome de sodium présente un doublet (deux raies très proches) correspondant à une fréquence d'environ $5{,}09\cdot10^{14}$ Hz. À quelle longueur d'onde cette fréquence correspond-elle ? Préciser sa position sur le spectre.
2. Déterminer l'énergie de la transition électronique correspond à ce doublet en J puis en eV.
3. En vous appuyant sur le diagramme énergétique, déterminer les transitions mise en jeu pour ce doublet.

Contrôle

1 h 30 · 20 points

Exercice 1

45 min · 10 points

Le flux solaire

Si la vie a pu se développer sur Terre c'est grâce à l'énergie du Soleil. On estime que le Soleil libère à chaque année une énergie de $E_T = 1{,}21 \cdot 10^{34}$ J.

Données :

Loi de Wien : $T \times \lambda_{max} = 2{,}90 \cdot 10^{-3}$, avec T la température en K et λ_{max} la longueur du maximum d'émission en m.

Surface d'une sphère : $S = 4 \times \pi \times R^2$

Distance Terre-Soleil : $d_{TS} = 150 \cdot 10^6$ km

Durée d'un jour : 1 j = 86400 s

Célérité de la lumière dans le vide : $c = 3{,}00 \cdot 10^8\ m \cdot s^{-1}$

Constante de Planck : $h = 6{,}62 \cdot 10^{-34}\ J \cdot s$

1. Calculer l'énergie E_S émise par le Soleil à chaque seconde.
2. Montrer que l'énergie solaire reçue par m^2 de surface terrestre est de 1367 J par seconde.
3. La température de surface du Soleil est de 5780 K. Calculer la longueur d'onde λ_{max} correspondant au maximum d'émission du spectre solaire.
4. À quel domaine spectral appartient cette longueur d'onde ?
5. Montrer que l'énergie d'un photon associé à cette longueur d'onde vaut $E_{ph} = 3{,}96 \cdot 10^{-19}$ J.
6. En déduire le nombre de photons qui atteignent 1 m^2 de surface terrestre.

Contrôle

Exercice 2

45 min · 10 points

Modèle de l'ion hydrogénoïde

Un ion hydrogénoïde est un ion qui ne possède qu'un seul électron. On se propose de vérifier la théorie associée qui indique que les niveaux énergétiques se déterminent par :

$$E_n = -13{,}5 \times \left(\frac{Z}{n}\right)^2$$

Où Z est le numéro atomique de l'élément considéré.

Données :

Célérité de la lumière dans le vide : $c = 3{,}00 \cdot 10^{8}\ m \cdot s^{-1}$

Constante de Planck : $h = 6{,}62 \cdot 10^{-34}\ J \cdot s$

$1 eV = 1{,}602 \cdot 10^{-19}\ J$

1. Calculer les six premiers niveaux énergétiques de l'ion $_2He^+$.
2. Représenter ces niveaux sur un diagramme.

On dispose des spectres d'émission et d'absorption de l'ion He^+.

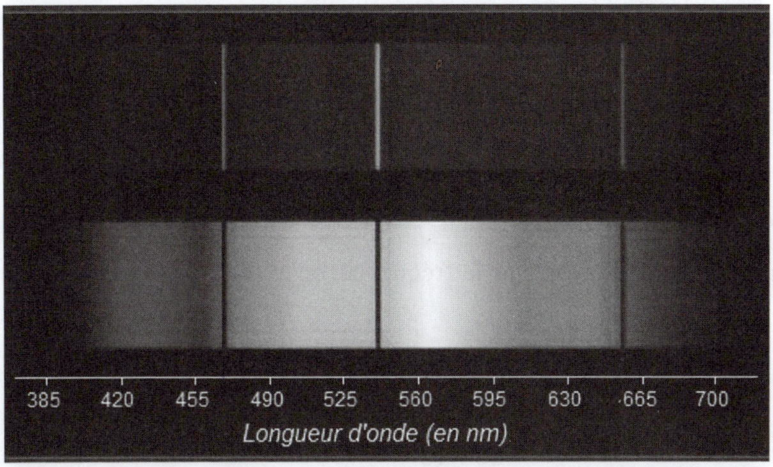

Source : Animation ostralo.net : spectres_abs_em.swf

3. Quelles sont les longueurs d'ondes des raies caractéristiques de l'ion He^+ ?
4. Déterminer les énergies en eV associées à ces raies caractéristiques.
5. En expliquant votre démarche, indiquer s'il est possible de valider la théorie de l'ion hydrogénoïde en ce qui concerne l'ion He^+.

Corrigés exercices

Exercice 1

1. La période est l'inverse de la fréquence donc on a :

$$T = \frac{1}{F}$$

$$T = \frac{1}{2{,}4 \cdot 10^{9}} = 4{,}2 \cdot 10^{-10}\ s$$

La période de l'onde émise par la clé wifi est de 0,42 ns.

Corrigés

2. La longueur d'onde λ est liée à la fréquence par :

$$\lambda = \frac{c}{\nu}$$

$$\lambda = \frac{3,00 \cdot 10^{8}}{30 \cdot 10^{12}} = 10 \cdot 10^{-6} \text{ m}$$

La longueur d'onde cherchée est de λ = 10 μm. Il s'agit d'un infrarouge.

3. Donner la fréquence et la période d'un ultra-violet moyen. Un ultra-violet moyen à pour longueur d'onde λ = 100 nm. On en déduit sa fréquence par :

$$\nu = \frac{c}{\lambda}$$

$$\nu = \frac{3,00 \cdot 10^{8}}{100 \cdot 10^{-9}} = 3,00 \cdot 10^{15} \text{ Hz}$$

La période étant l'inverse de la fréquence, on a :

$$T = \frac{1}{F}$$

$$T = \frac{1}{3,00 \cdot 10^{15}} = 3,33 \cdot 10^{-16} \text{ s}$$

La fréquence d'un ultra-violet moyen est de $3,00 \cdot 10^{15}$ Hz soit une période de 0,333 fs.

Exercice 2

1. La longueur associée à un dispositif fonctionnant sous une tension U = 145 kV vaut :

$$\lambda = \frac{1,24}{U}$$

$$\lambda = \frac{1,24}{65} = 0,019 \text{ nm.}$$

La longueur d'onde émise est de 19 pm.

2. Cette longueur d'onde est comprise entre 10 pm et 10 nm, il s'agit d'un rayonnement X.

Corrigés

3. L'énergie E_1 associée à cette onde vaut :

$$E_1 = \frac{h \times c}{\lambda}$$

$$E_1 = \frac{6,62 \cdot 10^{-34} \times 3,00 \cdot 10^{8}}{19 \cdot 10^{-12}} = 1,0 \cdot 10^{-14} \text{ J}$$

4. Une radiation solaire possède une fréquence ν et est associé à une énergie :

$$E = h \times \nu$$

$$E = 6,62 \cdot 10^{-34} \times 508 \cdot 10^{12}$$

$$E = 3,36 \cdot 10^{-19} \text{ J}$$

Si on compare l'énergie du rayonnement X à celui de la radiation solaire, on a :

$$N = \frac{1,0 \cdot 10^{-14}}{3,36 \cdot 10^{-19}} = 3,0 \cdot 10^{4}$$

Le rayonnement X est environ 30000 fois plus énergétique que le rayonnement solaire.

Exercice 3

1. L'énergie du niveau fondamental est la plus petite. La transition d'un niveau excité vers le niveau fondamental doit donc libérer de l'énergie sous la forme d'une émission de photons. La série de Lyman est un spectre de raies d'émission.

2. La transition E_4 vers E_1 libère une énergie ΔE :

$$\Delta E = |E_1 - E_4|$$

$$\Delta E = |-13,6 - (-0,85)|$$

$$\Delta E = 12,75 \text{ eV}$$

On exprime cette énergie en J :

$$\Delta E = 12,75 \times 1,602 \cdot 10^{-19}$$

$$\Delta E = 2,043 \cdot 10^{-18} \text{ J}$$

L'énergie d'une radiation dépend de sa longueur d'onde selon :

$$\Delta E = \frac{h \times c}{\lambda}$$

$$\lambda = \frac{h \times c}{\Delta E}$$

Corrigés

$$\lambda = \frac{6,62 \cdot 10^{-34} \times 3,00 \cdot 10^{8}}{2,043 \cdot 10^{-18}} = 9,72 \cdot 10^{-8} \text{ m}$$

La radiation correspondant à la transition E_4 vers E_1 possède une longueur d'onde de 97,2 nm.

3. On peut déterminer l'énergie libérée par la radiation de longueur d'onde $\lambda = 103$ nm :

$$\Delta E = \frac{h \times c}{\lambda}$$

$$\Delta E = \frac{6,62 \cdot 10^{-34} \times 3,00 \cdot 10^{8}}{103 \cdot 10^{-9}} = 1,93 \cdot 10^{-18} \text{ J}$$

La transition électronique recherchée correspond à une énergie de $1,93 \cdot 10^{-18}$ J soit 12,0 eV.

La série de Lyman correspond à un retour au niveau fondamental de –13,6 eV. Le niveau excité se situe donc 12,0 eV au-dessus de ce niveau fondamental. On a donc :

$$E_X = -13,6 + 12,0 = -1,60 \text{ eV}$$

Le seul niveau possible est le niveau excité E_3. On ne retrouve pas la valeur exacte du niveau excité E_3 car les données font apparaître des approximations.

Exercice 4

1. L'atome de sodium présente un doublet (deux raies très proches) correspondant à une fréquence d'environ $5,09 \cdot 10^{14}$ Hz. À quelle longueur d'onde cette fréquence correspond-elle ? La longueur d'onde et la fréquence sont liées par :

$$\lambda = \frac{c}{\nu}$$

$$\lambda = \frac{3,00 \cdot 10^{8}}{5,09 \cdot 10^{14}} = 5,89 \cdot 10^{-7} \text{ m}$$

Le doublet correspond à une longueur d'onde d'environ 589 nm.

Sur le spectre, cela correspond à la raie d'absorption la plus à droite.

2. L'énergie de la transition électronique se détermine par :

$$\Delta E = h \times \nu$$

$$\Delta E = 6,62 \cdot 10^{-34} \times 5,09 \cdot 10^{14}$$

$$\Delta E = 3,37 \cdot 10^{-19} \text{ J}$$

Or 1 eV = $1{,}602 \cdot 10^{-19}$ J donc

$$\Delta E = \frac{3{,}37 \cdot 10^{-19}}{1{,}602 \cdot 10^{-19}} = 2{,}10 \text{ eV}$$

Le doublet correspond à une transition énergétique de $3{,}37 \cdot 10^{-19}$ J soit 2,10 eV

3. On remarque que les niveaux E_1 et E_2 sont très proches et que leur énergie vaut environ –3 eV. Ils sont donc probablement mis en jeu dans le processus. On cherche donc un niveau présent 2,10 eV au dessus ou en dessous des niveaux E_1 et E_2.

$$E_X = -3 + 2{,}10 = -0{,}90 \text{ eV}$$

$$E_Y = -3 - 2{,}10 = -5{,}10 \text{ eV.}$$

Il n'y a pas de niveau excité à –0,90 eV donc les transitions associées au doublet correspondent aux transitions $E_0 - E_1$ et à $E_0 - E_2$.

Corrigés contrôle

Exercice 1

1. Une année dure 365,25 jours (pour tenir compte des années bissextiles). Donc à chaque seconde, le Soleil libère une énergie :

$$E_S = \frac{E_T}{365{,}25 \times 86400}$$

$$E_S = \frac{1{,}21 \cdot 10^{34}}{365{,}25 \times 86400} = 383 \cdot 10^{24} \text{ J} \cdot \text{s}^{-1}$$

2. L'énergie solaire est dispersée dans toutes les directions donc elle se répartit sur une sphère de rayon R. La Terre se situe à la distance $d_{TS} = 150 \cdot 10^6$ km soit $150 \cdot 10^9$ m du Soleil. On calcule donc la surface d'une sphère de rayon égal à cette distance.

$$S = 4 \times \pi \times d_{TS}^2$$

$$S = 4 \times \pi \times (150 \cdot 10^9)^2$$

$$S = 283 \cdot 10^{21} \text{ m}^2$$

À chaque seconde le Soleil émet une énergie de $383 \cdot 10^{24}$ J.

Corrigés

On en déduit que l'énergie reçue par m² vaut :

$$E = \frac{383 \cdot 10^{24}}{283 \cdot 10^{21}} = 1{,}35 \cdot 10^{3}\ \text{J}$$

L'énergie reçue par m² de surface terrestre est de 1,35 kJ. Cette valeur est proche de la valeur attendue de 1367 J.

3. La loi de Wien permet de déterminer la longueur d'onde correspondant au maximum d'émission du spectre solaire.

$$T \times \lambda_{max} = 2{,}90 \cdot 10^{-3}$$

$$\lambda_{max} = \frac{2{,}90 \cdot 10^{-3}}{T}$$

$$\lambda_{max} = \frac{2{,}90 \cdot 10^{-3}}{5780} = 5{,}01 \cdot 10^{-7}\ \text{m}$$

La longueur d'onde du maximum d'émission du Soleil vaut 501 nm.

4. Cette longueur d'onde est comprise entre 400 et 750 nm donc elle appartient au domaine du visible.

5. L'énergie associée à une longueur d'onde λ se détermine par :

$$E_{ph} = \frac{h \times c}{\lambda}$$

$$E_{ph} = \frac{6{,}62 \cdot 10^{-34} \times 3{,}00 \cdot 10^{8}}{501 \cdot 10^{-9}} = 3{,}96 \cdot 10^{-19}\ \text{J}$$

On retrouve bien la valeur attendue.

6. L'énergie reçue par m² de surface terrestre est de 1367 J. On en déduit le nombre N de photons par :

$$N = \frac{1367}{3{,}96 \cdot 10^{-19}} = 3{,}45 \cdot 10^{21}$$

Chaque seconde, une surface terrestre de 1 m² reçoit $3{,}45 \cdot 10^{21}$ photons.

Exercice 2

1. On utilise la formule donnée pour l'ion hydrogénoïde. Pour l'ion $_2He^+$, on utilise Z = 2.

n	1	2	3	4	5	6
E_n en eV	–54,4	–13,6	–6,04	–3,40	–2,18	–1,51

2. Diagramme énergétique.

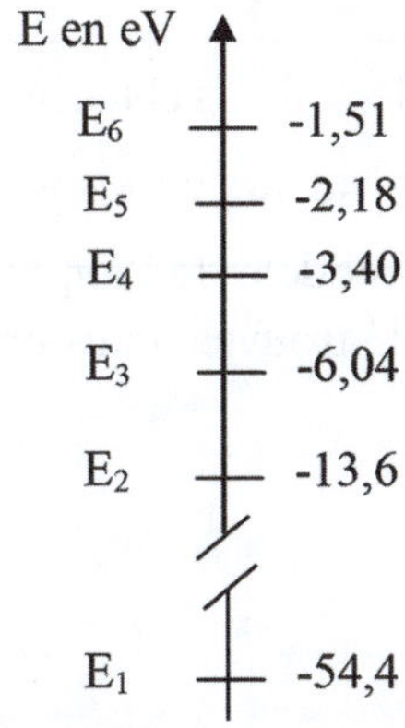

3. Quelles sont les longueurs d'ondes des raies caractéristiques de l'ion He^+ ?
Les raies caractéristiques de l'ion He^+ apparaissent dans les deux spectres (qui sont complémentaires). On a :

- raie 1 : λ_1 » 465 nm.
- raie 2 : λ_2 » 540 nm.
- raie 3 : λ_3 » 660 nm.

4. Déterminer les énergies en eV associées à ces raies caractéristiques. L'énergie correspondant à une longueur d'onde se détermine par : $\Delta E = \dfrac{h \times c}{\lambda}$, mais il faut convertir le résultat en eV.

Raie	1	2	3
Longueur d'onde en nm	465	540	660
Energie en J	$4{,}27 \cdot 10^{-19}$	$3{,}68 \cdot 10^{-19}$	$3{,}01 \cdot 10^{-19}$
Energie en eV	2,67	2,30	1,88

5. On calcule les possibilités d'énergie pour les transitions :

Initial\final	E1	E2	E3	E4	E5	E6
E1	-	40,80	48,36	51,00	52,22	52,89
E2		-	7,56	10,20	11,42	12,09
E3			-	2,64	3,86	4,53
E4				-	1,22	1,89
E5					-	0,67
E6						-

Dans le tableau, on recherche les valeurs obtenues pour les raies caractéristiques.

On retrouve pratiquement les valeurs correspondant aux raies 1 et 3.

On peut en conclure que le modèle de l'ion hydrogénoïde est valable pour l'ion He^+. La raie 2 n'a pas été trouvée, mais on n'a pas traité l'ensemble des niveaux d'énergie.

NOTES

NOTES

NOTES

NOTES

NOTES

Imprimé en Italie par «La Tipografica Varese Srl» Varese